사상 초유의 획기적 해석

논어 역주

김언용

도서출판 지유

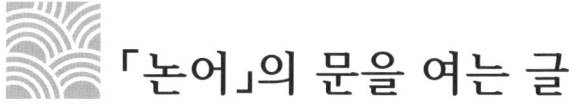
「논어」의 문을 여는 글

　「논어」라는 서물이 오랫동안 누려오던 권위와 영광도 이제는 한 낱 물거품이 되어버리고, 어느새 고리타분한 고서쯤으로 여기는 세태가 되어가고 있다.
　실용성을 중시하는 현대인에게 중요하지 않다고 생각하는 구절도 있겠지만, 그래도 공동체 생활이 계속되는 한 보석처럼 빛나는 구절도 적지 않을 것이다. 그런데 고전에 대하여 그나마 남아있는 관심과 호기심마저 불씨를 꺼쳐버리는 것이 바로 너무도 닮은 성의 없는 번역과 해석들이 아닐까? 「논어」가 수천 년 전의 서물이라는 시대적 한계야 어쩔 수 없다 하더라도 그것보다 더 제대로 된 해석을 어렵게 하는 것이 다음과 같은 것들일 게다.

　첫째, 아직도 공자의 권위에 조그만 생채기라도 날까 지레 겁을 먹고 가장 안전하다고 여기는 길을 가다 보니, 벌써 800여 년이 지난 주희의 「논어집주」를 그대로 따르는 일이 많다. 그러니 좀 더 나은 해석이 이루어지겠는가?

　둘째, 더 큰 문제는 지금도 「논어」라는 서물을 온전한 역사적 사실의 기록물이라고 여기는 것이다. 이 세상의 모든 종교 경전이라는 것은 결국 사람의 아들을 하나님의 아들로 만들거나 또는 메신저로 둔갑시키는 것도 모자라 하물며 멀쩡한 사람을 하느님으로 만드는 창작물이듯이 「논어」라는 서물도 공자 성인화 작업으로 허구를 가미하여 편집한 작품으로 보는 것이 진실에 가까운 사실일 것이다. 이런 의견을 불경스럽다거나 더 나아가 사문난적 운운하며 삿대질하는 사람이 아직도 남아 있다면 제대로 된 해석은 아무래도 요원한 일일 것이다.

그렇다고 명성이 자자한 내로라하는 사계의 권위자들에게 희망적인 기대는 걸지 않는 것이 좋을 것이다. 빛나는 그 자리에 오르기 위해서는 적어도 수백 권의 난해한 한서를 별견으로라도 섭렵해야 하는 분들이니 상식적이라고 생각하는 「논어」 한 가지에 어찌 깊은 천착을 기대할 수 있겠는가?

지금 시대를 잘 타고난 덕분에 사문난적으로 몰려 목이 달아날 걱정은 없다 보니 좌고우면 하지 않고 소신껏 제대로 된 해석을 시도해 볼 일이다.

2020. 7.

김 언 용 書

 # 본서만의 독창적 해석 사례

<15-23. 己所不欲, 勿施於人 기소불욕, 물시어인>
(남이) 나에게 아니하기를 바라는 것은 (나도) 남에게 하지 마라

<6-30. 能近取譬, 可謂仁之方也已 능근취비, 가위인지방야이>
내가 인이라고 비유해서 말한 것들을 능숙하게 가까이 하는 것, 그것만이 인을 실천하는 방도라고 말할 수 있다.

<12-10. 誠不以富, 亦祇以異 성불이부, 역지이이>
진실로 그 여자가 젊고 예쁘기 때문이 아니고, 다만 그 여자 역시 내가 아닌 다른 여자이기 때문이다.

<17-16. 古者, 民有三疾 고자, 민유삼질>
옛 사람들은 세 가지 멋이라도 있었는데.

<13-15. 言不可以若是, 其幾也 언불가이약시, 기기야>
말씀하신 그것이 바로 이것이라고 말할 수는 없지만, 아마도 이것이 말씀하신 그것에 가깝다고는 할 수 있을 것입니다.

<5-22. 不念舊惡, 怨是用希 불념구오, 원시용희>
백이·숙제가 옛날의 미움을 그렇게 생각하지 않았더라면, 원망이 엷어졌을 텐데. (그러면 죽음에까지는 이르지 않았을 터인데)

<19-12. 有始有卒者 유시유졸자>
모든 것을 한꺼번에 시작해서 모든 것을 한꺼번에 마치는 것

<8-12. 三年學, 不至於穀, 不易得也 삼년학, 부지어곡, 불이득야>
배운지 삼년이 되어도 벼슬을 할 정도에는 이르지는 못한다. 그러한 수준에 이른 사람을 얻기는 그리 쉬운 것이 아니다.

<14-39. 賢者辟世, 其次辟地, 其次辟色, 其次辟言
현자벽세, 기차벽지, 기차벽색, 기차벽언>
가장 현명한 사람은 세상 사람을 새롭게 깨우치고, 그 다음으로 현명한 사람은 나라 안 사람만이라도 새롭게 깨우치고, 그 다음으로 현명한 사람은 자기 태도만이라도 새롭게 깨우치고, 그 다음으로 현명한 사람은 자기 말이라도 새롭게 계발한다.

<1-13. 信近於義, 言可復也. 恭近於禮, 遠恥辱也
신근어의, 언가복야. 공근어례, 원치욕야>
의로운 사람을 믿어야 그의 말이 실현될 수 있고, 예의 바른 사람을 공경해야 부끄러움과 욕됨이 없을 것이다.

<4-26. 事君數, 斯辱矣; 朋友數, 斯疏矣 사군삭, 사욕의. 붕우수, 사소의>
임금을 섬기면서 같은 주장을 여러 번 되풀이 하면 욕을 당하고, 친구를 사귀면서 친구의 잘못을 책망하면 사이가 멀어진다.

<1-14. 就有道而正焉 취유도이정언>
도를 확립하여 나를 바르게 한다.

<13-22. 不可以作巫醫 불가이주무의>
사람에게 항심이 없다고 무당이나 의사를 탓할 수 없다.

<3-5. 夷狄之有君, 不如諸夏之亡也 이적지유군, 불여제하지망야>
이적과 같은 나라에서 군왕의 위를 지키고 있는 것 보다, 주나라의 제후국이라도 도망가는 것이 낫다.

<9-1. 子罕言利與命與仁 자한언이여명여인>
공자께서는 이利를 명 또는 인보다는 드물게 말씀하셨다.

<6-23. 知者樂, 仁者壽 지자락, 인자수>
지자는 악기를 즐겁게 연주하듯(역동적이고) 인자는 장수하신 노인처럼(정밀하다)

<2-12. 君子不器 군자불기>
군자는 쓰이기를 기다리는 그릇이나 연장과 같아서는 안 된다.

<2-2. 思無邪 사무사>
삿된 생각은 하지 마라.

<6-30. 己欲立而立人, 己欲達而達人 기욕립이입인, 기욕달이달인>
제 뜻을 (먼저)세우고 남도 세우게 하며, 제 뜻을(먼저)이루고 남도 이루게 한다.

| 목 차 |

🌊 「논어」의 문을 여는 글　　　　　　　　　　　　　　3

🌊 본서만의 독창적 해석 사례　　　　　　　　　　　　5

🌊 學而 第一篇 (학이 제일편)　　　　　　　　　　　　31

　　1-1. 子曰: "學而時習知, 不亦說乎? 有朋自遠方來, 不亦樂　　33
　　1-2. 有子曰: "其爲人也 孝弟, 而好犯上者, 鮮矣. 不好犯上,　　34
　　1-3. 子曰: "巧言令色 鮮矣仁."　　　　　　　　　　　　37
　　1-4. 曾子曰: "吾日三省吾身, 爲人謀而不忠乎? 與朋友交　　38
　　1-5. 子曰: "道千乘之國, 敬事而信, 節用而愛人, 使民以時."　　38
　　1-6. 子曰: "弟子, 入則孝, 出則弟, 謹而信, 汎愛衆而親仁.　　39
　　1-7. 子夏曰: "賢賢易色; 事父母, 能竭其力; 事君, 能致其身;　　40
　　1-8. 子曰: "君子不重則不威, 學則不固. 主忠信,　　　　　41
　　1-9. 曾子曰: "愼終追遠, 民德歸厚矣."　　　　　　　　　42
　　1-10. 子禽問於子貢曰: "夫子至於是邦也, 必聞其政, 求之與,　　43
　　1-11. 子曰: "父在觀其志, 父沒 觀其行. 三年 無改於父之道　　44
　　1-12. 有子曰 : "禮之用, 和爲貴. 先王之道, 斯爲美. 小大由之,　　45
　　1-13. 有子曰: 信近於義, 言可復也. 恭近於禮, 遠恥辱也.　　46
　　1-14. 子曰: "君子食無求飽, 居無求安, 敏於事而愼於言,　　47
　　1-15. 子貢曰: "貧而無諂, 富而無驕, 何如?" 子曰: "可也. 未若　　48
　　1-16. 子曰: "不患人之不己知, 患不知人也."　　　　　　　49

爲政 第二篇 (위정 제이편) 51

2-1. 子曰: "爲政以德, 譬如北辰, 居其所而衆星共之." 53
2-2. 子曰: "詩三百, 一言以蔽之, 曰思無邪." 53
2-3. 子曰: "道之以政, 齊之以刑, 民免而無恥; 道之以德, 齊之以禮, 54
2-4. 子曰: "吾十有五而志于學, 三十而立, 四十而不惑, 五十而知天命, 55
2-5. 孟懿子問孝, 子曰: "無違" 樊遲御, 子告之曰: "孟孫問孝於我, 56
2-6. 孟武伯問孝, 子曰: "父母唯其疾之憂." 56
2-7. 子游問孝, 子曰: "今之孝者, 是謂能養. 至於犬馬, 皆能有養, 57
2-8. 子夏問孝, 子曰: "色難. 有事, 弟子服其勞. 有酒食, 先生饌, 曾是 58
2-9. 子曰: "吾與回言終日, 不違, 如愚. 退而省其私, 亦足以發, 回也不 58
2-10. 子曰: "視其所以, 觀其所由, 察其所安, 人焉廋哉, 人焉廋哉!" 59
2-11. 子曰: "溫故而知新, 可以爲師矣." 60
2-12. 子曰: "君子不器." 60
2-13. 子貢問君子, 子曰: "先行其言, 而後從之." 61
2-14. 子曰: "君子周而不比, 小人比而不周." 61
2-15. 子曰: "學而不思則罔, 思而不學則殆." 62
2-16. 子曰: "攻乎異端, 斯害也已." 63
2-17. 子曰: "由! 誨女知之乎! 知之爲知之, 不知爲不知, 是知也." 63
2-18. 子張學干祿, 子曰: "多聞闕疑, 愼言其餘, 則寡尤; 多見闕殆, 64
2-19. 哀公問曰: "何爲則民服?" 孔子對曰: "擧直錯諸枉, 則民服; 擧枉 65
2-20. 季康子問: "使民敬忠以勸, 如之何?" 子曰: "臨之以莊則敬, 孝慈 65
2-21. 或謂孔子曰: "子奚不爲政?" 子曰: "書云: '孝乎惟孝, 友于兄弟, 66
2-22. 子曰: "人而無信, 不知其可也. 大車無輗, 小車無軏, 其何以行之哉 67
2-23. 子張問: "十世可知也?" 子曰: "殷因於夏禮, 所損益可知也; 68
2-24. 子曰: "非其鬼而祭之, 諂也. 見義不爲, 無勇也." 69

八佾 第三篇 (팔일 제삼편)   71

3-1. 孔子謂季氏: "八佾舞於庭, 是可忍也, 孰不可忍也?"   73
3-2. 三家者以雍徹, 子: "'相維辟公, 天子穆穆,' 奚取於三家之堂?"   74
3-3. 子曰: "人而不仁, 如禮何? 人而不仁, 如樂何?"   75
3-4. 林放問禮之本, 子曰: "大哉問! 禮與其奢也, 寧儉; 喪與其易也,   76
3-5. 子曰: "夷狄之有君, 不如諸夏之亡也."   77
3-6. 季氏旅於泰山, 子謂冉有曰: "女弗能救與?" 對曰: "不能."   78
3-7. 子曰: "君子無所爭, 必也射乎! 揖讓而升, 下而飮, 其爭也君子."   79
3-8. 子夏問: "'巧笑倩兮, 美目盼兮, 素以爲絢兮,' 何謂也?"   79
3-9. 子曰: "夏禮吾能言之, 杞不足徵也; 殷禮吾能言之, 宋不足徵也.   81
3-10. 子曰: "禘, 自旣灌而往者, 吾不欲觀之矣."   82
3-11. 或問禘之說, 子曰: "不知也. 知其說者之於天下也, 其如示諸斯乎!"   84
3-12. 祭如在, 祭神如神在. 子曰: "吾不與祭, 如不祭."   85
3-13. 王孫賈問曰: "'與其媚於奧, 寧媚於竈,' 何謂也."   86
3-14. 子曰: "周監於二代, 郁郁乎文哉! 吾從周."   87
3-15. 子入大廟, 每事問. 或: "孰謂鄹人之子知禮乎? 入大廟, 每事問."   88
3-16. 子曰: "射不主皮, 爲力不同科, 古之道也."   89
3-17. 子貢欲去告朔之餼羊. 子曰: "賜也, 爾愛其羊, 我愛其禮."   90
3-18. 子曰: "事君盡禮, 人以爲諂也."   91
3-19. 定公問: "君使臣, 臣事君, 如之何?" 孔子對曰: "君使臣以禮,   92
3-20. 子曰: "關雎, 樂而不淫, 哀而不傷."   93
3-21. 哀公問社於宰我. 宰我對曰: "夏后氏以松, 殷人以柏, 周人以栗,   94
3-22. 子曰: "管仲之器小哉!" 或曰: "管仲儉乎?" 曰: "管氏有三歸,   95
3-23. 子語魯大師樂, 曰: "樂其可知也. 始作, 翕如也; 從之, 純如也,   97
3-24. 儀封人請見曰: "君子之至於斯也, 吾未嘗不得見也." 從者見之. 出,   98
3-25. 子謂韶: "盡美矣! 又盡善也!" 謂武: "盡美矣! 未盡善也!"   99
3-26. 子曰: "居上不寬, 爲禮不敬, 臨喪不哀, 吾何以觀之哉?"   100

里仁 第四篇 (이인 제사편)   101

- 4-1. 子曰: "里仁爲美. 擇不處仁, 焉得知?"   103
- 4-2. 子曰: "不仁者不可以久處約, 不可以長處樂. 仁者安仁, 知者利仁." 103
- 4-3. 子曰: "惟仁者能好人, 能惡人."   104
- 4-4. 子曰: "苟志於仁矣, 無惡也."   104
- 4-5. 子曰: "富與貴, 是人之所欲也, 不以其道得之, 不處也. 貧與賤, 105
- 4-6. 子曰: "我未見好仁者·惡不仁者. 好仁者, 無以尙之惡不仁者, 106
- 4-7. 子曰: "人之過也, 各於其黨. 觀過, 斯知仁矣."   107
- 4-8. 子曰: "朝聞道, 夕死可矣."   107
- 4-9. 子曰: "士志於道, 而恥惡衣惡食者, 未足與議也."   108
- 4-10. 子曰: "君子之於天下也, 無適也, 無莫也, 義之與比."   108
- 4-11. 子曰: "君子懷德, 小人懷土; 君子懷刑, 小人懷惠."   109
- 4-12. 子曰: "放於利而行, 多怨."   110
- 4-13. 子曰: "能以禮讓爲國乎? 何有? 不能以 禮讓爲國, 如禮何?" 110
- 4-14. 子曰: "不患無位, 患所以立; 不患莫己知, 求爲可知也."   111
- 4-15. 子曰: "參乎! 吾道一以貫之." 曾子曰: "唯!" 子出, 門人問曰: 111
- 4-16. 子曰: "君子喩於義, 小人喩於利."   113
- 4-17. 子曰: "見賢思齊焉, 見不賢而內自省也."   113
- 4-18. 子曰: "事父母, 幾諫, 見志不從, 又敬不違, 勞而不怨."   114
- 4-19. 子曰: "父母在, 不遠遊, 遊必有方."   115
- 4-20. 子曰: "三年無改於父之道, 可謂孝矣."   115
- 4-21. 子曰: "父母之年, 不可不知也. 一則以喜, 一則以懼."   116
- 4-22. 子曰: "古者言之不出, 恥躬之不逮也."   116
- 4-23. 子曰: "以約失之者鮮矣."   117
- 4-24. 子曰: "君子欲訥於言而敏於行."   117
- 4-25. 子曰: "德不孤, 必有隣."   117
- 4-26. 子游曰: "事君數, 斯辱矣; 朋友數, 斯疏矣."   118

公冶長 第五篇 (공야장 제오편)   119

5-1. 子謂公冶長: "可妻也. 雖在縲絏之中, 非其罪也." 以其子妻之.	121
5-2. 子謂子賤: "君子哉若人! 魯無君子者, 斯焉取斯?"	122
5-3. 子貢問曰: "賜也何如?" 子曰: "女器也." 曰: "何器也?"	122
5-4. 或曰: "雍也仁而不佞." 子曰: "焉用佞? 禦人以口給, 屢憎於人.	123
5-5. 子使漆雕開仕, 對曰: "吾斯之未能信." 子說.	124
5-6. 子曰: "道不行, 乘桴浮於海, 從我者其由與!" 子路聞之喜. 子曰:	125
5-7. 孟武伯問: "子路仁乎?" 子曰: "不知也." 又問, 子曰: "由也,	126
5-8. 子謂子貢: "女與回也孰愈?" 對曰: "賜也何敢望回? 回也聞	127
5-9. 宰予晝寢, 子曰: "朽木不可雕也, 糞土之牆不可杇也. 於予與何誅	128
5-10. 子曰: "吾未見剛者." 或對曰: "申棖." 子曰: "棖也慾, 焉得剛?"	129
5-11. 子貢曰: "我不欲人之加諸我也, 吾亦欲無加諸人." 子曰: "賜也,	129
5-12. 子貢曰: "夫子之文章, 可得而聞也; 夫子之言性與天道, 不可得而	130
5-13. 子路有聞, 未之能行, 唯恐有聞.	131
5-14. 子貢問曰: "孔文子何以謂之文也?" 子曰: "敏而好學, 不恥下問,	131
5-15. 子謂子產: "有君子之道四焉: 其行己也恭, 其事上也敬, 其養民	132
5-16. 子曰: "晏平仲善與人交, 久而敬之."	133
5-17. 子曰: "臧文仲居蔡, 山節藻梲, 何如其知也?"	134
5-18. 子張問曰: "令尹子文, 三仕爲令尹, 無喜色, 三已之, 無慍色,	135
5-19. 季文子三思而後行, 子聞之, 曰: "再斯可矣."	137
5-20. 子曰: "甯武子, 邦有道則知, 邦無道則愚. 其知可及也, 其愚不可	137
5-21. 子在陳, 曰: "歸與! 歸與! 吾黨之小子狂簡, 斐然成章, 不知所以	139
5-22. 子曰: "伯夷叔齊不念舊惡, 怨是用希."	140
5-23. 子曰: "孰謂微生高直? 或乞醯焉, 乞諸其隣而與之."	141
5-24. 子曰: "巧言·令色·足恭, 左丘明恥之, 丘亦恥之. 匿怨而友其人,	142
5-25. 顏淵·季路侍, 子曰: "盍各言爾志?" 子路曰: "願車馬衣輕裘,	142
5-26. 子曰: "已矣乎! 吾未見能見其過而內自訟者也."	143
5-27. 子曰: "十室之邑, 必有忠信如丘者焉, 不如丘之好學也."	144

雍也 第六篇 (옹야 제육편)　　　　　　　　　　　145

- 6-1. 子曰: "雍也可使南面."　　　　　　　　　　　　　　　147
- 6-2. 仲弓問子桑伯子, 子曰: "可也. 簡." 仲弓曰: "居敬而行簡, 以臨其　147
- 6-3. 哀公問: "弟子孰爲好學?" 孔子對曰: "有顔回者好學, 不遷怒,　　148
- 6-4. 子華使於齊, 冉子爲其母請粟, 子曰: "與之釜." 請益, 曰: "與之庾." 149
- 6-5. 原思爲之宰, 與之粟九百, 辭. 子曰: "毋! 以與爾隣里鄕黨乎!"　　150
- 6-6. 子謂仲弓曰: "犁牛之子騂且角, 雖欲勿用, 山川其舍諸?"　　　　151
- 6-7. 子曰: "回也, 其心三月不違仁, 其餘則日月至焉而已矣."　　　　151
- 6-8. 季康子問: "仲由可使從政也與?" 子曰: "由也果, 於從政乎何有?" 152
- 6-9. 季氏使閔子騫爲費宰, 閔子騫曰: "善爲我辭焉. 如有復我者, 則吾　153
- 6-10. 伯牛有疾, 子問之, 自牖執其手曰: "亡之, 命矣夫! 斯人也而有斯　154
- 6-11. 子曰: "賢哉回也! 一簞食, 一瓢飮, 在陋巷, 人不堪其憂,　　　　155
- 6-12. 冉求曰: "非不說子之道, 力不足也." 子曰: "力不足者中道而廢,　155
- 6-13. 子謂子夏曰: "女爲君子儒, 無爲小人儒."　　　　　　　　　　156
- 6-14. 子游爲武城宰, 子曰: "女得人焉爾乎?" 曰: "有澹臺滅明者,　　157
- 6-15. 子曰: "孟之反不伐. 奔而殿, 將入門, 策其馬曰: '非敢後也,　　158
- 6-16. 子曰: "不有祝鮀之佞, 而有宋朝之美, 難乎免於今之世矣."　　　159
- 6-17. 子曰: "誰能出不由戶? 何莫由斯道也?"　　　　　　　　　　159
- 6-18. 子曰: "質勝文則野, 文勝質則史. 文質彬彬, 然後君子."　　　　160
- 6-19. 子曰: "人之生也直, 罔之生也幸而免."　　　　　　　　　　　160
- 6-20. 子曰: "知之者不如好之者, 好之者不如樂之者."　　　　　　　161
- 6-21. 子曰: "中人以上, 可以語上也; 中人以下, 不可以語上也."　　　162
- 6-22. 樊遲問知, 子曰: "務民之義, 敬鬼神而遠之, 可謂知矣."　　　　162
- 6-23. 子曰: "知者樂水, 仁者樂山; 知者動, 仁者靜; 知者樂,　　　　　163
- 6-24. 子曰: "齊一變至於魯, 魯一變至於道."　　　　　　　　　　　164
- 6-25. 子曰: "觚不觚, 觚哉! 觚哉!"　　　　　　　　　　　　　　　165
- 6-26. 宰我問曰: "仁者, 雖告之曰: '井有仁焉.' 其從之也?"　　　　　165
- 6-27. 子曰: "君子博學於文, 約之以禮, 亦可以弗畔矣夫!"　　　　　167
- 6-28. 子見南子, 子路不說, 夫子矢之曰: "予所否者, 天厭之! 天厭之!"　167
- 6-29. 子曰: "中庸之爲德也, 其至矣乎! 民鮮久矣."　　　　　　　　168
- 6-30. 子貢曰: "如有博施於民而能濟衆, 何如? 可謂仁乎?"　　　　　169

述而 第七篇 (술이 제칠편) — 173

- 7-1. 子曰: "述而不作, 信而好古, 竊比於我老彭." — 175
- 7-2. 子曰: "默而識之, 學而不厭, 誨人不倦, 何有於我哉." — 175
- 7-3. 子曰: "德之不脩, 學之不講, 聞義不能徙, 不善不能改, 是吾憂也." — 176
- 7-4. 子之燕居, 申申如也, 夭夭如也. — 177
- 7-5. 子曰: "甚矣吾衰也! 久矣吾不復夢見周公!" — 177
- 7-6. 子曰: "志於道, 據於德, 依於仁, 游於藝." — 178
- 7-7. 子曰: "自行束脩以上, 吾未嘗無誨焉." — 179
- 7-8. 子曰: "不憤不啓, 不悱不發. 擧一隅不以三隅反, 則不復也." — 179
- 7-9. 子食於有喪者之側, 未嘗飽也. 子於是日哭, 則不歌. — 180
- 7-10. 子謂顏淵曰: "用之則行, 舍之則藏, 惟我與爾有是夫!" — 180
- 7-11. 子曰: "富而可求也, 雖執鞭之士, 吾亦爲之; 如不可求, 從吾所好." — 181
- 7-12. 子之所愼, 齊·戰·疾. — 182
- 7-13. 子在齊聞韶, 三月不知肉味, 曰: "不圖爲樂之至於斯也!" — 182
- 7-14. 冉有曰: "夫子爲衛君乎?" 子貢曰: "諾, 吾將問之." 入, — 183
- 7-15. 子曰: "飯疏食飲水, 曲肱而枕之, 樂亦在其中矣. 不義而富且貴, — 184
- 7-16. 子曰: "加我數年, 五十以學易, 可以無大過矣." — 185
- 7-17. 子所雅言, 詩·書·執禮, 皆雅言也. — 185
- 7-18. 葉公問孔子於子路, 子路不對. 子曰: "女奚不曰: '其爲人也, — 186
- 7-19. 子曰: "我非生而知之者, 好古, 敏以求之者也." — 187
- 7-20. 子不語, 怪力·亂神. — 187
- 7-21. 子曰: "三人行, 必有我師焉. 擇其善者而從之, 其不善者而改之." — 188
- 7-22. 子曰: "天生德於予, 桓魋其如予何?" — 188
- 7-23. 子曰: "二三子以我爲隱乎? 吾無隱乎爾! 吾無行而不與二三 — 189
- 7-24. 子以四教: 文行忠信. — 189
- 7-25. 子曰: "聖人, 吾不得而見之矣! 得見君子者斯可矣!" — 190
- 7-26. 子釣而不綱, 弋不射宿. — 191
- 7-27. 子曰: "蓋有不知而作之者, 我無是也. 多聞, 擇其善者而從之, — 191
- 7-28. 互鄕難與言童子見, 門人惑, 子曰: "與其進也, 不與其退也, — 192
- 7-29. 子曰: "仁遠乎哉? 我欲仁, 斯仁至矣." — 193
- 7-30. 陳司敗問: "昭公知禮乎?" 孔子曰: "知禮." 孔子退, 揖巫馬期而進 — 193

7-31. 子與人歌而善, 必使反之, 而後和之.	194
7-32. 子曰: "文莫吾猶人也. 躬行君子, 則吾未之有得."	195
7-33. 子曰: "若聖與仁, 則吾豈敢? 抑爲之不厭, 誨人不倦, 則可謂云	195
7-34. 子疾病, 子路請禱. 子曰: "有諸?" 子路對曰: "有之, 誄曰: '禱爾	196
7-35. 子曰: "奢則不孫, 儉則固, 與其不孫也, 寧固."	197
7-36. 子曰: "君子坦蕩蕩, 小人長戚戚."	197
7-37. 子溫而厲, 威而不猛, 恭而安.	198

泰伯 第八篇 (태백 제팔편)　　　199

8-1. 子曰: "泰伯其可謂至德也已矣! 三以天下讓, 民無得而稱焉."　201

8-2. 子曰: "恭而無禮則勞, 愼而無禮則葸, 勇而無禮則亂, 直而無禮則　202

8-3. 曾子有疾, 召門弟子曰: "啓予足, 啓予手. 詩云: '戰戰兢兢,　203

8-4. 曾子有疾, 孟敬子問之. 曾子言曰: "鳥之將死, 其鳴也哀;　203

8-5. 曾子曰: "以能問於不能, 以多問於寡, 有若無, 實若虛, 犯而不校,　205

8-6. 曾子曰: "可以託六尺之孤, 可以寄百里之命, 臨大節而不可奪也,　205

8-7. 曾子曰: "士不可以不弘毅, 任重而道遠. 仁以爲己任, 不亦重乎?　206

8-8. 子曰: "興於詩, 立於禮, 成於樂."　207

8-9. 子曰: "民可使由之, 不可使知之."　207

8-10. 子曰: "好勇疾貧, 亂也; 人而不仁, 疾之已甚, 亂也."　208

8-11. 子曰: "如有周公之才之美, 使驕且吝, 其餘不足觀也已."　208

8-12. 子曰: "三年學, 不至於穀, 不易得也."　209

8-13. 子曰: "篤信好學, 守死善道. 危邦不入, 亂邦不居. 天下有道則見,　209

8-14. 子曰: "不在其位, 不謀其政."　210

8-15. 子曰: "師摯之始, 關雎之亂, 洋洋乎盈耳哉!"　210

8-16. 子曰: "狂而不直, 侗而不愿, 悾悾而不信, 吾不知之矣!"　211

8-17. 子曰: "學如不及, 猶恐失之."　212

8-18. 子曰: "巍巍乎! 舜禹之有天下也而不與焉!"　212

8-19. 子曰: "大哉堯之爲君也! 巍巍乎, 唯天爲大, 唯堯則之! 蕩蕩乎,　213

8-20. 舜有臣五人而天下治. 武王曰: "予有亂臣十人."　214

8-21. 子曰: "禹, 吾無間然矣. 菲飮食而致孝乎鬼神,　215

子罕 第九篇 (자한 제구편)   217

9-1. 子罕言利與命與仁.	219
9-2. 達巷黨人曰: "大哉孔子! 博學而無所成名." 子聞之,	219
9-3. 子曰: "麻冕, 禮也, 今也純儉, 吾從衆. 拜下, 禮也, 今拜乎上,	220
9-4. 子絶四: 毋意, 毋必, 毋固, 毋我.	221
9-5. 子畏於匡, 曰: "文王旣沒, 文不在玆乎? 天之將喪斯文也,	221
9-6. 大宰問於子貢曰: "夫子聖者與, 何其多能也?"	222
9-7. 子曰: "吾有知乎哉? 無知也. 有鄙夫問於我, 空空如也,	223
9-8. 子曰: "鳳鳥不至, 河不出圖, 吾已矣夫!"	224
9-9. 子見齊衰者·冕衣裳者與瞽者, 見之, 雖少必作, 過之必趨.	224
9-10. 顔淵喟然歎曰: "仰之彌高, 鑽之彌堅, 瞻之在前, 忽焉在後.	225
9-11. 子疾病, 子路使門人爲臣. 病間, 曰: "久矣哉由之行詐也!	226
9-12. 子貢曰: "有美玉於斯, 韞櫝而藏諸? 求善賈而沽諸?"	227
9-13. 子欲居九夷. 或曰: "陋, 如之何?"	228
9-14. 子曰: "吾自衛反魯, 然後樂正, 雅頌各得其所."	228
9-15. 子曰: "出則事公卿, 入則事父兄, 喪事不敢不勉, 不爲酒困,	229
9-16. 子在川上, 曰: "逝者如斯夫! 不舍晝夜."	230
9-17. 子曰: "吾未見好德如好色者也."	231
9-18. 子曰: "譬如爲山, 未成一簣, 止, 吾止也; 譬如平地, 雖覆一簣,	231
9-19. 子曰: "語之而不惰者, 其回也與!"	232
9-20. 子謂顔淵曰: "惜乎! 吾見其進也, 未見其止也."	232
9-21. 子曰: "苗而不秀者有矣夫! 秀而不實者有矣夫!"	232
9-22. 子曰: "後生可畏, 焉知來者之不如今也? 四十五十而無聞焉,	233
9-23. 子曰: "法語之言, 能無從乎? 改之爲貴. 巽與之言, 能無說乎?	234
9-24. 子曰: "主忠信, 毋友不如己者, 過則勿憚改."	234
9-25. 子曰: "三軍可奪帥也, 匹夫不可奪志也."	235
9-26. 子曰: "衣敝縕袍, 與衣狐貉者立, 而不恥者, 其由也與!	235
9-27. 子曰: "歲寒, 然後知松栢之後彫也."	236
9-28. 子曰: "知者不惑, 仁者不憂, 勇者不懼."	237
9-29. 子曰: "可與共學, 未可與適道; 可與適道, 未可與立; 可與立,	237
9-30. "唐棣之華, 偏其反而! 豈不爾思? 室是遠而!" 子曰: "未之思也,	238

鄕黨 第十篇 (향당 제십편)   239

10-1. 孔子於鄕黨, 恂恂如也, 似不能言者. 其在宗廟朝廷, 便便言   241
10-2. 朝, 與下大夫言, 侃侃如也; 與上大夫言, 誾誾如也. 君在,   241
10-3. 君召使擯, 色勃如也, 足躩如也. 揖所與立, 左右手, 衣前後,   242
10-4. 入公門, 鞠躬如也, 如不容. 立不中門, 行不履閾. 過位, 色勃如也,   243
10-5. 執圭, 鞠躬如也, 如不勝. 上如揖, 下如授. 勃如戰色,   244
10-6. 君子不以紺緅飾, 紅紫不以爲褻服. 當暑袗絺綌, 必表而出之.   245
10-7. 齊, 必有明衣, 布. 齊必變食, 居必遷坐.   246
10-8. 食不厭精, 膾不厭細. 食饐而餲·魚餒而肉敗, 不食; 色惡, 不食;   247
10-9. 席不正, 不坐.   249
10-10. 鄕人飲酒, 杖者出, 斯出矣. 鄕人儺, 朝服而立於阼階.   249
10-11. 問人於他邦, 再拜而送之. 康子饋藥, 拜而受之, 曰: "丘未達,   250
10-12. 廄焚, 子退朝, 曰: "傷人乎?" 不問馬.   250
10-13. 君賜食, 必正席先嘗之; 君賜腥, 必熟而薦之; 君賜生, 必畜之.   251
10-14. 入太廟, 每事問.   252
10-15. 朋友死, 無所歸, 曰: "於我殯." 朋友之饋, 雖車馬, 非祭肉, 不拜.   252
10-16. 寢不尸, 居不容. 見齊衰者, 雖狎, 必變. 見冕者與瞽者, 雖褻,   253
10-17. 升車, 必正立, 執綏. 車中, 不內顧, 不疾言, 不親指.   254
10-18. 色斯舉矣, 翔而後集. 曰: "山梁雌雉, 時哉時哉!" 子路共之,   254

先進 第十一篇 (선진 제십일편) 255

11-1. 子曰: "先進於禮樂, 野人也; 後進於禮樂, 君子也. 如用之, 257
11-2. 子曰: "從我於陳·蔡者, 皆不及門也."德行: 顔淵·閔子騫· 257
11-3. 子曰: "回也非助我者也, 於吾言無所不說." 258
11-4. 子曰: "孝哉閔子騫! 人不間於其父母昆弟之言." 258
11-5. 南容三復白圭, 孔子以其兄之子妻之. 259
11-6. 季康子問: "弟子孰爲好學?"孔子對曰: "有顔回者好學, 不幸短 259
11-7. 顔淵死, 顔路請子之車以爲之椁. 子曰: "才不才, 亦各言其子也. 260
11-8. 顔淵死, 子曰: "噫! 天喪予! 天喪予!" 261
11-9. 顔淵死, 子哭之慟, 從者曰: "子慟矣."曰: "有慟乎? 非夫人之 261
11-10. 顔淵死, 門人欲厚葬之, 子曰: "不可."門人厚葬之, 262
11-11. 季路問事鬼神, 子曰: "未能事人, 焉能事鬼?"曰: "敢問死." 262
11-12. 閔子侍側, 誾誾如也; 子路, 行行如也; 冉有·子貢, 侃侃如也. 263
11-13. 魯人爲長府, 閔子騫曰: "仍舊貫如之何? 何必改作?" 264
11-14. 子曰: "由之瑟, 奚爲於丘之門?"門人不敬子路. 264
11-15. 子貢問: "師與商也孰賢?"子曰: "師也過, 商也不及." 265
11-16. 季氏富於周公, 而求也爲之聚斂而附益之. 266
11-17. 柴也愚, 參也魯, 師也辟, 由也喭. 266
11-18. 子曰: "回也其庶乎, 屢空. 賜不受命而貨殖焉, 億則屢中." 267
11-19. 子張問善人之道, 子曰: "不踐迹, 亦不入於室." 268
11-20. 子曰: "論篤是與, 君子者乎? 色莊者乎?" 268
11-21. 子路問: "聞斯行諸?"子曰: "有父兄在, 如之何其聞斯行之?" 269
11-22. 子畏於匡, 顔淵後. 子曰: "吾以女爲死矣."曰: "子在, 回何敢死?"270
11-23. 季子然問: "仲由·冉求可謂大臣與?"子曰: "吾以子爲異之問, 271
11-24. 子路使子羔爲費宰, 子曰: "賊夫人之子."子路曰: "有民人焉, 272
11-25. 子路·曾晳·冉有·公西華侍坐, 子曰: "以吾一日長乎爾, 毋吾以也. 273

顔淵 第十二篇 (안연 제십이편)   277

12-1. 顔淵問仁, 子曰: "克己復禮爲仁. 一日克己復禮, 天下歸仁焉.   279
12-2. 仲弓問仁, 子曰: "出門如見大賓, 使民如承大祭. 己所不欲,   280
12-3. 司馬牛問仁, 子曰: "仁者, 其言也訒." 曰: "其言也訒,   281
12-4. 司馬牛問君子, 子曰: "君子不憂不懼." 曰: "不憂不懼,   281
12-5. 司馬牛憂曰: "人皆有兄弟, 我獨亡." 子夏曰: "商聞之矣: 死生   282
12-6. 子張問明, 子曰: "浸潤之譖, 膚受之愬, 不行焉, 可謂明也已矣.   282
12-7. 子貢問政, 子曰: "足食, 足兵, 民信之矣."   283
12-8. 棘子成曰: "君子質而已矣, 何以文爲?" 子貢曰: "惜乎夫子之說   284
12-9. 哀公問於有若曰: "年饑, 用不足, 如之何?" 有若對曰: "盍徹乎?"   285
12-10. 子張問崇德·辨惑, 子曰: "主忠信, 徙義, 崇德也. 愛之欲其生,   285
12-11. 齊景公問政於孔子, 孔子對曰: "君君, 臣臣, 父父, 子子."   288
12-12. 子曰: "片言可以折獄者, 其由也與!" 子路無宿諾.   289
12-13. 子曰: "聽訟, 吾猶人也. 必也使無訟乎!"   289
12-14. 子張問政, 子曰: "居之無倦, 行之以忠."   290
12-15. 子曰: "博學於文, 約之以禮, 亦可以弗畔矣夫!"   290
12-16. 子曰: "君子成人之美, 不成人之惡, 小人反是."   291
12-17. 季康子問政於孔子, 孔子對曰: "政者, 正也. 子帥以正, 孰敢不正?"   291
12-18. 季康子患盜, 問於孔子, 孔子對曰: "苟子之不欲, 雖賞之不竊."   292
12-19. 季康子問政於孔子曰: "如殺無道以就有道, 何如?"   292
12-20. 子張問: "士何如斯可謂之達矣?" 子曰: "何哉爾所謂達者?"   293
12-21. 樊遲從遊於舞雩之下, 曰: "敢問崇德·脩慝·辨惑."   294
12-22. 樊遲問仁, 子曰: "愛人" 問知, 子曰: "知人" 樊遲未達,   296
12-23. 子貢問友, 子曰: "忠告而善道之, 不可則止, 無自辱焉."   297
12-24. 曾子曰: "君子以文會友, 以友輔仁."   297

子路 第十三篇 (자로 제십삼편)　　　　　　　　　　299

13-1. 子路問政, 子曰: "先之勞之." 請益. 曰: "無倦."　　　301
13-2. 仲弓爲季氏宰, 問政, 子曰: "先有司, 赦小過, 擧賢才."　　　301
13-3. 子路曰: "衛君待子而爲政, 子將奚先?" 子曰: "必也正名乎!"　　　302
13-4. 樊遲請學稼, 子曰: "吾不如老農." 請學爲圃, 曰: "吾不如老圃."　　　303
13-5. 子曰: "誦詩三百, 授之以政, 不達; 使於四方, 不能專對,　　　304
13-6. 子曰: "其身正, 不令而行; 其身不正, 雖令不從."　　　305
13-7. 子曰: "魯衛之政, 兄弟也."　　　305
13-8. 子謂衛公子荊: "善居室. 始有, 曰: '苟合矣.' 少有, 曰: '苟完矣.'　　　305
13-9. 子適衛, 冉有僕, 子曰: "庶矣哉!" 冉有曰: "旣庶矣, 又何加焉?"　　　306
13-10. 子曰: "苟有用我者, 朞月而已可也, 三年有成."　　　307
13-11. 子曰: "'善人爲邦百年, 亦可以勝殘去殺矣.' 誠哉是言也!"　　　307
13-12. 子曰: "如有王者, 必世而後仁."　　　308
13-13. 子曰: "苟正其身矣, 於從政乎何有? 不能正其身, 如正人何?"　　　308
13-14. 冉子退朝, 子曰: "何晏也?" 對曰: "有政." 子曰: "其事也. 如有政,　　　309
13-15. 定公問: "一言而可以興邦, 有諸?" 孔子對曰: "言不可以若是,　　　309
13-16. 葉公問政, 子曰: "近者說, 遠者來."　　　311
13-17. 子夏爲莒父宰, 問政, 子曰: "無欲速, 無見小利. 欲速, 則不達;　　　311
13-18. 葉公語孔子曰: "吾黨有直躬者, 其父攘羊, 而子證之."　　　312
13-19. 樊遲問仁, 子曰: "居處恭, 執事敬, 與人忠. 雖之夷狄, 不可棄也."　　　312
13-20. 子貢問曰: "何如斯可謂之士矣?" 子曰: "行己有恥, 使於四方,　　　313
13-21. 子曰: "不得中行而與之, 必也狂狷乎! 狂者進取, 狷者有所不爲　　　314
13-22. 子曰: "南人有言: '人而無恒, 不可以作巫醫.' 善夫! '不恒其德,　　　315
13-23. 子曰: "君子和而不同, 小人同而不和."　　　315
13-24. 子貢問曰: "鄕人皆好之, 何如?" 子曰: "未可也." "鄕人皆惡之,　　　316
13-25. 子曰: "君子易事而難說也. 說之不以道, 不說也. 及其使人也,　　　316
13-26. 子曰: "君子泰而不驕, 小人驕而不泰."　　　317
13-27. 子曰: "剛毅木訥, 近仁."　　　317
13-28. 子路問曰: "何如斯可謂之士矣?" 子曰: "切切偲偲, 怡怡如也,　　　317
13-29. 子曰: "善人敎民七年, 亦可以卽戎矣."　　　318
13-30. 子曰: "以不敎民戰, 是謂棄之."　　　318

憲問 第十四篇 (헌문 제십사편)   319

14-1. 憲問恥, 子曰: "邦有道, 穀. 邦無道, 穀, 恥也."   321
14-2. "克伐怨欲不行焉, 可以爲仁矣." 子曰: "可以爲難矣, 仁則吾不知   321
14-3. 子曰: "士而懷居, 不足以爲士矣."   322
14-4. 子曰: "邦有道, 危言危行; 邦無道, 危行言孫."   322
14-5. 子曰: "有德者必有言, 有言者不必有德. 仁者必有勇, 勇者不必   323
14-6. 南宮适問於孔子曰: "羿善射, 奡盪舟, 俱不得其死然. 禹稷躬稼   323
14-7. 子曰: "君子而不仁者, 有矣夫! 未有小人而仁者也."   324
14-8. 子曰: "愛之, 能勿勞乎? 忠焉, 能勿誨乎?"   324
14-9. 子曰: "爲命, 裨諶草創之, 世叔討論之, 行人子羽修飾之, 東里子   325
14-10. 或問子產, 子曰: "惠人也." 問子西, 曰: "彼哉! 彼哉!" 問管仲,   326
14-11. 子曰: "貧而無怨難, 富而無驕易."   326
14-12. 子曰: "孟公綽爲趙·魏老則優, 不可以爲滕·薛大夫."   327
14-13. 子路問成人, 子曰: "若臧武仲之知, 公綽之不欲, 卞莊子之勇,   327
14-14. 子問公叔文子於公明賈曰: "信乎? 夫子不言, 不笑, 不取乎?"   328
14-15. 子曰: "臧武仲以防求爲後於魯, 雖曰不要君, 吾不信也."   329
14-16. 子曰: "晉文公譎而不正, 齊桓公正而不譎."   330
14-17. 子路曰: "桓公殺公子糾, 召忽死之, 管仲不死. 曰未仁乎?"   330
14-18. 子貢曰: "管仲非仁者與? 桓公殺公子糾, 不能死, 又相之."   331
14-19. 公叔文子之臣大夫僎, 與文子同升諸公, 子聞之曰: "可以爲文矣."   332
14-20. 子言衛靈公之無道也, 康子曰: "夫如是, 奚而不喪?"   333
14-21. 子曰: "其言之不怍, 則爲之也難."   333
14-22. 陳成子弒簡公, 孔子沐浴而朝, 告於哀公曰: "陳恒弒其君, 請討   334
14-23. 子路問事君, 子曰: "勿欺也, 而犯之."   335
14-24. 子曰: "君子上達, 小人下達."   335
14-25. 子曰: "古之學者爲己, 今之學者爲人."   336
14-26. 蘧伯玉使人於孔子. 孔子與之坐而問焉, 曰: "夫子何爲?"   336
14-27. 子曰: "不在其位, 不謀其政."   337
14-28. 曾子曰: "君子思不出其位."   337
14-29. 子曰: "君子恥其言而過其行."   338
14-30. 子曰: "君子道者三, 我無能焉: 仁者不憂, 知者不惑, 勇者不懼."   338

14-31. 子貢方人, 子曰:"賜也賢乎哉! 夫我則不暇." 339
14-32. 子曰:"不患人之不己知, 患其不能也." 339
14-33. 子曰:"不逆詐, 不億不信, 抑亦先覺者, 是賢乎?" 339
14-34. 微生畝謂孔子曰:"丘何爲是栖栖者與? 無乃爲佞乎?" 340
14-35. 子曰:"驥不稱其力, 稱其德也." 341
14-36. 或曰:"以德報怨, 何如?"子曰:"何以報德? 以直報怨, 以德報德." 341
14-37. 子曰:"莫我知也夫!"子貢曰:"何爲其莫知子也?" 342
14-38. 公伯寮愬子路於季孫, 子服景伯以告, 曰:"夫子固有惑志於 342
14-39. 子曰:"賢者辟世, 其次辟地, 其次辟色, 其次辟言." 344
14-40. 子路宿於石門, 晨門曰:"奚自?"子路曰:"自孔氏." 345
14-41. 子擊磬於衛, 有荷蕢而過孔氏之門者, 曰:"有心哉, 擊磬乎!" 345
14-42. 子張曰:"書云:'高宗諒陰, 三年不言.'何謂也?" 347
14-43. 子曰:"上好禮, 則民易使也." 348
14-44. 子路問君子, 子曰:"脩己以敬."曰:"如斯而已乎?" 348
14-45. 原壤夷俟, 子曰:"幼而不孫弟, 長而無述焉, 老而不死, 是爲賊." 349
14-46. 闕黨童子將命. 或問之曰:"益者與?"子曰:"吾見其居於位也, 350

衛靈公 第十五篇(위령공 제십오편) 351

15-1. 衛靈公問陳於孔子, 孔子對曰: "俎豆之事, 則嘗聞之矣; ... 353
15-2. 子曰: "賜也, 女以予爲多學而識之者與?" 對曰: "然, 非與?" ... 354
15-3. 子曰: "由, 知德者鮮矣!" ... 354
15-4. 子曰: "無爲而治者, 其舜也與! 夫何爲哉? 恭己正南面而已矣." ... 355
15-5. 子張問行, 子曰: "言忠信, 行篤敬, 雖蠻貊之邦, 行矣. 言不忠信, ... 356
15-6. 子曰: "直哉史魚! 邦有道, 如矢; 邦無道, 如矢. 君子哉蘧伯玉! ... 357
15-7. 子曰: "可與言而不與之言, 失人; 不可與言而與之言, 失言. 知者, ... 357
15-8. 子曰: "志士仁人, 無求生以害仁, 有殺身以成仁." ... 358
15-9. 子貢問爲仁, 子曰: "工欲善其事, 必先利其器. 居是邦也, ... 358
15-10. 顔淵問爲邦, 子曰: "行夏之時, 乘殷之輅, 服周之冕, 樂則韶舞, ... 358
15-11. 子曰: "人無遠慮, 必有近憂." ... 359
15-12. 子曰: "已矣乎! 吾未見好德如好色者也." ... 360
15-13. 子曰: "臧文仲, 其竊位者與! 知柳下惠之賢, 而不與立也." ... 360
15-14. 子曰: "躬自厚, 而薄責於人, 則遠怨矣." ... 360
15-15. 子曰: "不曰 '如之何如之何' 者, 吾末如之何也已矣." ... 361
15-16. 子曰: "群居終日, 言不及義, 好行小慧, 難矣哉!" ... 361
15-17. 子曰: "君子義以爲質, 禮以行之, 孫以出之, 信以成之, 君子哉!" ... 361
15-18. 子曰: "君子病無能焉, 不病人之不己知也." ... 362
15-19. 子曰: "君子疾沒世而名不稱焉." ... 362
15-20. 子曰: "君子求諸己, 小人求諸人." ... 362
15-21. 子曰: "君子矜而不爭, 群而不黨." ... 362
15-22. 子曰: "君子不以言擧人, 不以人廢言." ... 363
15-23. 子貢問曰: "有一言而可以終身行之者乎?" ... 363
15-24. 子曰: "吾之於人也, 誰毀誰譽? 如有所譽者, 其有所 ... 364
15-25. 子曰: "吾猶及史之闕文也, 有馬者借人乘之, 今亡矣夫!" ... 365
15-26. 子曰: "巧言亂德, 小不忍則亂大謀." ... 366
15-27. 子曰: "衆惡之, 必察焉; 衆好之, 必察焉." ... 366
15-28. 子曰: "人能弘道, 非道弘人." ... 366
15-29. 子曰: "過而不改, 是謂過矣." ... 367
15-30. 子曰: "吾嘗終日不食, 終夜不寢以思, 無益, 不如學也." ... 367

15-31. 子曰: "君子謀道不謀食. 耕也, 餒在其中矣; 學也, 祿在其中矣. 367
15-32. 子曰: "知及之, 仁不能守之, 雖得之, 必失之. 知及之, 仁能守之, 368
15-33. 子曰: "君子不可小知, 而可大受也; 小人不可大受, 而可小知也." 368
15-34. 子曰: "民之於仁也, 甚於水火. 水火, 吾見蹈而死者矣, 未見蹈 369
15-35. 子曰: "當仁, 不讓於師." 369
15-36. 子曰: "君子貞而不諒." 370
15-37. 子曰: "事君, 敬其事而後其食." 370
15-38. 子曰: "有教無類." 370
15-39. 子曰: "道不同, 不相爲謀." 370
15-40. 子曰: "辭, 達而已矣." 371
15-41. 師冕見, 及階, 子曰: "階也." 及席, 子曰: "席也." 皆坐, 371

季氏 第十六篇(계씨 제십육편) 373

16-1. 季氏將伐顓臾. 冉有·季路見於孔子 曰: "季氏將有事於顓臾." 375
16-2. 孔子曰: "天下有道, 則禮樂征伐自天子出. 天下無道, 則禮樂征 378
16-3. 孔子曰: "祿之去公室五世矣, 政逮於大夫四世矣. 故夫三桓之子 379
16-4. 孔子曰: "益者三友, 損者三友; 友直, 友諒, 友多聞, 益矣. 友便辟, 379
16-5. 孔子曰: "益者三樂, 損者三樂; 樂節禮樂, 樂道人之善, 樂多賢友, 380
16-6. 孔子曰: "侍於君子有三愆; 言未及之而言, 謂之躁. 言及 380
16-7. 孔子曰: "君子有三戒; 少之時, 血氣未定, 戒之在色. 及其壯也, 381
16-8. 孔子曰: "君子有三畏: 畏天命, 畏大人, 畏聖人之言. 小人不知 381
16-9. 孔子曰: "生而知之者上也, 學而知之者次也, 困而學之又其次也. 382
16-10. 孔子曰: "君子有九思: 視思明, 聽思聰, 色思溫, 貌思恭, 言思忠, 383
16-11. 孔子曰: "見善如不及, 見不善如探湯, 吾見其人矣, 吾聞其語矣. 383
16-12. 齊景公有馬千駟, 死之日, 民無德而稱焉. 伯夷叔齊餓于首陽 384
16-13. 陳亢問於伯魚曰: "子亦有異聞乎?" 對曰: "未也. 嘗獨立, 384
16-14. 邦君之妻, 君稱之曰夫人, 夫人自稱曰小童; 邦人稱之曰君夫人, 385

陽貨 第十七篇 (양화 제십칠편)   387

- 17-1. 陽貨欲見孔子, 孔子不見, 歸孔子豚. 孔子時其亡也, 而往拜之,   389
- 17-2. 子曰: "性相近也, 習相遠也."   390
- 17-3. 子曰: "唯上知與下愚不移."   390
- 17-4. 子之武城, 聞弦歌之聲. 夫子莞爾而 笑曰: "割鷄焉用牛刀?"   391
- 17-5. 公山弗擾以費畔, 召, 子欲往. 子路不說, 曰: "末之也, 已,   392
- 17-6. 子張問仁於孔子, 孔子曰: "能行五者於天下爲仁矣." "請問之."   393
- 17-7. 佛肸召, 子欲往. 子路曰: "昔者, 由也聞諸夫子: '親於其身   393
- 17-8. 子曰: "由也! 女聞六言六蔽矣乎?" 對曰: "未也." "居! 吾語女.   394
- 17-9. 子曰: "小子何莫學夫詩? 詩可以興, 可以觀, 可以群, 可以怨.   396
- 17-10. 子謂伯魚曰: "女爲周南召南矣乎? 人而不爲周南召南, 其猶正   396
- 17-11. 子曰: "禮云禮云, 玉帛云乎哉? 樂云樂云, 鐘鼓云乎哉?"   397
- 17-12. 子曰: "色厲而內荏, 譬諸小人, 其猶穿窬之盜也與!"   397
- 17-13. 子曰: "鄕原德之賊也."   398
- 17-14. 子曰: "道聽而塗說, 德之棄也."   398
- 17-15. 子曰: "鄙夫可與事君也與哉? 其未得之也, 患得之 旣得之,   399
- 17-16. 子曰: "古者民有三疾, 今也或是之亡也. 古之狂也肆, 今之狂   399
- 17-17. 子曰: "巧言令色, 鮮矣仁."   401
- 17-18. 子曰: "惡紫之奪朱也, 惡鄭聲之亂雅樂也, 惡利口之覆邦家者."   401
- 17-19. 子曰: "予欲無言." 子貢曰: "子如不言, 則小子何述焉."   402
- 17-20. 孺悲欲見孔子, 孔子辭以疾. 將命者出戶, 取瑟而歌, 使之聞之.   402
- 17-21. 宰我問: "三年之喪, 期已久矣. 君子三年不爲禮, 禮必壞;   403
- 17-22. 子曰: "飽食終日, 無所用心, 難矣哉! 不有博奕者乎? 爲之, 猶賢   404
- 17-23. 子路曰: "君子尙勇乎?" 子曰: "君子義以爲上, 君子有勇而無   405
- 17-24. 子貢曰: "君子亦有惡乎?" 子曰: "有惡. 惡稱人之惡者, 惡居   406
- 17-25. 子曰: "唯女子與小人, 爲難養也. 近之則不孫, 遠之則怨."   407
- 17-26. 子曰: "年四十而見惡焉, 其終也已."   407

微子 第十八篇 (미자 제십팔편)   409

18-1. 微子去之, 箕子爲之奴, 比干諫而死. 孔子曰: "殷有三仁焉."   411

18-2. 柳下惠爲士師, 三黜. 人曰: "子未可以去乎?"   411

18-3. 齊景公待孔子曰: "若季氏, 則吾不能. 以季孟之間待之."   412

18-4. 齊人歸女樂, 季桓子受之, 三日不朝. 孔子行.   412

18-5. 楚狂接輿歌而過孔子曰: "鳳兮鳳兮! 何德之衰? 往者不可諫,   413

18-6. 長沮·桀溺耦而耕, 孔子過之, 使子路問津焉.   414

18-7. 子路從而後, 遇丈人, 以杖荷蓧. 子路問曰: "子見夫子乎?"   416

18-8. 逸民: 伯夷·叔齊·虞仲·夷逸·朱張·柳下惠·少連.   417

18-9. 大師摯適齊, 亞飯干適楚, 三飯繚適蔡, 四飯缺適秦, 鼓方叔   419

18-10. 周公謂魯公曰: "君子不施其親, 不使大臣怨乎不以, 故舊無   420

18-11. 周有八士: 伯達·伯适·仲突·仲忽·叔夜·叔夏·季隨·季騧.   420

子張 第十九 篇 (자장 제십구편)   421

19-1. 子張曰: "士見危致命, 見得思義, 祭思敬, 喪思哀, 其可已矣."   423

19-2. 子張曰: "執德不弘, 信道不篤, 焉能爲有? 焉能爲亡?"   423

19-3. 子夏之門人問交於子張, 子張曰: "子夏云何?" 對曰: 424

19-4. 子夏曰: "雖小道, 必有可觀者焉, 致遠恐泥, 是以君子不爲也."   425

19-5. 子夏曰: "日知其所亡, 月無忘其所能, 可謂好學也已矣."   425

19-6. 子夏曰: "博學而篤志, 切問而近思, 仁在其中矣."   426

19-7. 子夏曰: "百工居肆以成其事, 君子學以致其道."   426

19-8. 子夏曰: "小人之過也必文."   426

19-9. 子夏曰: "君子有三變: 望之儼然, 卽之也溫, 聽其言也厲."   426

19-10. 子夏曰: "君子, 信而後勞其民, 未信則以爲厲己也; 信而後諫,   427

19-11. 子夏曰: "大德不踰閑, 小德出入可也."   427

19-12. 子游曰: "子夏之門人小子, 當洒掃應對進退, 則可矣, 抑末也.   428

19-13. 子夏曰: "仕而優則學, 學而優則仕."   429

19-14. 子游曰: "喪致乎哀而止."   429

19-15. 子游曰: "吾友張也爲難能也, 然而未仁."   430

19-16. 曾子曰: "堂堂乎張也! 難與並爲仁矣."   430

19-17. 曾子曰: "吾聞諸夫子: 人未有自致者也, 必也親喪乎!"   430

19-18. 曾子曰: "吾聞諸夫子: 孟莊子之孝也, 其他可能也, 其不改父   431

19-19. 孟氏使陽膚爲士師, 問於曾子, 曾子曰: "上失其道, 民散久矣.   431

19-20. 子貢曰: "紂之不善, 不如是之甚也. 是以君子惡居下流, 天下   432

19-21. 子貢曰: "君子之過也, 如日月之食焉. 過也, 人皆見之; 更也,   432

19-22. 衛公孫朝問於子貢曰: "仲尼焉學?" 子貢曰: "文武之道,   433

19-23. 叔孫武叔語大夫於朝曰: "子貢賢於仲尼." 子服景伯以告子貢.   434

19-24. 叔孫武叔毀仲尼, 子貢曰: "無以爲也! 仲尼不可毀也.   435

19-25. 陳子禽謂子貢曰: "子爲恭也, 仲尼豈賢於子乎?"   436

堯曰 第二十篇 (요왈 제이십편) 437

- 20-1-1. 堯曰: "咨! 爾舜! 天之歷數在爾躬, 允執其中. 四海困窮, 439
- 20-1-2. 曰: "予小子履, 敢用玄牡, 敢昭告于皇皇后帝: 有罪不敢赦. 440
- 20-1-3. 周有大賚, 善人是富. 441
- 20-1-4. "雖有周親, 不如仁人. 百姓有過, 在予一人." 441
- 20-1-5. 謹權量審法度, 修廢官, 四方之政行焉. 興滅國, 繼絕世, 442
- 20-2. 子張問於孔子曰: "何如斯可以從政矣?" 子曰: "尊五美, 屏四惡, 443
- 20-3. 孔子曰: "不知命, 無以爲君子也; 不知禮, 無以立也; 不知言, 445

學而 第一篇
(학이 제일편)

學而 第一篇
(학이 제일편)

군자가 반드시 갖추어야 할 덕성을 수록한 편이다. 공자와 직전 제자들의 어록 및 대화록이 모두 16개 장으로 이루어졌다. 공자 어록 및 대화록 9개 장, 유약 3개 장, 증삼 2개 장, 자공 2개 장, 자하 1개 장이 실려 있다. 모두 말기 제자들뿐이다. 그것은 공자 사후 공문의 수장 지위와 학회를 융성하게 만든 제자들을 기준으로 편집되었을 것이라고 생각된다. 초반부 1장부터 공자, 유자 그리고 다시 공자, 증자 순으로 편집한 방식도 공자 사후 공문의 수장자리가 그 두 사람 순으로 이어졌던 때문이라고 생각한다.

子曰: "學而時習知, 不亦說乎? 有朋自遠方來, 不亦樂
자왈   학이시습지 불역열호   유붕자원방래 불역낙

乎? 人不知而 不慍, 不亦君子乎?"
호   인부지이 불온 불역군자호

1-1. 공자 가라사대: "배우고 그것을 때맞추어 익히니 정말 기쁘지 않
겠는가? 먼 곳으로부터 벗이 찾아오니 정말 즐겁지 않겠는가? 사람들이
알아주지 않아도 화를 내지 않으니 정말 군자답지 않은가?"

새 김

· 子(자) : 스승님을 뜻하지만 여기서는 공자를 가리키므로 공자로 풀었다.

· 時(시) : 때맞추어

· 習之(습지) : 극력 반대하는 의견도 있지만, 之를 學의 내용을 가리키는 지
시대명사로 보고 풀었다. '學'과 '習'은 그것 자체로 가치 있는 행위가 되는
것이 아니다. 무엇을 배우고 익히느냐에 따라 가치 있는 행위가 될 수도 있고
무가치한 행위가 될 수도 있는 것이다. 예를 들면 도박행위나 범죄행위를 배우
고 익히는 행위는 어떤 상황에서도 전혀 무가치한 행위라고밖에 할 수가 없을
것이다.

　여기서 '학'과 '습'은 군자가 갖추어야 할 자세와 소양이라고 보아야 할 것
이다.

· 亦(역) : 대단히, 매우, 정말 등 뜻을 강조하는 부사로 풀었다.

· 說(열) : 悅과 통하는 글자.

· 朋(붕) : 朋友와 같이 벗으로 풀었다.

· 自(자) : …으로부터

· 方(방) : 지방, 곳

· 人不知(인부지) : 사람들이 자기의 학식이나 능력을 알아봐 주지 않는다.

· 慍(온) : 성내다, 화내다.
· 君子(군자) : 군자와 소인을 도표로 요약하면

	군 자	소 인
본래 뜻	군주의 자녀들, 지위가 높은 제후와 대부 (지배계층)	노예와 농민등 지위가 낮은 사람 (피지배계층으로서 민民)
현대적 의미	지위나 신분에 관계없이 예의 바르고 독실하게 덕을 베푸는 사람. ※ '나'라는 개념의 외연이 매우 넓은 사람	지위나 신분에 관계없이 예의도 없고 자기 이익에만 집착하는 사람. ※ '나'라는 개념의 외연이 매우 좁은 사람
「논어」속 의미	공자는 오직 신분을 나타내던 군자라는 말을 가치개념으로 써서 지배계층이 될 만한 자격을 갖춘 사람이란 뜻으로 사용했다. · 군자 회덕 懷德 · 군자 회형 懷刑 · 군자 유어의 喩於義	공자는 또한 가치개념인 군자에 대한 대칭개념으로 소인이라는 말을 사용하기 시작했다. · 소인 회토 懷土 · 소인 회혜 懷惠 · 소인 유어리 喩於利

有子曰: "其爲人也 孝弟, 而好犯上者, 鮮矣. 不好犯上,
유자왈　기위인야 효제　이호범상자　선의　불호범상

而好作亂者, 未之有也. 君子 務本, 本立而道生. 孝弟也
이호작란자　미지유야　군자 무본　본립이도생　효제야

者, 其爲仁之本與!"
자　기위인지본여

1-2. 유자 가로되 : "그 사람됨이 효성스럽고 공손하면서 윗사람 거스르기를 좋아하는 사람은 드물다. 윗사람 거스르기를 좋아하지 않으면서 문란한 짓 하기를 좋아하는 사람은 지금까지 있어 본 적이 없다. 군자가 기본(효제)에 힘써서 기본(효제)이 확립되면 군자의 도(덕)가 저절로 생겨난다. 효제는 아마 인을 실천하는 기본 덕목이겠지!"

새김

· 有子(유자): 공자의 제자, 성은 유有, 이름은 약若, 노나라 사람으로 공자보다 33살 또는 43살이 적다는 설이 있으나 「사기」 중리제자열전에서 말하는 43살 적다는 설이 비교적 믿을만하다.

· 爲人(위인): 사람됨이.

· 孝弟(효제): 孝는 효도, 효성, 弟는 悌의 통자로 형이나 윗사람을 잘 받들고 따르는 것, 공순한 것.

· 鮮(선): 드물다.

· 作亂(작란): 문란한 짓을 하다

· 未之有也(미지유야): 아직 있어 본 적이 없다.

· 務本(무본): 기본에 힘쓰다. 여기서 本은 孝弟로 보았다.

· 道(도): ①길 ②도리 ③도덕 ④행동규범 ⑤행동원리 ⑥올바른 통치 ⑦문물제도

<道를 도표로 요약 (공동체 구성원으로서 행하여야 할 도리)>

聖人 (仁人) 道	君子 道	基本的 人道	生命 道	· 최선을 다하여 생존하며 번식에 이바지한다. · 자연 상태에서와는 달리 '힘의 논리'는 제거한다. · '힘의 논리' 제거 여부가 인간과 짐승을 구분한다.	道
			· 다른 사람의 생명·신체·재산 그리고 감정을 함부로 해치거나 빼앗지 아니한다는 기본적 행동규범과 공동체 구성원의 기본의무 수행	
		· 예의바르며 항상 남을 배려하고 베풀며 돕는다. '나'라는 개념의 외연이 넓게 행동한다. 「중용」 27-5 苟不至德, 至道不凝焉(구부지덕,지도불응언). 德 덕도 넓은 의미의 道에 포함된다고 생각한다.	德
	· 정치적으로 만인능제중 萬人能濟衆 (현재는 무의미한 개념) · 도덕적으로 만인능화중 萬人能化衆 (살신성인한 사람이 대표적)	

· 其爲仁之本與: 其는 가벼운 추측이나 의문 또는 감탄을 나타낸다. 아마 그리고 아마도 등으로 푼다. 與는 歟와 통자로 의문조사. 그러므로 '其~與' 해석은 '아마 ~ 이겠지?' 또는 '아마 ~ 이 아닐까?' 정도가 될 것이다.

· 仁: 「논어」에서는 仁이 무엇이라고 그 개념을 명쾌하게 정의를 내려 주

지 않는다. 그러므로「논어」가운데서 그 내용을 종합적으로 고찰하여 추론해 보면, 그 개념은 ①개인적 욕구를 절제하여 예를 실천하고 ②남을 존중하고 사랑한다. ③남이 싫어하는 짓은 하지 않는다. ④내가 이루고 싶은 일은 남이 먼저 이룰 수 있도록 배려하고 돕는다. ⑤남을 대함에 최선을 다하는 것 등이라 할 수 있다. 결국, 仁이란 거의 모든 덕목을 아우르는 개념이라고 정의를 내릴 수밖에 없을 것이다.

그렇다면 仁을 이룰 수 있는 방법은 무엇일까? 그것은「논어」제6편 30장 '능근취비 能近取譬'가 바로 지름길이라 생각한다.「논어」8개 구절에 걸쳐 仁을 실천하는 방법이라고 비유로 든 것들을 가까이해서 익숙하게 일상화하는 것이 '仁'을 이루는 방법이다. '仁'을 행하면 사람들은 진심으로 고마워하고, 우러르는 마음이 저절로 우러날 것이다.

※「논어」에서 비유로 든 仁의 실천 방법

· 선난이후획 先難而後獲 (6-22)

· 기욕립이입인, 기욕달이달인 己慾立而立人, 己欲達而達人 (6-30)

· 극기복례, 비례물시, 비례물청, 비례물언, 비례물동 克己復禮, 非禮勿視, 非禮勿聽, 非禮勿言, 非禮勿動 (12-1)

· 출문여견대빈, 사민여승대제, 기소불욕 물시어인, 재방무원 재가무원 出門如見大賓, 使民如承大祭, 己所不欲 勿施於人, 在邦無怨 在家無怨 (12-2)

· 기언야인 其言也訒 (12-3)

· 애인 愛人 (12-22)

· 거처공, 집사경, 여인충 居處恭, 執事敬, 與人忠. (13-9)

· 강의목눌근인 剛毅木訥近仁 (13-27)

1-3.
子曰: "巧言令色 鮮矣仁."
자 왈 교 언 영 색 선 의 인

1-3. 공자 가라사대: "말을 좋게 꾸며서 하고, 표정을 좋게 꾸미는 사람은 仁한 품성이 적다."

새 김

· 巧言(교언): 「논어」에서는 듣기 좋게 꾸며서 하는 말 정도로 새긴다.

「시경, 소아, 교언」에서도 피리 소리처럼 듣기 좋게 하는 말이란 의미로 새긴다. 그러나 「시경, 소아, 우무정」에서는 '교언여류 巧言如流'라고 하여 물 흐르듯 좋은 말솜씨로 자기 뜻을 관철한다는 의미로 새긴다.

특히 「좌전」소공 8년 봄春조에 보면 사광師曠이 초나라 평공에게 한 말을 두고 숙향叔向이 평하기를 「시경, 소아, 우무정」의 '교언여류'구절을 인용하며 군자의 아주 훌륭한 말솜씨라고 예를 들었다.

· 令色(영색): 남 비위를 맞추기 위하여 표정을 좋게 꾸미는 것으로 새기지만 「시경, 대아, 증민」편에서 '영의영색 令意令色'이라는 구절은 중산보(仲山甫)의 훌륭한 거동과 훌륭한 모습을 표현하는 뜻으로 새긴다.

· 鮮矣仁(선의인): 仁鮮矣에서 鮮을 강조하기 위한 도치구.

꿰뚫어 봄

시공을 뛰어넘어 아부하다, 아첨 떨다 그리고 우리말 가운데 알랑거린다, 간살떤다와 같은 말은 거의 인격 모독적인 부정적 의미로 받아들인다. 그러나 인간이 자연 상태를 벗어나 공동체 사회를 구성하고 공동체 생활을 영위하려면 어차피 자기 욕구와 감정 그리고 생각들을 살아있는 그대로 표현할 수는 없는 것이 아닌가? 마음속에 악의적인 목적이 깔린 것이 아니라면, 결국 사회적인 관계에 따라 적절히 다듬어서 원만하게 표현하는 것이 성공적인 사회생활을 만들어 가는 기본적인 예의가 아닐까? 교언영색이 아니라면 정말 인仁을 이룰 수 있을까?

1-4.

曾子曰: "吾日三省吾身, 爲人謀而不忠乎? 與朋友交而不
증자왈   오일삼성오신   위인모이불충호   여붕우교이불

信乎? 傳不習乎?"
신호   전불습호

1-4. 증자 가로되: "나는 날마다 세 번 나 자신을 살펴본다. 남을 위해 하는 일에 충실하지 않았는지? 벗을 사귐에 신의를 지키지 않았는지? 전수받은 것을 제대로 익히지 않았는지?"

새 김

· 曾子(증자): 공자 제자로 이름은 삼, 자는 자여子輿, 노나라 사람으로 공자보다 46살이 적다.

· 三省(삼성): 세 가지를 살펴본다고 새기는 사람도 있으나, 세 번 살펴 본다고 새기는 것이 옳다고 본다.

· 傳不習乎(전불습호): 不習을 傳의 목적어로 보는 견해도 있으나 傳을 不習의 목적어로 보는 것이 옳다고 본다. 不忠乎, 不信乎와 대구對句를 맞추기 위하여 목적어인 傳을 앞으로 도치 시킨 것으로 본다.

1-5.

子曰: "道千乘之國, 敬事而信, 節用而愛人, 使民以時."
자왈   도천승지국 경사이신   절용이애인   사민이시

1-5 공자 가라사대: "千乘의 나라를 다스리려면 (천자를) 공경스럽게 섬기고 신뢰감을 주도록 해야 하며, (씀씀이를) 절제하고 사람을 아껴야 하며, 백성을 부릴(부역) 때는 적당한 때에 맞추어서 해야 한다."

새 김

- 道(도): 導와 통함, 이끌다, 다스리다.
- 千乘之國(천승지국): 제후의 나라, 천승은 전차 천 대를 뜻한다.
- 敬事(경사): 일반적으로 "경건 신중하게 매사를 처리하고 믿음이 가게 한다."는 식으로 새긴다. 통치자의 이러한 자세는 백승지가, 천승지국, 만승지국 어디서나 공통적으로 요구되는 통치술이라 할 것이다. 여기서 천승지국만을 꼭 찍어 말하는 것은 당연히 천자와의 관계를 염두에 둔 것이라 할 수 있다. 그 당시에 아무리 천자의 힘과 권한이 전무하여 유명무실한 처지였지만, 공자는 항상 주나라 초기의 문물제도를 선왕지도라 하며 다시 되돌려 지기를 염원하였으므로 당연히 이렇게 강조했을 것이다.
- 信(신): 백성을 잘 다스려 천자가 통치자로서 제후에게 신뢰감을 갖도록 한다.
- 愛人(애인): 모든 사람을 아낀다는 뜻으로 새겼다.
- 使民以時(사민이시): 백성을 부역에 동원할 때는 농번기 같은 때를 피하라는 뜻.

子曰: "弟子, 入則孝, 出則弟, 謹而信, 汎愛衆而親仁. 行
자왈   제자 입즉효 출즉제 근이신 범애중이친인 행

有餘力, 則以學文."
유여력   즉이학문

1-6. 공자 가라사대: "젊은이들은 들어가서는 효도하고, 나가서는 공손해야 한다. 말은 삼가되 뱉은 말은 반드시 지켜야 한다. 두루 사람들을 아끼고, 특히 인한 사람을 가까이해야 한다. 이 모든 것을 실천하고 여력이 있으면 글을 배워라."

새 김

· 弟子(제자): 젊은이들.
· 謹而信(근이신): 말은 삼가되 뱉은 말은 반드시 지키다.
· 親仁(친인): 인한 사람을 가까이 하다.
· 學文(학문): 글을 배우다.

1-7.

子夏曰: "賢賢易色; 事父母, 能竭其力; 事君, 能致其身;
자하왈   현현이색   사부모   능갈기력   사군   능치기신

與朋友交, 言而有信. 雖曰未學, 吾必謂之學矣."
여붕우교   언이유신   수왈미학   오필위지학의

1-7. 자하 가로되: "어진 사람을 어진 사람으로 대하기를 아름다운 여인네 사귀듯이 기뻐하여라. 부모 섬김에는 있는 힘을 다하여라. 임금 섬김에는 그 몸을 다 바쳐라. 친구를 사귐에는 말에 신뢰감이 있어야 한다. 그러면 비록 배우지 않았다 하더라도 나는 반드시 그를 배운 사람이라 하리라."

새 김

· 子夏(자하): 공자 제자로 성은 복卜, 이름은 상商, 자가 子夏.
· 賢賢(현현): 어진이를 어진이로 존경하다.

- 易色(이색): 아름다운 여인네 사귀듯이 기뻐하다.
- 致(치): 극진한데까지 이르다. 바치다.

1-8.

子曰:"君子不重則不威, 學則不固. 主忠信: 無友不如己
자 왈   군 자 부 중 즉 불 위   학 즉 불 고   주 충 신   무 우 불 여 기

者, 過則 勿憚改."
자   과 즉 물 탄 개

1-8. 공자 가라사대: "군자가 중후하지 않으면 위엄이 없다. 그러나 중후하지 않은 것도 고정적인 것은 아니므로 배우면 변화시킬 수 있다. 즉 언행을 충과 신 위주로 하면 자기보다 못한 벗도 없어지고, 잘못 고치기를 꺼리지 않는다."

새 김

- 重(중): 중후하다, 진중하다.
- 不威(불위): 위엄이 없다.
- 固(고): 굳음, 고정적이다. 변하지 않는다.
- 主(주): 위주로 하다.
- 無(무): 없다.
- 不如己(불여기): 자기만 못한.
- 勿憚改(물탄개): 고치는 것을 꺼리는 일이 없다.

끊어 봄

문장 전체를 한 문장으로 보고 새겼다. "군자부중 즉 불위"가운데 '不重'은 어떠한 경우에도 변하지 않는 것이 아니다. 그러므로 "학즉불고"를 "주충신"

을 배우면 중후하지 못한 행동도 바뀐다는 뜻으로 새겼다. 그러므로 언행을 충신 위주로 하면 자기보다 못한 친구도 자기를 따라 충신하게 행동하거나 친구 관계를 포기하거나 할 것이다. 그러므로 자기만 못한 친구가 없게 된다. 그리고 잘못을 고치는 것도 꺼리지 않아 언행을 진중하게 하므로 저절로 위엄이 생긴다. 이 구절 가운데 "주충신"이하가 「논어」 자한 25에 중출된다고 하여 "학즉불고"에서 끊어지는 문장으로 볼 필요는 없다.

1-9.

曾子曰: "愼終追遠, 民德歸厚矣."
증자왈　신종추원　민덕귀후의

1-9. 증자 가로되: "(백성들도 부모님) 상례를 삼가 신중히 거행하고 먼 조상의 제례도 극진히 모신다면, 백성들도 덕성이 도탑게 될 것이다."

새김

- 愼終(신종): 삶을 마감하는 상례를 신중히 거행하다.
- 追遠(추원): 먼 조상의 제례도 극진히 모신다.
- 民德歸厚矣(민덕귀후의): 백성들도 덕성과 덕행이 돈후해 질 것이다.

꿇어 봄

일반적으로 이 구절에 대한 주석은 조건절과 주절로 보아 '군주를 포함한 지배층이 신종추원하면 백성의 덕이 돈후하게 된다.'는 뜻으로 새겨 왔다. 그러나 군주나 지배층의 신종추원이 정말 백성들의 덕을 돈후하게 할까? 그렇다고 다산 정약용처럼 그 당시에 상민과 천민늘까지 신종추원을 한다고 보고 이 구절을 새기는 것도 합리적인 해석은 아니라고 본다. 이 문장은 신종추원과는 거리가 먼

상민과 천민들도 신종추원한다면 백성들의 덕성과 덕행도 돈후해 질 수 있다는 뜻으로 새겨야 할 것이다.

그렇다면 '신종추원'과 '민덕귀후'는 어떻게 연결되는 것일까? 신종추원이란 결국 효행의 일부분으로 효심의 발로인 것이다. 그리고 덕이란 어원을 살펴보면 양보하고 배려하고 봉사하는 것이다. 이러한 사회적 덕성은 효심을 갖지 않은 사람은 절대로 가질 수 없다.

효를 행할 수 있는 효심은 결코 태생적이거나 자연발생적인 것은 아니다. 인위적으로 이성적으로 도야되는 마음이다. 이러한 효심이 없으면 사회적 덕성이란 절대로 피어날 수가 없는 것이다. 효심이 덕성을 키울 수 있는 기본이다.

그러므로 신중히 상례를 거행하고 지극하게 제례를 모시면 백성들의 덕성이 돈후하게 된다고 하는 것이다.

1-10

子禽問於子貢曰: "夫子至於是邦也, 必聞其政, 求之與,
자금문어자공왈 부자지어시방야 필문기정 구지여

抑與之與?" 子貢曰: "夫子溫良恭儉讓以得之. 夫子之求
억여지여   자공왈 부자온량공검양이득지   부자지구

之也, 其諸異乎人之求之與!"
지야 기제이호인지구지여

1-10. 자금 자공에 물어 가로되: "선생님께서는 어느 나라에 가든지 그 나라 정사를 들으시는데 그것은 선생님께서 스스로 듣고자 하신 것입니까? 아니면 상대편에서 스스로 준 것입니까?" 자공 대답해 가로되: "선생님께서는 온화, 선량, 공손, 검소, 겸양하시므로 그런 것을 얻으시네. 선생님께서 그런 것을 구하시는 것은 아마도 다른 사람이 그런 것을 구하는 것하고는 모든 것이 다르다고 해야겠지!"

새김

- 子禽(자금): 「공자가어」에는 공자 제자로 실려 있으나 「사기」 중리제자열전에는 없다. 성은 진陳, 이름은 항亢, 자는 자금이다.
- 子貢(자공): 공자 제자로서 성은 단목端木, 이름은 사賜, 자가 자공이다. 그런데 子贛으로 된 문헌도 있다. 여러 방면에서 탁월한 능력 발휘.
- 夫子(부자): 대부 이상에만 쓸 수 있는 경칭으로 공자에게 쓴 것은 경칭 남용, 다만 「논어」가 공자 사후 한참 후에 편찬된 것으로 편찬 당시 관습에 따라 사용했을 수는 있다.
- 是邦(시방): 어느 나라.
- 抑(억): 그렇지 않으면.
- 其~與(기~여): 아마도 ~ 이겠지!

1-11.

子曰: "父在觀其志, 父沒 觀其行. 三年 無改於父之道, 可謂孝矣."
자 왈 부재관기지 부몰 관기행 삼년 무개어부지도 가 위 효 의

1-11. 공자 가라사대: "아버지 살아계실 때는 그 뜻을 살피고, 아버지 돌아가시면 생전행적을 살펴서 돌아가신 후 삼 년까지 아버지께서 일 처리하시던 방식을 고치지 않고 따른다면 가히 효성스럽다 할 것이다."

새김

- 在(재): 살아 계실 때.
- 觀其志(관기지): 아버지의 뜻을 살펴.
- 沒(몰): 죽다.

- 觀其行(관기행): 생전에 아버지 행적을 살펴.
- 父之道(부지도): 아버지 살아계실 때 일을 처리하시던 방식이나 원칙.

1-12.

有子曰：＂禮之用, 和爲貴. 先王之道, 斯爲美. 小大由之,
유자왈　　예지용　화위귀　선왕지도　사위미　소대유지

有所不行, 知和而和. 不以禮節之, 亦不可行也.＂
유소불행　지화이화　불이례절지　역불가행야

1-12. 유자 가로되: "예절의 쓰임은 화목을 귀히 여긴다. 선왕지도는 이 화목함을 훌륭하게 여겼다. 작은 일이든 큰일이든 화목함을 따르지만, 해서는 안 되는 바가 있는데, 화목함의 소중함을 알고서 무조건 화목만을 추구하고, 예절로써 화목을 절제하지 않는 일은 결코 해서는 아니 된다."

새김

- 禮(예): 어원을 살펴보면 각종 희생과 옥 꾸러미를 그릇에 담아 놓고 신께 제사를 지내는 것이다. 원래 의미는 제사 의례를 뜻하는 것이었으나 점점 예의 또는 예절이라는 사회적 규범으로 그 의미가 확장되었다. 여기서는 예절로 새겼다.
- 和(화): 禮를 예의, 예절로 해석한 것에 맞춰 화목으로 새겼다.
- 先王之道(선왕지도): 공자가 실현하고자 하는 정치적 이상 상태로 주나라 초기의 예악 그리고 문물제도로 본다.
- 斯(사): 和爲貴.
- 美(미): 아름답다, 훌륭하다.
- 小大由之(소대유지): 작은 일이든 큰일이든 화목함을 따르다.

- 有所不行(유소불행): 하지 말아야 할 바가 있다.
- 知和而和(지화이화): 화목이 중요한 것만 알아 화목만 추구하다.
- 節之(절지): 화목을 조절하다. 절제하다
- 亦不可行也(역불가행야): 절대 하지 말아야 한다. 결코 해서는 안 된다.

1-13.

有子曰: "信近於義, 言可復也. 恭近於禮, 遠恥辱也. 因
유자왈   신근어의   언가복야   공근어례   원치욕야   인

不失其親, 亦可宗也."
불실기친   역가종야

1-13. 유자 가로되: "의를 가까이하는 사람을 신뢰해야 약속한 말이 지켜질 것이요, 예를 가까이하는 사람을 공경해야 치욕스러움을 당하지 않을 것이다. 그렇게 함으로써 친밀한 사람을 잃지 않으면 가히 으뜸이라 하겠다."

새김

- 信(신): 約信(약속)이라고 새긴 주희를 따르는 것이 지금까지의 통례다. 그러나 그렇게 새기면 뒷 구절의 恭과 對句를 이루지 못한다.
- 義(의): 인간이 자기 욕구를 충족시키기 위하여 '다른 사람의 생명, 신체, 재산 그리고 감정을 함부로 해치거나 빼앗지 아니한다.'는 공동체 사회의 기본적인 인간의 도리를 범하지 않는 것을 '소극적인 의'라고 할 수 있고, 이를 범하여 방어 무능력자의 이익과 권리를 해치는 것을 '불의'라 할 수 있다. 이러한 불의에 대항하여 자기가 입을 수도 있는 손해를 감수하면서도 적극적으로 방어하는 행위를 '적극적인 의'라고 할 수 있다. 역사적으로는 전제군주국가에서 현존하는 권력에 거스르는 행위가 가장 큰 불의였을 것이다.

- 近於義(근어의): 의에 가까운 사람, 의를 가까이하는 사람으로 새겼다.
- 因(인): 그것으로 인하여, 그렇게 함으로써.
- 宗(종): 으뜸으로 치다, 높이다.

> 꿇아 봄

지금까지 어느 해석을 보더라도 '信近於義, 言可復也'는 '약속이 의로움에 가까워야 실천될 수 있다.'고 새기고, '恭近於禮, 遠恥辱也'는 '공손함은 예에 가까워야 치욕을 멀리할 수 있다.'고 새기고 있다. 그렇게 새기면 앞에서 말했듯이 '信'과 '恭'이 對句를 이루지 못한다. 예에 가깝지 않은 공손함이란 어떤 것일까? 過恭은 非禮?

1-14.

子曰: "君子食無求飽, 居無求安, 敏於事而愼於言, 就有
자왈   군자식무구포   거무구안   민어사이신어언   취유

道而正焉, 可謂好學也已.
도이정언   가위호학야이

1-14. 공자 가라사대: "군자는 먹는 것에 배부름을 구하지 아니하고, 거주함에 편안함을 구하지 아니하고, 일은 민첩하고 말은 신중하게, 그리고 도를 확립하여 나를 바르게 하면 가히 호학이라 이를만하다."

> 새 김

- 就有道而正焉(취유도이정언): 주희의 해석을 따라 일반적으로 '도를 갖춘 사람에게 나아가 시비를 바로 잡는다. 就有道之人, 以正其是非'라고 새긴다. 그러나 그러한 해석도 가능이야 하겠지만 '도를 확립하여 나를 바르게 하다'로 새기는 것이 더 자연스럽지 않을까? 그리고 「논어」 12-19장 '여살무도,

이취유도하여' 구절도 '무도한 자를 죽여 도를 확립하는 것이 어떻겠습니까?'
로 새겨야 한다.

1-15.

子貢曰:"貧而無諂, 富而無驕, 何如?" 子曰: "可也. 未若
자공왈 빈이무첨 부이무교 하여 자왈 가야 미약

貧而樂, 富而好禮者也." 子貢曰: "詩云:'如切如磋, 如琢
빈이락 부이호례자야 자공왈 시운 여절여차 여탁

如磨,' 其斯之謂與!" 子曰: "賜也始可與言詩已矣, 告諸
여마 기사지위여 자왈 사야시가여언시이의 고제

往而知來者."
왕이지래자

  1-15. 자공 여쭤 가로되: "가난하지만 비굴하지 않고, 부유하지만 교만하지 않으면, 어떻다고 할까요?" 공자 가라사대: "그것도 괜찮기는 하지, 그러나 가난하지만, 인생을 즐길 줄 알고 부유하지만, 예를 좋아하는 것만은 못하다."

 자공이 다시 여쭤 가로되: "「시경」에 '자른 듯, 다듬은 듯, 쫀 듯, 간 듯,' 이라는 구절이 있는데 아마 스승님께서 말씀하신 내용을 일컫는 것이겠지요?"

 공자 가라사대: "사야! 비로소 너와 함께 시를 이야기할만하구나! 지난 것을 말해주니 올 것을 알아차리니."

새 김

· 詩云(시운): 「시경」 위풍, 기욱편
· 如切如磋 如琢如磨(여절여차 여탁여마): 절차탁마라는 말은 은연중에 훌륭한

덕성을 함양하는 수덕脩德이라는 의미로 쓰이지만, 시에서는 젊은 처녀들이 멋진 사나이를 수식하는 말로 쓰였다.
- 其斯之謂與(기사지위여): 其는 추측 또는 감탄을 나타내는 부사. 其~與의 형태로 쓰인다. 與는 歟와 통함.
- 往(왕): 지난 일, 이미 말한 것.
- 來(래): 앞으로 올 것, 아직 이야기하지 않은 것.

1-16.
子曰: "不患人之不己知, 患不知人也."
자왈 불환인지불기지 환부지인야

1-16. 공자 가라사대: "남들이 나를 알아주지 않는 것을 걱정하지 말고 내가 남을 제대로 알지 못하는 것을 걱정해야 한다."

새김
- 患(환): 걱정하다, 근심하다.
- 不己知(부기지): 不知己가 도치된 것, 자기를 알아주지 않는다.
- 知人(지인): 남을 제대로 이해하다.

爲政 第二篇
(위정 제이편)

 爲政 第二篇
(위정 제이편)

　군자로서 인격과 능력을 갖춘 다음 덕으로서 위정을 한다는 뜻에서 「학이」 다음에 「위정」 편을 두었을 것이다. 이편 1-3장은 위정 편의 강령 격이고, 5-8장은 효에 대하여, 9-14장은 군자의 품성과 덕성에 대하여, 15-18장은 학에 대하여, 19-22장은 정치에 대하여, 23-24장은 의례를 각기 주제로 하면서 나름대로 통일성을 이루려고 했다고 볼 수 있다.

子曰: "爲政以德, 譬如北辰, 居其所而衆星共之."
자왈 위정이덕 비여북신 거기소이중성공지

2-1. 공자 가라사대: "덕으로써 정치를 펼친(결과를) 비유해서 말하면 북극성이 그 자리에 있기만 해도 뭇 별들이 환호하며 북극성 주변을 도는 것과 같다고 할 수 있다."

새 김

- 爲政(위정): 정치를 펼치다.
- 譬如(비여): 비유해서 말하면~과 같다.
- 北辰(북신): 북극성.
- 居其所(거기소): 그 자리에 있다.
- 共(공): 두 손으로 받들어 바치다. 그 자세가 환호하는 것과 같아 '환호하다'로 새겼다.

2-2.

子曰: "詩三百, 一言以蔽之, 曰: '思無邪.'"
자왈 시삼백 일언이폐지 왈 사무사

2-2. 공자 가라사대: "「시경」의 시 삼백 편을 한마디로 개괄해서 표현하자면 다음과 같이 말할 수 있다.: '삿됨이 없는 생각만 해라.'"

새 김

- 詩三百(시삼백): 「시경」에는 305편의 시가 실려 있으나 '시삼백'이라고 하여 「시경」을 말하기도 한다.

爲政 第二篇 _ 53

· 蔽(폐): 가리다, 포괄하다. '一言以蔽之'는 '以一言蔽之'의 도치문.
· 思無邪(사무사): 「시경」 노송 경駉편에 나오는 말이지만 「논어」 본 장의 해석과는 전혀 다르다. 「시경」에는 '思無邪, 思馬斯徂. 사무사, 사무사조'를 '다른 생각 없이 말이 저렇게 힘차게 달리네?'정도로 해석한다. 思는 둘 다 실사가 아닌 허사로서 리듬을 위하여 쓰였다고 본다. 지금까지 모든 해석이 '思無邪'를; 삿된 생각이 없다'로 새겨 왔으나 시 삼백 편이 삿된 생각이 없는 것이 아니라, 삿된 생각을 하지 말라는 뜻이라고 보아, 여기서는 '삿됨이 없는 생각만 해라.'고 새겼다.

2-3.

子曰: "道之以政, 齊之以刑, 民免而無恥; 道之以德, 齊之以禮, 有恥且格."
자왈　도지이정　제지이형　민면이무치　도지이덕　제지이례　유치차격

2-3. 공자 가라사대: "정령으로 이끌고 형벌로 다스리면, 백성은 형벌만 면하려고 해 염치가 없게 된다. 덕으로써 이끌고 예로써 다스리면, 염치도 알고 또 반듯하게 된다."

새 김

· 道(도): 導와 통함, 이끌다.
· 格(격): 반듯하다, 바르다.

2-4.

子曰: "吾十有五而志于學, 三十而立, 四十而不惑, 五十
　　 자왈　　오십유오이지우학　 삼십이립　 사십이불혹　 오십

而知天命, 六十而耳順, 七十而從心所欲不踰矩."
이지천명　 육십이이순　 칠십이종심소욕불유구

2-4. 공자 가라사대: "나는 열다섯 살에 배움에 뜻을 두었고, 서른 살에는 삶에 목표를 세웠고, 마흔 살에는(윤리 도덕적으로) 미혹됨이 없었고, 쉰 살에는 하늘이 나에게 내린 천명이 무엇인지 알게 되었고, 예순 살에는 귀가 순해졌고, 일흔 살에는 마음 내키는 대로 따라 해도 규범에 어긋남이 없었다."

새 김

· 志于學(지우학): 배움에 뜻을 두다.

· 立(입): 삶의 목표를 세우다. 공자는 이때부터 권력을 잡고 정치를 하겠다는 목표를 세운 것으로 보인다.

· 不惑(불혹): 공자는 '惑'을 일관되게 일의적으로 규정하지 않고, 9-29와 14-28에서 '知者不惑'이라고 할 때는 행동규범을 범하고자 하는 범의나 그 행동으로 보고 있으나, 12-10에서는 감정이 상반되게 변하는 것으로, 12-21에서는 화난 감정을 자제하지 못하고 행동규범을 해쳐 자기 신세도 망치고 부모에게까지 재앙을 미치게 하는 것이라고 설명하고 있다.

· 天命(천명): 절대군주 국가에서 天命이란 말은 자신을 천자라고 일컫는 절대군주만이 쓸 수 있는 말이지만 공자는 이를 자의적으로 사용했다. 절대 군주제 아래서는 위험천만한 일이지만 오직 선왕지도를 살리기 위하여 주공과 같은 재상이 되겠다는 명분아래 사용했으므로 그 당시에도 용납되었을 것이다.

2-5.

孟懿子問孝, 子曰:"無違." 樊遲御, 子告之曰:"孟孫問孝
맹의자문효 자왈 무위 번지어 자고지왈 맹손문효

於我, 我對曰:'無違.'" 樊遲曰:"何謂也?" 子曰:"生, 事
어아 아대왈 무위 번지왈 하위야 자왈 생 사

之以禮; 死, 葬之以禮, 祭之以禮."
지이례 사 장지이례 제지이례

2-5. 맹의자가 효에 대하여 물었다. 공자 아뢰기를: "어기지 않는 것입니다." 번지가 수레를 몰고 있었는데, 공자가 번지에게 일러 가로되: "맹손씨가 나에게 효에 대하여 묻기에 어기지 않는 것이라고 대답했단다." 번지가 여쭙기를: "무슨 뜻입니까?" 공자 가라사대: "살아 계실 때는 예로써 섬기고, 돌아가시면 예로써 장사 지내고, 또한 예로써 제사 지내라는 뜻이다."

새김

· 孟懿子(맹의자): 노나라 대부. 성은 仲孫, 이름은 何忌, 懿는 시호임. 당시 노나라 세도가인 삼환의 한 사람.

· 樊遲(번지): 공자 제자, 이름은 수須, 자는 子遲.

· 御(어): 수레를 몰다.

· 孟孫(맹손): 맹의자를 가리킨다. 큰아들이지만 첩의 소생이므로 仲孫氏라고 부르다가 경보의 아들 오敖부터 맹손씨로 고쳐 부르기 시작했다.

2-6.

孟武伯問孝, 子曰:"父母唯其疾之憂."
맹무백문효 자왈 부모유기질지우

2-6. 맹부백이 효에 대하여 물었다. 공자 대답하기를: "오직 부모님 그 분들의 편찮으심을 걱정하십시오."

> 새 김

· 孟武伯(맹무백): 맹의자의 아들, 이름은 체彘, 武는 시호.
· 唯其疾之憂(유기질지우): 唯憂其疾의 도치구로서 목적어를 강조하고자 도치시키며, 목적어 다음에 之를 삽입한 것이다. 여기서 '기'는 '부모'로 본다.

2-7.

子游問孝, 子曰: "今之孝者, 是謂能養. 至於犬馬, 皆能有
자유문효 자왈   금지효자 시위능양 지어견마 개능유

養, 不敬, 何以別乎?"
양 불경 하이별호

2-7. 자유가 효에 대하여 여쭈니. 공자 가라사대: "요즘 효라는 것은 잘 부양하는 것만을 일컫는 것 같다. 그러나 개나 말도 양육하는데, 만일 부모님께 공경하는 마음이 없다면 무엇으로 구별할 수 있겠느냐?"

> 새 김

· 子游(자유): 공자제자, 성은 언言, 이름은 언偃, 자가 子游.
· 能養(능양): 부양하다.
· 至於(지어): ~에 까지 미치다.
· 有養(유양): 양육, 부양, 사육飼育하다.

2-8.

子夏問孝, 子曰: "色難. 有事, 弟子服其勞. 有酒食, 先生
자하문효 자왈   색난 유사 제자복기로   유주식 선생

饌, 曾是以爲孝乎?"
찬   증시이위효호

2-8. 자하가 효에 대하여 여쭈니. 공자 가라사대: "참다운 효심이 담긴 얼굴로 부모님 봉양하기는 정말 어렵다. 힘든 일이 있으면 아랫사람이 대신 수고하고 밥과 술을 윗사람이 먼저 잡숫도록 하는 것, 어찌 이런 것만을 가지고 효라고 할 수 있겠느냐?"

새김

· 色難(색난): 참다운 효심이 담긴 얼굴로 부모님 봉양하기는 정말 어렵다.

· 弟子(제자): 자제들, 젊은이들.

· 服其勞(복기로): 수고로움을 대신하다.

· 先生饌(선생찬): 어른이 먼저 잡숫도록 하다.

· 曾(증): 일찍이, 어찌.

2-9.

子曰: "吾與回言終日, 不違, 如愚. 退而省其私, 亦足以發,
자왈   오여회언종일 불위 여우 퇴이성기사 역족이발

回也不愚."
회야불우

2-9. 공자 가라사대: "내가 안회와 더불어 온종일 이야기를 하였으나 마치 어리석은 사람처럼 한 마디도 이의를 제기하지 않았다. 물러간 다

음에 그의 사사로운 생활을 살펴보니 내가 가르친 바를 충분히 실천하여 발휘하고 있더라. 안회는 결코 어리석지 않았다."

> 새 김

· 回(회): 공자가 가장 아끼던 제자. 성은 안顔, 이름은 回, 자는 子淵, 31세로 요절했다.
· 不違(불위): 어기지 않는다. 이의를 제기하거나 반문하지 않는다.
· 退(퇴): 공자 앞에서 물러가다.
· 省其私(성기사): 그의 사사로운 생활을 살펴보다.
· 亦足(역족): ~을 매우 잘하다.
· 發(발): 공자가 가르친 것을 충분히 발휘하다.

2-10.

子曰:"視其所以, 觀其所由, 察其所安, 人焉廋哉, 人焉
자 왈   시기소이 관기소유 찰기소안   인언수재   인언

廋哉!"
수 재

2-10. 공자 가라사대: "그 사람 하는 일이 무슨 일인지 보고, 그 사람이 그 일을 하게 된 연유를 살펴보고, 그 사람이 무엇을 편안하게 여기며 무엇을 즐거워하는가를 꼼꼼히 살펴보면, 사람이 어찌 자신을 숨길 수 있겠느냐? 어찌 자신을 숨길 수 있겠느냐?"

> 새 김

· 所以(소이): 하는 짓.
· 所由(소유): 일을 하는 의도, 동기.

· 所安(소안): 편안하게 여기는 바
· 焉(언): 어찌
· 廋(수): 숨기다.

子曰: "溫故而知新, 可以爲師矣."
자 왈   온 고 이 지 신   가 이 위 사 의

2-11. 공자 가라사대: "옛것을 충분히 익히고 새로운 것도 잘 알면 가히 스승이 될 만하다."

새 김

· 溫故(온고): 옛것을 충분히 알다.
· 知新(지신): 새로운 것을 잘 알다.
· 可以(가이): 충분히
· 師(사): '많은 사람'을 뜻하는 글자였으나 많은 사람을 인도하는 '스승'이란 뜻으로도 쓰이게 되었다.

子曰: "君子不器."
자 왈   군 자 불 기

2-12. 공자 가라사대: "군자는 쓰이기를 기다리는 노구나 그릇과 같은 사람이 되어서는 아니 된다. (도구나 그릇을 효과적으로 사용하는 숙수 熟手와 같은 사람이 되어야 한다.)"

> **새김**
> · 君子(군자): 지배자, 지배계층, 지배계층이 될 소양과 능력을 갖춘 사람.
> · 不(불): 非와 같은 뜻의 '아니다'가 아니라, 금지의 뜻인 '…이 되어서는 안 된다.'로 새겼다.
> · 器(기): 역대 통례적으로 '용도가 한 가지로 한정된 그릇처럼 특정 부문에만 한정된 전문지식을 가진 사람'이라고 새겼다. 그러나 용도가 한정된 도구나 그릇과 같은 사람이라는 뜻보다는 주방이나 공방에 진열되어있는 도구나 그릇처럼 熟手에게 쓰이기를 기다리는 사람이라는 뜻으로 새겼다.

2-13.
子貢問君子, 子曰: "先行其言, 而後從之."
자 공 문 군 자 자 왈   선 행 기 언   이 후 종 지

2-13. 자공이 군자에 대하여 여쭈니. 공자 가라사대: "(군자는) 먼저 자기 말을 실천하고, 그 후에 남들이 자기를 따르게 하는 것이다."

> **새김**
> · 先行其言(선행기언): 먼저 자기 말을 행하다.
> · 而後從之(이후종지): 솔선수범하고 자기를 따라 오도록 만들다.

2-14.
子曰: "君子周而不比, 小人比而不周."
자 왈   군 자 주 이 불 비   소 인 비 이 부 주

2-14. 공자 가라사대: "군자는 두루두루 화목하게 잘 지내지만, 끼리

끼리 패거리를 만들지는 않는다. 그러나 소인은 끼리끼리 패거리를 만들면서, 두루두루 화목하게 잘 지내지는 못한다."

새김

· 周而不比, 比而不周(주이불비, 비이부주): 군자는 예의 바르고, 항상 남을 배려하고 베풀며 돕는 사람이다. 그러므로 많은 사람과 두루두루 화목하게 잘 지내지만 특정한 사람들끼리 패거리를 만들지 않는다. 그런데 소인이란 예의도 없고 남을 배려할 줄도 모르며 오직 자기 이익에만 집착하는 사람들이다. 그러므로 신분이나 취향이 비슷하다는 이유 등으로 특정한 사람들끼리 패거리를 만들어 한통속이 되어 돌아친다. 그러나 많은 사람과는 갈등을 빚으며 불목한다.

2-15.
子曰:"學而不思則罔, 思而不學則殆."
자 왈 학 이 불 사 즉 망 사 이 불 학 즉 태

2-15. 공자 가라사대: "배우기만 하고 생각지 않으면 맹신으로 멍청한 사람이 된다. 혼자 생각만 하고 배우지 않으면 독단으로 위태로운 사람이 된다."

새김

· 罔(망): 멍청한, 어리석은.
· 殆(태): 위태로운.
· 學(학): 다른 사람의 지식, 기술 그리고 예시를 전수받다.
· 思(사): 궁리하다. 연구하다.

2-16.

子曰: "攻乎異端, 斯害也已."
자왈　공호이단　사해야이

2-16. 공자 가라사대: "바르지 않고 괴이한 것을 공부하는 것은 해가 될 뿐이다."

새 김

- 攻(공): 공부하다.
- 異端(이단): 바르지 않고 괴이한 것.
- 斯(사): 攻乎異端.
- 也已(야이): ~할 뿐이다.

2-17.

子曰: "由! 誨女知之乎! 知之爲知之, 不知爲不知, 是知也."
자왈　유　회여지지호　지지위지지　부지위부지　시지 야

2-17. 공자 가라사대: "유야! 내 너에게 가르쳐 줄 테니 잘 알아두거라! 아는 것을 안다고 하고, 모르는 것을 모른다고 하는 것 그것이 바로 아는 것이니라."

새 김

- 由(유): 공자 제자의 이름. 성은 仲仲, 자는 자로子路 또는 계로季路. 노나라와 위衛나라 사이 변卞땅 출신으로 용감하였다.

· 誨(회): 알려주다, 가르쳐주다.
· 女(여): 汝와 통함
· 知之乎(지지호); 그것을 잘 알아 두어라. '안다는 것을 가르쳐 주겠다.'로 해석하려면 원문이 '誨女知乎!'로 되어야 한다.

2-18.

子張學干祿, 子曰: "多聞闕疑, 愼言其餘, 則寡尤; 多見闕
자장학간록 자왈   다문궐의   신언기여   즉과우   다견궐

殆, 愼行其餘, 則寡悔. 言寡尤, 行寡悔, 祿在其中矣."
태   신행기여   즉과회   언과우 행과회 록재기중의

2-18. 자장이 녹을 구하는 방법을 배우려고 하자. 공자 가라사대: "많이 듣되, 의심스러운 것은 빼고 그 나머지를 조심스럽게 말하면, 허물이 작아지고, 많이 보되 위태로운 것은 빼고 그 나머지를 조심스럽게 행하면 후회가 적을 것이다. 말에 허물이 작고 행동에 후회가 적으면, 녹이 바로 그 안에 있는 것이다."

새 김

· 子張(자장): 공자제자. 성은 전손顓孫, 이름은 사師, 자가 子張.
· 干祿(간록): 녹을 구하다.
· 闕疑(궐의): 의심스러운 것은 빼고.
· 寡尤(과우): 허물이 적다.
· 寡悔(과회): 후회함이 적다.

2-19.

哀公問曰: "何爲則民服?" 孔子對曰: "擧直錯諸枉, 則民
애공문왈   하위즉민복   공자대왈   거직조제왕 즉민

服; 擧枉錯諸直, 則民不服."
복 거왕조제직   즉민불복

2-19. 애공이 물어 가로되: "어떻게 해야 백성이 잘 따르겠습니까?" 공자 대답해 가라사대: "곧은 사람을 등용하여 굽은 사람 자리에 앉히면 백성이 따를 것이고, 굽은 사람을 등용하여 곧은 사람 자리에 앉히면 백성이 따르지 않을 것입니다."

새 김

· 哀公(애공): 노나라 임금. 성은 姬, 이름은 蔣, 정공의 아들로 27년간 재위 在位.
· 何爲(하위): 어떻게 하면.
· 服(복): 복종하다. 따르다.
· 擧直(거직): 곧은 사람을 들어 쓰다.
· 錯諸枉(조제왕): 굽은 사람 자리에 두다. 錯는 措와 통함. 諸는 지어至於의 합자.

2-20.

季康子問: "使民敬忠以勸, 如之何?" 子曰: "臨之以莊則
계강자문   사민경충이권   여지하   자왈   임지이장즉

敬, 孝慈則忠, 擧善而敎不能則勸."
경 효자즉충   거선이교불능즉권

2-20. 계강자가 물었다: "백성들이 공경하고 충직하며 서로 권면토록 하려면 어떻게 해야 할까요?" 공자 대답하여 가로되: "백성들에게 정중하게 다가가면 공경할 것이며, 부모에게 효도하고 아랫사람에게 자애로우면 충직할 것이며, 잘하는 사람은 칭찬해 주고 잘하지 못하는 사람은 잘 일깨워 주면 백성들은 서로 권면할 것입니다."

새김

· 季康子(계강자): 노나라 대부. 계환자의 아들로 이름은 비肥, 강康은 시호임. 유랑하던 공자를 노나라로 들어올 수 있게 한 것이 바로 계강자였다.
· 敬忠以勸(경충이권): 공경스럽고, 충직하며, 서로 권면하다. 결국 이 세 가지를 물어본 것이다.
· 臨之(임지): 백성을 대하다.
· 莊(장): 위엄있고 정중하다.
· 擧善(거선): 잘하는 사람을 칭찬하다.
· 敎不能(교불능): 잘하지 못하는 사람을 일깨워 주다.

2-21.

或謂孔子曰: "子奚不爲政?" 子曰: "書云: '孝乎惟孝, 友
혹위공자왈   자해불위정   자왈   서운   효호유효 우

于兄弟, 施於有政.' 是亦爲政. 奚其爲爲政?"
우형제 시어유정   시역위정   해기위위정

2-21. 어떤 사람이 공자를 일컬어 말하기를: "선생은 왜 정무를 안 보시오?" 공자 가로되: "「서경」에 운위하기를: '오직 효도한 분에게 효도하는 것. 그리고 형제간에 우애하는 것을 정책으로 시행토록 하라.' 는 말이 있습니다. 효도하고 우애하는 것도 정무를 보는 것입니다. 어찌 관

직에 나아가는 것만이 정무를 보는 것이겠습니까?"

> 새 김

- 奚不爲政(해불위정): 어찌 정무를 보지 않으십니까?
- 書云(서운):「서경」에 운위하기를.
- 孝乎惟孝(효호유효): 오직 효도할 사람에게 효도하라.
- 施於有政(시어유정): 정책적으로 시행하라.
- 奚其爲政(해기위정): 어찌 벼슬을 하는 것(其)만이 정무를 보는 것(爲政)이 겠습니까?

> 꼽아 봄

「서경」 주서, 군진편은 위서라고 밝혀진 부분이다. 공자가 실제로 인용할 수 없는 부분이다. 그러므로 「논어」 2-21은 편집자가 의도적으로 만들어 넣은 것이라고밖에 볼 수가 없다.

「논어」라는 물건이 원래 공자 성인화 작업의 결과물이기는 하지만, 이 장의 작업을 시도한 편집자의 의도는 무엇일까? 아마도 그 당시에 공자를 폄훼하는 풍문이 비등했던 것은 아닐는지.

그런데 이 장은 공자가 대사구라는 직책을 지냈었다는 터무니없는 사실을 믿고 싶어 하는 후대 유가들을 난처하게 만들고 있다. 그러니까 아마도 공자가 대사구를 지냈다는 이야기가 만들어지기 전에 지어낸 스토리일 것이다.

2-22.

子曰:"人而無信, 不知其可也. 大車無輗, 小車無軏, 其何
자 왈   인 이 무 신   부 지 기 가 야   대 거 무 예   소 거 무 월   기 하

以行之哉?"
이 행 지 재

2-22. 공자 가라사대: "사람이 신뢰감이 없으면 사회생활이 가능할는지 모르겠다. 큰 수레나 작은 수레나 수레와 우마를 연결하는 부위가 없다면 도대체 무엇으로 수레를 앞으로 가게 할 수 있겠느냐?"

새 김

- 不知其可(부지기가): 其를 사회생활로 새겼다.
- 大車(대거): 소가 끄는 짐을 싣는 큰 수레.
- 輗(예): 소와 수레를 연결하는 장치.
- 小車(소거): 말이 끄는 병거兵車.
- 軏(월): 말과 수레를 연결하는 장치.

2-23.

子張問: "十世可知也?" 子曰: "殷因於夏禮, 所損益可知也;
자 장 문   십 세 가 지 야   자 왈   은 인 어 하 례   소 손 익 가 지 야

周因於殷禮, 所損益可知也. 其或繼周者, 雖百世可知也."
주 인 어 은 례   소 손 익 가 지 야   기 혹 계 주 자   수 백 세 가 지 야

2-23. 자장이 여쭙기를: "열 세대 전의 예악 제도를 미리 알 수 있을까요?" 공자 가라사대: "은나라는 하나라의 예악 제도를 물려받아 빼고 더한 것을 보면 열 세대 전의 예악 제도를 알 수 있다. 주나라는 은나라의 예악 제도를 물려받아 빼고 보탠 것을 보면 열 세대 전의 예악 제도를 알 수 있다. 아마 어떤 사람이 주나라를 계승하더라도, 비록 백 세대 전의 예악 제도라도 충분히 알 수 있을 것이다."

새 김

- 世(세): 한 세대 30년

· 因(인): 따르다.
· 所損益(소손익): 덜어내고 보태고 한 것.
· 其或(기혹): 아마 어떤 사람이. 여기서 其는 가정이나 조건을 나타내는 조사.

2-24.
子曰: "非其鬼而祭之, 諂也. 見義不爲, 無勇也."
자왈   비기귀이제지   첨야   견의불위   무용야

2-24. 공자 가라사대: "자기가 제사 지내야 할 귀신이 아닌데도 제사 지내는 것은 아첨이요. 의로운 일을 보고도 실천하지 않는 것은 용기가 없는 것이다."

새김
· 其鬼(기귀): 제사 지내야 할 귀신

八佾 第三篇
(팔일 제삼편)

 八佾 第三篇
(팔일 제삼편)

    이편은 단일한 주제인 예악에 관한 것이다. 그러나 전 편에 걸쳐 예악의 적극적 양태를 제시하는 것이 아니고, 계씨(삼환)의 비례와 참월을 강력하게 질타하고 비난하는 것으로 일관하고 있다. 그러므로 단순히 예악에 관한 것으로 생각한다면 전편에 걸쳐 해석의 핵심을 잃게 된다. 이편의 기사는 공자 당대의 것이라기보다는 공자 사후 한참 후대에 치밀한 의도로 편집 구성된 것이라 보아야 할 것이다. 치밀한 숨은 의도란 공자가 소인素人으로 평생을 마무리 짓고 더구나 14년 동안이나 여러 나라를 떠돌며 갖은 고초를 겪은 것을 모두 계씨의 비례와 참월 탓으로 돌리고 있는 것이다. 끝으로 제5장과 24장은 직접 예악에 관한 것이라고 볼 수는 없고 정치적 주제라고 할 수 있지만, 결국 계씨의 비례와 참월 탓으로 야기된 사건이라고 계씨를 손가락질하는 구절로 해석할 수 있다. 그 와중에도 공자를 띄우기 위한 묘수를 두고 있는 것이 제24장이다.

孔子謂季氏八佾舞於庭: "是可忍也, 孰不可忍也?"
공 자 위 계 씨 팔 일 무 어 정　시 가 인 야　숙 불 가 인 야

3-1. 계씨가 (사조)뜰에서 팔일무를 추게 한 것에 대하여 공자 일컫기를: "그런 짓을 아무렇지 않게 할 수 있다면 무슨 짓인들 차마 못 하겠느냐?"

새 김

· 季氏(계씨): 노나라 세도가 집안으로 삼환의 일족이다. 이 계씨가 누구인가 굳이 따질 필요는 없지만 구태여 따져 보자면 계환자일 가능성이 높다고 본다. 노나라 공실이 실권을 잃고 삼환이 권력을 장악한 지도 100여 년 이상이 된 시점이 공자 장년기에 해당된다. 이 때 팔일무는 100여년 이상 통상적인 예식으로 거행된 것이라니 이 계씨는 계평자일 수도 있고 계환자일 수도 있다. 그러나 공자가 노나라를 쫓기듯 떠난 명분을 찾기 위해서는 계평자보다 계환자로 보는 것이 더 타당하지 않을까?

· 八佾舞(팔일무): 여덟 명이 여덟 줄로 서서 64명이 추는 춤, 이는 천자의 의식이다.

· 是可忍也(시가인야): 아무렇지 않게 그런 일을 하다.

꿇아 봄

계씨의 행태는 100여 년 이상 계속된 것으로 실제 노나라 백성 가운데 얼마나 많은 사람이 그 행태를 공자와 같이 참담하다고 보았을지 의문이다.

3-2.

三家者以雍徹, 子曰: "相維辟公, 天子穆穆,' 奚取於三
삼 가 자 이 옹 철   자 왈   상 유 벽 공   천 자 목 목   해 취 어 삼

家之堂?"
가 지 당

3-2. 삼가 사람들이 삼가의 제사를 지낼 때도 옹이라는 노래(천자가 주관하는 제례에서 부르는)로써 제례를 마친다. 이에 대하여 공자 가로되: "'제후들이 제사를 돕네, 천자께서 매우 기뻐하시는 도다.' 라는 저 노래를 어찌 삼가의 묘당에서 부른단 말인가?"

새 김

·三家(삼가): 노나라를 실제로 지배해 오고 있는 맹손 씨, 숙손 씨, 계손 씨 세 대부 집안을 모두 일컫는 말이다. 이들은 노나라 15대 군주인 환공의 아들 장공이 죽은 이후부터(B.C.662년) 노나라 공실의 권한을 모두 차지해 버렸다. 이들은 모두 환공의 후손이므로 삼환三桓 또는 삼가三家라고 부른다. 역대 군주들은 삼환으로부터 실권을 되찾으려고 무던히도 노력했으나 헛수고였다. 결국 23대 군주인 소공昭公은 B.C.517년에 계평자를 습격하였으나 실패하여 제 나라로 망명하는 일까지 벌어졌다. 이러한 상황은 장공이 죽은 B.C.662년부터 23대 소공이 망명후 죽은 B.C.510년까지만도 152년이 계속되었으며 그 후에도 계속되었다.

·雍(옹): 「시경」 주송, 옹雍 편을 말한다. 무왕이 문왕의 제사를 지내며 부르게 하던 노래이므로 삼가의 묘당에서 그 노래를 부르게 하는 것은 참담한 짓이라고 비난하는 것이다. 雍은 雝과 통함.

·徹(철): 제사를 마치고 제사상을 거두는 일. 撤과 통함.

·相(상): 돕다.

·辟公(벽공): 제후.

- 穆穆(목목): 기뻐하다.
- 取(취): 갖다 쓰다. 취하다.
- 堂(당): 廟堂.

子曰: "人而不仁, 如禮何? 人而不仁, 如樂何?"
자왈   인이불인 여례하   인이불인 여악하

3-3. 공자 가라사대: "사람이 인을 실천하려고 노력하지 않는다면 제례가 무슨 소용이 있겠느냐? 또한, 사람이 인을 실천하려고 노력하지 않는다면 제례 음악인들 무슨 소용이 있겠느냐?"

새김

- 人而不仁(인이불인): 일반적인 상황을 말하고 있지만, 삼환을 빗대 말하는 것으로 볼 수도 있다.
- 如禮何(여례하): 일반적으로는 '제례가 무슨 소용이 있겠느냐?'는 뜻이 되겠지만 계씨에게 적용하여 '천자 예식으로 제례를 행한다고 무슨 소용이 있겠느냐?'로 새겨도 전혀 어색함이 없다.
- 如樂何(여악하): 계씨에게 적용하여 "천자가 주관하는 제례에서만 쓸 수 있는 '옹'과 같은 제례 음악을 쓴다고 무슨 소용이 있겠느냐?"

꼽아 봄

제례는 효를 이루고자 함이요 효는 인을 실천하는 기본이다. 결국 예는 인을 실천하기 위하여 필요한 것이다. 그런데 인을 구현하려고 하지 않는다면 예가 무슨 소용이 있겠는가? 제례 음악은 제례의 목적을 극대화하기 위하여 필요한 것으로 종교행사에 쓰이는 찬미가 같은 것이다.

이 장은 앞에 나온 1장과 2장을 연결해서 해석하는 것이 아주 자연스러울 것이다.

3-4.

林放問禮之本, 子曰: "大哉問! 禮與其奢也, 寧儉; 喪與
임방문례지본   자왈   대재문 예여기사야   영검   상여

其易也, 寧戚."
기 이 야   영 척

3-4. 임방이 예의 근본을 물으니. 공자 가라사대: "대단히 중요한 질문이네! 예는 사치스럽기보다는 검소한 것이 낫고, 상례는 절차에 따라 훌륭하게 잘 치르는 것보다는 차라리 슬픔이 묻어나는 것이 훨씬 낫네."

새 김

· 林放(임방): 노나라 사람이라는 것 이상은 알 수 있는 전거가 없다.
· 易(이): 절차에 따라 훌륭하게 잘 처리하다.
· 與其~寧(여기~영): ~하기보다는 차라리 ~ 하는 것이 낫다.

끊어 봄

일반적인 사항을 이야기하는 것이지만, 그 내용은 1장에서부터 제3장까지와 마찬가지로 삼환의 행태를 지적하는 것이라고 볼 수도 있다. 즉 대부가 천자 예식에 따라 의례를 치르는 것보다는 오히려 겸손하게 치르는 것이 낫다고 꼬집는 것이라고 볼 수 있다.

3-5.
子曰: "夷狄之有君, 不如諸夏之亡也."
자왈 이적지유군 불여제하지망야

   3-5. 공자 가로되: "(삼환이 참람한 짓을 자행하고 있는) 이적과 같은 나라에서 군위를 차지하고 있는 것보다는, 차라리 그러한 이적과 같은 제하에서는 도망치는 것이 낫다."

새김
- 夷狄(이적): 중국인들이 말하는 변방의 미개인들.
- 不如(불여): ~보다 ~이 낫다, ~이 ~만 못하다.
- 諸夏(제하): 중원의 여러 나라들.
- 亡(망): 도망치다.

꿇어 봄
   이편 1장부터 6장까지는 계속 이어서 삼환을 비난하고 질타하는 것으로 보아야 자연스러운 해석이 가능하다. 노나라 23대 군주인 소공이 실권을 되찾으려고 계평자를 공격하지만 실패하자 제 나라로 망명한 것이 허수아비 같은 노나라 군주 자리를 차지하고 있는 것보다는 낫다는 뜻이다.

   그러나 시대 상황이 자칫 생명이 걸린 문제이므로 누구나 해석이 용이하도록 말할 수 없어 당연히 암호 같은 문장이 될 수밖에 없었을 것이다. 이것을 이해하지 않으면 해석과 해설이 모두 외계인의 언어와 같이 난해하게 될 것이다.

3-6.

季氏旅於泰山, 子謂冉有曰: "女弗能救與?" 對曰: "不
계씨여어태산 자위염유왈   여불능구여   대왈 불

能." 子曰: "嗚呼! 曾謂泰山不如林放乎?"
능 자왈 오호 증위태산불여임방호

3-6. 계씨가 태산에서 (천자가 주관해야 할) 여제를 지냈다. 공자 염유에게 일러 가로되: "너는 그것을 막을 수가 없더냐?" 염유 대답해 가로되: "막을 수가 없었습니다." 공자 가로되: "아아! 일찍이 일컬어지던 태산의 신령이 임방만도 못하다는 말인가?"

새김

· 旅(여): 산제山祭로서 천자나 제후가 주관하는 제사다.
· 冉有(염유): 공자 제자. 성은 염, 이름은 구求, 자는 子有.
· 弗(불): 不과 통함, 不보다 더 강한 느낌을 준다.
· 救(구): 구해주다, 말리다, 막다.
· 曾謂(증위): 일찍부터 (성산으로) 일컬어지던.
· 不如林放(불여임방): ~이 임방만도 못하단 말인가?

꿇아 봄

역시 계씨의 참월과 무도함을 손가락질하는 내용이다. 그런데 참으로 재미없는 것은 태산에서 여제를 지낸 실권자 계씨에게는 일언반구에 눈 한번 흘기지 못하면서 감히 바랠 수도 없는 염유에게 엉뚱하게 비수를 들이대고, 태산의 신령에게는 왜 재앙이라도 내리지 못하고 제사를 받아 흠향했냐고 저주를 퍼부어 대는 것으로 계씨의 참월과 무도를 강하게 질타하고 있다. 어찌 보면 끝까지 기용되지 못하고 삼환의 참월과 무도를 꾸준히 질타하고 비난하는 지치지 않은 엉뚱한 행태가 후에 공자가 성인으로 추앙받게 된 중요한 계기가 되었을 것이라고 여겨진다.

3-7.

子曰: "君子無所爭, 必也射乎! 揖讓而升, 下而飮, 其爭
자왈   군자무소쟁 필야사호   읍양이승   하이음   기쟁

也君子."
야군자

3-7. 공자 가라사대: "군자는 다투는 일이 없다. 그러나 활쏘기에서는 반드시 다툰다. 상대방에게 읍하고 사양하면서 당에 오르고, 내려와서는 진 사람에게 벌주를 마시게 한다. 그런 다툼은 군자다운 다툼이겠지!"

새 김

· 必也射乎(필야사호): 활쏘기에서 반드시 다툰다.
· 揖讓(읍양): 읍은 앞 가슴 위에 양손을 잡는 것. 양은 서로 사양하는 태도를 취하는 것.
· 下而飮(하이음): 내려와서는 진 사람에게 벌주를 마시게 하다.

3-8.

子夏問: "'巧笑倩兮, 美目盼兮, 素以爲絢兮,' 何謂也?" 子
자하문   교소천혜 미목반혜   소이위현혜   하위야   자

曰: "繪事後素." 曰: "禮後乎?" 子曰: "起予者, 商也! 始
왈   회사후소   왈 예후호   자왈 기여자 상야   시

可與言詩已矣."
가여언시이의

八佾 第三篇 _ 79

3-8. 자하 여쭈어 가로되: "예쁜 웃음 보조개 짓고, 아리따운 눈동자 흑백이 선명하다. 그리고 흰색으로 더 곱게 하는구나!'라는 시구절은 무엇을 일컫는 것 입니까?" 공자 가라사대: "그림 그릴 때 채색을 마치고 흰 칠은 제일 나중에 한다." 자하 다시 여쭙기를: "예로써 마무리한다는 것과 같은 뜻이겠군요?" 공자 가라사대: "나를 일깨우는 사람이 바로 상(자하)이로구나! 비로소 함께 시를 이야기할 만하다."

새 김

· 巧笑(교소): 예쁜 웃음.

· 倩(천): 보조개.

· 素以爲絢(소이위현): 흰색으로 더욱 현란하게 하다.

· 繪事後素(회사후소): 그림 그릴 때 먼저 채색을 하고, 흰 칠을 제일 나중에 한다.

· 禮後(예후): 예로써 뒤에 마무리하다.

· 起予(기여): 나를 일어나게 하다. 일깨우다.

· 商(상): 자하의 이름

꿰 아 봄

자하가 공자에게 묻는 내용은 「시경」 위풍衛風, 석인碩人편에 있는 구절이다. 그러나 세 번째 구절인 "素以爲絢兮"라는 구절은 현재 「시경」에는 없다. 그런데 이장에 대한 해석은 신주와 고주가 크게 갈린다. 우리나라에서는 주희의 절대적 영향으로 모두 신주를 따른다. 신주가 해석의 근거로 삼는 것은 오직 수묵산수화의 繪事後이다. 결국 그것에 맞추려다 보니 「周禮주례」 고공기考工記에 "범화회지사,후소공凡畫繢之事, 後素功"이라는 구절까지도 크게 오역하고 있다. "모든 그림 그리는 일은 맨 뒤에 흰색으로 공을 들인다."고 해석해야 할 것을 "모든 그림 그리는 일은 흰 물감의 공이 있고 난 후의 일이다."로 새기고 있다. 그러나 수묵산수화는 공자 시대에도 확립되어 있던 회화 장르가 아니라 성당盛唐 이후에 생겨 난 회화 장르라고 한다.

끝으로 자하가 "인간의 인격 형성은 예로써 마무리 짓는다는 말이군요."라고 한 구절도 주자 식으로 해석하면 "繪事後素" 가운데 繪事가 禮가 되고 素가 바탕이 된다고 해석해야 하는 이상한 비유가 될 것이다. 아무래도 나중에 칠하는 흰색이 인격 형성을 마무리 짓는 禮라고 보고, 繪事를 다른 주요 덕목으로 보아야 자연스러운 해석이 될 것이다.

3-9.

子曰: "夏禮吾能言之, 杞不足徵也; 殷禮吾能言之, 宋不
자왈   하례오능언지   기부족징야   은례오능언지   송부

足徵也. 文獻不足故也. 足則吾能徵之矣."
족징야 문헌부족고야   족즉오능징지의

3-9. 공자 가라사대: "내가 하나라의 禮에 대하여 잘 설명할 수 있을 만큼 하나라 후예인 기 나라에도 그 증거가 충분하지 않았다. 내가 은나라의 禮에 대하여 잘 설명할 수 있을 만큼 은나라 후예인 송나라에도 그 증거가 충분하지 않았다. 모두 문헌이 부족하기 때문이다. 만일 문헌이 충분하다면 내가 하, 은의 禮를 충분히 증명해 낼 수가 있을 텐데."

새 김

· 杞(기): 은나라가 하나라를 멸한 후에 하나라 우 임금 후손으로 봉국하면서 국호를 기라고 했다. 하남성 기현 부근에 있었다.

· 徵(징): 證으로 새겼다.

· 宋(송): 주나라가 은나라를 멸한 후에 은 왕조 후손으로 봉국하면서 국호를 송이라고 했다. 하남성 상구현 부근에 있었다.

· 文獻(문헌): 하나라, 은나라 문물제도의 흔적, 자료.

꿇아 봄

신주를 따르는 해석은 일반적으로 "공자가 하, 은의 예에 대하여 능히 설명할 수 있으나 기와 송에는 공자의 말을 증명할 만한 증거가 부족하다." 끝 절도 "문헌이 충분하면 내 말을 증명할 수 있을 텐데."라고 새기고 있다. 그러나 나는 기와 송에도 하, 은의 예를 증명할 만한 증거가 부족하므로 공자도 하, 은의 예에 대하여 능숙하게 설명할 수가 없다고 부정적으로 새겼다. 끝 절도 문헌이 충분하면 하, 은의 예를 증명할 수가 있을 텐데 라고 새겼다.

공자가 개괄적으로나마 말할 수 있는 것은 「논어」 2-23 "殷因於夏禮,可知也。周因於殷禮,所損益,可知也."와 관련된 것임이 틀림없다. 즉 주나라가 은나라의 문물제도를 이어받으며 더 하고 덜어낸 것을 알면 은나라의 문물제도를 개괄적으로는 알 수 있고, 은나라가 하나라의 문물제도를 이어 받으며 더하고 덜어낸 것을 알면 하나라의 문물제도도 개괄적으로는 알 수 있지만, 증거가 부족하면 정확하게 설명할 수는 없다는 것을 말하는 것이다.

이 장을 여기에 삽입한 것은 다음과 같은 목적이 있기 때문일 것이다. 공자는 근거가 확실치 않은 것은 섣불리 지껄이지 않고, 실증적 근거가 확실할 때만 확정적으로 말한다는 것을 확인 시킴으로써, 다음 장부터 다시 계씨의 참월과 무도함을 손가락질하는 것은 실증적 근거를 바탕으로 하고 있다는 것을 강조하기 위한 정지 작업으로서의 성격이 짙다고 본다.

3-10.

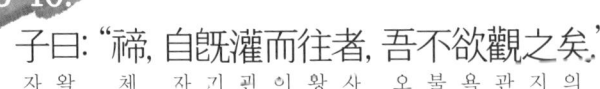
子曰:"禘, 自旣灌而往者, 吾不欲觀之矣."
자 왈   체 자 기 관 이 왕 사 오 불 욕 관 지 의

3-10. 공자 가라사대: "현재 행하는 체 제사에서 관(강신)절차가 끝난

다음부터 나는 더 이상 보고 싶지 않더라."

새김

· 禘(체) : 체 제사에는 시체(時禘), 은체(殷禘), 대체(大禘)가 있다. 시체는 하왕조와 상왕조 때 춘하추동에 따라 약約, 체禘, 상嘗, 증蒸이라는 이름으로 지낸 제사고, 은체는 여러 사당에 모였던 신주를 태조묘에서 함께 지내던 제사고, 대체는 천자가 교郊에서 하늘 신에게 지내는 제사였다. 은체와 대체는 상왕조와 주왕조 때 지내던 제사지만, 여기서 말하는 체 제사가 은체인지 대체인지는 알 수가 없다.
· 自(자) : ~부터.
· 灌(관) : 강신제 올리다. 祼과 통하는 자.

꿰어 봄

공자가 노나라에서 행하는 체 제사에서 강신제 이후로는 더 보고 싶지 않다고 했다. 그 이유에 대하여 혹자는 노나라에서 주공 사당에 체 제사를 지내고 문왕을 소자출(所自出)의 시조로 삼아 주공을 배향하는 것은 예가 아니기 때문이라고도 하고, 혹자는 노나라 17대 군주 민공과 18대 군주 희공의 역사逆祀 문제를 거론하기도 하고, 혹은 제사에 올리는 희생犧牲이나 동원하는 음악과 무용 등이 월권했을 것으로 추측하기도 한다.

그러한 이유보다는 아무리 주무왕의 아들 성왕이 주공의 공덕에 감사하여 노나라에서는 천자만이 지낼 수 있는 중제重祭를 모두 지낼 수 있도록 허락한 것이라 하더라도 군주를 제쳐두고 계씨가 주관하는 것은 참담하여 보기 싫다고 한 것이라 여겨진다.

그러나 노나라의 역대 군주가 허수아비로 그 자리에만 앉아 있고, 모두 계씨가 주관하고 나라를 다스려 온 지도 100여 년 이상이 지났으므로 모든 관료와 백성들이 관례로 당연지사로 인정하고 있는 정치 현실을 유독 공자만이 헐

뜯고 있는 것이다. 국내·외에서 반란 주모자의 초대에 응하고자 했던 공자가 정말 삼환가 사람들이 권력을 독점한 정치 현실을 옳지 않다고 비난하는 것일까? 공자의 행태를 비판적으로 보고자 한다면, 공자의 행태는 아무래도 공자를 정치적으로 대단치 않게 여기고 전혀 벼슬자리에 등용치 않는 삼환가 사람들에 대한 불만을 이렇게 은유적으로 나타낸 것이라 보아야 할 것이다.

3-11.

或問禘之說, 子曰: "不知也. 知其說者之於天下也, 其如
혹 문 체 지 설   자 왈   부 지 야   지 기 설 자 지 어 천 하 야   기 여

示諸斯乎!" 指其掌.
시 제 사 호   지 기 장

3-11. 어떤 사람이 체제사에서 지켜야 할 도리에 대하여 물으니, 공자 가로되: "나는 잘 모르겠소. 체제사에서 지켜야 할 도리를 안다면 천하의 일에 관해서, 아마도 천하를 여기에 놓고 보는 것과 같지 않겠소?" 그러면서 자기 손바닥을 가리켰다.

새김

· 禘之說(체지설): 체제사에서 지켜야 할 도리.
· 不知(부지): 직접 설명하기에는 정치적으로 부담스러워 그냥 모른다고 발뺌했을 것이다.
· 知其說者(지기설자): 체제사에서 지켜야 할 도리를 아는 것. 결국 계씨는 그 도리를 모르고 체제사를 지낸다고 말하는 것이다.
· 於天下(어천하): 천하의 일에 관해서
· 示(시): 視로 새겼다.
· 諸(제): 之於의 합성. 여기서 之는 天下를 가리킨다.

· 指其掌(지기장): 자기 손바닥을 손가락으로 가리키다.

꿇아 봄

체제사에서 지켜야 할 도리는 여러 가지가 있겠지만, 그중에서 가장 중요한 도리는 반드시 제사를 지내야 할 사람이 지내야 한다는 것이리라. 결국 지낼 수 없는 계씨가 체제사를 지내는 것에 대하여 암호와 같이 은유적으로 비난하고 질타하는 것으로 볼 수 있다.

3-12.

祭如在, 祭神如神在. 子曰: "吾不與祭, 如不祭."
제 여 재   제 신 여 신 재   자 왈   오 불 여 제   여 부 제

3-12. 조상신께 올리는 제사는 조상신이 강림해 계시는 것처럼, 하늘과 땅의 신령님께 올리는 제사는 신령님이 강림해 계시는 것처럼 여기고 지낸다는 말이 있다. 공자 가로되: "내가 함께하지 않은 제사는 제사를 지내지 않은 것과 같다."

새 김

· 祭(제): 조상신에 대한 제사
· 如在(여재): 조상신이 강림해 계신다.
· 神(신): 하늘과 땅의 신령
· 與祭(여제): 제사를 지냄에 필수적인 정성스러운 마음을 함께 하다. 예를 들면 7일 동안 근신(戒)과 3일 동안 목욕(齊)등 정성스러운 마음에 들 수 있다.

> 꼽아 봄

일반론적인 이야기로 새길 수도 있겠지만, 그보다는 제후가 지내야 할 제사를 참월하여 지내고 있는 계씨가 정말 정성스러운 마음을 다하였겠느냐? 그렇지 않았다고 상정하고, 그렇다면 정성을 다하지 않은 제사는 지내지 않은 것이나 마찬가지니, 그들은 결국 제사를 지내지 않은 것과 같다고 독설을 퍼붓는 것이다.

3-13.

王孫賈問曰: "'與其媚於奧, 寧媚於竈,' 何謂也." 子曰:
왕손가문왈   여기미어오 영미어조   하위야   자왈

"不然, 獲罪於天, 無所禱也."
불연 획죄어천   무소도야

3-13. 왕손가가 공자에게 묻기를: "아랫목 신에게 잘 보이기보다 차라리 부엌 신에게 잘 보이는 것이 낫다는 말은 무슨 말일까요?" 공자 가라사대: "그렇지 않습니다. 하늘에 죄를 지으면 빌 곳이 없습니다."

> 새 김

· 王孫賈(왕손가): 위나라 대부.
· 媚(미): 친밀히 하다. 아첨하다.
· 奧(오): 방 아랫목. 집안 어른이 계신 곳.
· 與其A寧B(여기A 영B): A 하느니 보다는 차라리 B하는 것이 낫다.
· 竈(조): 부엌

끊어 봄

왕손가의 질문 가운데 아랫목(奧)과 부엌(竈)이 누구를 비유하는 것인지에 대한 의견이 분분하다. 첫째: 아랫목을 위령공의 근신으로 보고, 부엌을 왕손가 자신으로 본다는 견해, 둘째: 아랫목을 위령공, 그리고 부엌을 그의 부인 남자라고 보는 견해, 셋째: 아랫목을 위령공 부인 남자 그리고 부엌을 권신 미자하로 본다는 견해들이 있다.

그러나 이곳은 아직도 계씨를 비롯한 삼환의 이야기가 계속되는 곳이다. 이 이야기는 결국 공자와 노나라 군주 그리고 계씨를 비롯한 삼환과의 관계를 언급한 것으로 보아야 적절할 것이다. 즉, 아랫목에 해당하는 것은 노나라의 군주고 부엌에 해당하는 것은 계씨를 비롯한 삼환으로 보아야 자연스럽게 해석이 될 것이다.

子曰: "周監於二代, 郁郁乎文哉! 吾從周."
자 왈   주 감 어 이 대   욱 욱 호 문 재   오 종 주

3-14. 공자 가로되: "주나라는 하와 은을 거울삼아 문물제도가 찬란히 빛나도다! 그래서 나는 주나라 문물제도를 모범으로 삼고 따르고자 한다."

새 김

· 監(감): 鑑으로 새겨, 거울로 삼다.

· 二代(이대): 하나라와 은나라 두 왕조

· 郁郁(욱욱): 찬란히 빛나다.

· 文(문): 문물제도.

꼽아 봄

공자가 살았던 춘추 시대는 혼란이 극에 달하여 봉건제도마저 무너져 제후가 천자를, 대부가 제후를 참월하는 시대였는데, 공자는 무엇을 따르고자 했을까? 하와 은을 거울삼아 버릴 것은 버리고, 더할 것은 더해 빛나던 주나라 초기의 문물제도와 봉건제가 철저히 확립되었던 그 시대를 되돌리고 싶어 했을 것이다. 결국 편집자들은 공자가 삼환가 사람들이 노나라 권력을 독점하고 있는 현재를 벗어나고 싶은 희망을 피력한 것이라 보고 여기에 삽입했을 것이다.

3-15.

子入大廟, 每事問. 或曰:"孰謂鄹人之子知禮乎? 入大廟,
자입태묘 매사문 혹왈   숙위추인지자지례호   입태묘

每事問." 子聞之曰:"是禮也."
매사문   자문지왈   시례야

3-15. 공자가 태묘에 들어와서는 매사를 물었다. 어떤 사람이 가로되: "누가 추인의 아들을 일러 예를 안다고 했을까? 태묘에 들어와서는 매사를 묻는데." 공자 그 말을 전해 듣고 가로되: "그것이 곧 예인 것인데."

새 김

· 大廟(태묘): 천자나 제후의 시조를 모시는 사당. 노나라에서는 주공의 사당.
· 鄹人之子(추인지자): 鄹는 지방명(지금 산동성 곡부현). 추인의 아들은 공자를 비하해서 가리키는 말.

꼽아 봄

공자가 사구라는 벼슬을 비롯하여 어떤 공식적인 직책에 임명되었다는 것을 역사적 사실로 믿을 만한 확실한 전거는 없다. 군주가 허수아비인 노나라에서 삼환의 뜻이 아니고서는 전혀 가능성 없는 허구의 이야기일 뿐이다. 정공의 권유로 삼환의 승인 아래 권력 행사와는 관계가 없는 제례와 의전 요원으로서 사례에 따라 역할을 담당했을 가능성은 있을 수도 있다고 본다. 그러므로 이 장이 허구가 아닌 실제 상황이었다 하더라도 공자가 태묘의 제례를 주관하는 지위에 있었다고 볼 수는 없고 특별 집행 요원 정도로 참가했다고 보는 것이 타당할 것이다.

그리고 공자가 태묘에 들어가서는 매사를 물었다고 했다. 묻게 된 사유야 어떻든 간에 자기를 험담하더라는 말을 전해 듣고 내뱉듯 던진 한마디 "是禮也"는 어찌 보면 구차한 변명 같기도 하지만 상황을 단칼에 바꾸어 버리는 명답일 수도 있다. 책으로만 배운 지식은 실제 현장에서는 변형 시켜 운영될 수도 있으므로 당연히 기존 요원들에게 묻는 것은 당연하며, 그들에 대한 예의이기도 하기 때문이다. 공자는 말 잘하는 사람을 극도로 미워한다고 하지만, 세상에 공자보다 말 잘하는 사람은 없다는 생각이 든다.

마지막으로 이 장을 여기에 끼워 넣은 편집자의 의도는 무엇일까? 공자의 임기응변적인 달변을 돋보이게 하고자 함일까? 그보다는 공자를 헐뜯은 자들을 삼환가의 추종 세력으로 보고 함께 싸잡아 비난하고자 하는 의도에서 이 장을 편집한 것이라고 보는 것이 좋을 것이다.

子曰: "射不主皮, 爲力不同科, 古之道也."
자 왈   사 부 주 피 위 력 부 동 과 고 지 도 야

3-16. 공자 가라사대: "활쏘기는 과녁 맞히기를 주목적으로 하지 않는다. 과목에 따라(주피와 부주피) 힘쓰는 바가 다른 것이 옛날 활쏘기 방식이다."

새김

- 主皮(주피): 과녁(皮)을 맞히는 것이 활쏘기의 주목적이다. 반대로 부주피는 과녁을 맞히는 것이 주목적이 아니고, 그냥 향 사례에 참가하여 활을 쏘는 것만으로 친목을 도모하는 것이 목적이다.
- 爲力不同(위력부동): 힘쓰는 바가 다르다.
- 科(과): 科目. 활쏘기에는 主皮와 不主皮 두 과목(종류)이 있다.

꿰어 봄

이 장의 편집 의도는 활쏘기에도 科에 따라 주력하는 것이 다르듯이, 제후와 대부도 역할이 달라야 하지 않겠느냐는 뜻을 담았다고 볼 수 있다.

3-17.

子貢欲去告朔之餼羊. 子曰: "賜也, 爾愛其羊, 我愛其禮."
자공욕거곡삭지희양   자왈   사야 이애기양   아애기례

3-17. 자공이 곡삭에서 희생양 바치는 절차를 없애고자 하였다. 공자 가라사대: "사야! 너는 양을 아끼지만, 나는 의례를 아낀다."

새 김

- 告朔(곡삭): 주왕이 매년 음력 12월에(季冬) 다음 해 12개월의 초하룻날이 적혀 있는 달력을 제후들에게 반포하는데, 이를 반곡삭頒告朔 이라고 한다. 달력을 빌은 제후들은 이를 조묘에 보관해 두었다가 매달 초하룻날이 되면 양 한 마리를 잡아 조묘에서 제사를 지낸 다음 정사를 보기 시작하는 것이 관례였다. 그러나 노나라에서는 19대 문공 16년(B.C.611) 이후부터 곡삭은 시행하지 않

고 희생양만 제물로 바치는 습관이 남아 있었다. 자공이 이 희생양만 바치는 관례마저 없애려고 하였던 것이다.

꿇아 봄

공자는 희생양만 바치는 의례가 지금은 삼환 때문에 원래대로 복원 시킬 수 없지만, 언젠가는 원래대로 희생양도 바치고 제사도 지내게 될 것이라는 뜻을 담아 이렇게 주장했을 것이다. 편집자가 이장을 "팔일" 편에 배치한 의도는 "禮"라는 말이 나오기는 하지만, 결국 곡삭제를 생략하고 희생양만 바치는 관습도 삼환이 득세한 이유가 직접적이라는 의도가 숨어 있을 것이다.

3-18.

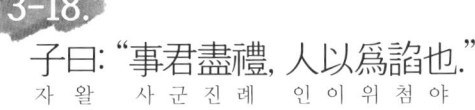

子曰:"事君盡禮, 人以爲諂也."
자 왈   사 군 진 례   인 이 위 첨 야

3-18. 공자 가라사대: "임금 섬기기에 예를 다하니 남들이 아첨한다 하더라."

새 김

· 以爲(이위): ~이라고 생각한다.

꿇아 봄

단순히 일반적인 상황을 언급한 것이라고 하기보다는 공자 자신의 경험담이라고 볼 수 있다. 3-15에서 이미 언급한 대로 공식적인 직책에 임명되어 벌어진 일이 아니라, 제례나 의전에서 적당한 역할을 담당했을 때 나름대로 극진하게 정공을 모셨지만, 주변에서 특히 삼환들이 보기에는 정공에게 환심을 사서 등용의 기회를 잡으려고 하는 것으로 보였을 수도 있었을 것이다. 그래서 편집자는 이 장도 삼환들과 연결해 편집했을 것이다. 일반적으로 아첨한다는 말을 들으면 그런 말을 한 사람을 죽이려 들 만큼 인격 모독적으로 받아들이는 것은 적어도 동양 사회에서는 「논어」의 영향이 적지 않을 것이다. 정말 현재도 교언영색이나 아첨이 그렇게 비난 받고 매도 당할 만큼 비윤리적이고 비도덕적인 행위일까? 사회생활을 성공적으로 마친 사람치고 교언영색과 아첨을 매도할 만큼 자유로운 사람이 정말 있을까?

결국 적극적인 예는 첨이요, 소극적인 첨은 예다.

3-19.

定公問:"君使臣, 臣事君, 如之何?" 孔子對曰:"君使臣
정공문   군사신 신사군   여지하   공자대왈   군사신

以禮, 臣事君以忠."
이례   신사군이충

3-19. 정공이 물었다: "임금이 신하를 부리고, 신하가 임금을 모시는 것은 어떠해야 합니까?" 공자 대답하기를: "임금은 신하를 예로써 부리고, 신하는 임금을 충성으로써 모셔야 합니다."

새 김

· 定公(정공): 노나라 제24대 군주로서 재위 기간이 B.C.509-494년이다. 양공의 아들이며 망명하여 객지에서 사망한 소공의 동생이다. 이름은 송宋이고 定은 시호다. 소공이 삼환을 제거하려다 실패하여 국외로 도피하고 객지에서 죽은 뒤 삼환에 의하여 군주 자리에 올랐다.

꼽아 봄

삼환을 제거하려다 실패하여 국외를 떠돌다 객사한 형(소공)의 뒤를 이어 허수

아비 같은 군주 자리에 앉혀진 정공은 공자에게는 특별히 호의적이었던 것으로 보인다. 그래서 혹시 자기의 처지를 벗어날 수 있는 비책 같은 것이라도 들을 수 있을까 기대하며 물었을 것이다. 그러나 공자인들 힘이 없는 처지에 무슨 말을 할 수 있었겠는가? 그저 일반적이고 원칙적인 이야기 외에…

3-20.
子曰:"關雎, 樂而不淫, 哀而不傷."
자 왈 관 저 락 이 불 음 애 이 불 상

3-20. 공자 가라사대: "관저라는 노래는 즐거울 뿐 음탕스럽게 느껴지지는 않고, 애절하지만 마음 상하게 하지는 않는다."

새 김

· 關雎(관저): 「시경」 국풍, 주남편에 나오는 첫 노래.
 가사번역이 전반적으로 너무 싱거워 나름대로 새로이 새겨보았다.

關關雎鳩, 在河之州, 窈窕淑女, 君子好逑.
관 관 저 구, 재 하 지 주, 요 조 숙 녀, 군 자 호 구.

물수리는 까옥까옥 황하 모래톱에 있네 아름답고 이쁜아씨 군자들의 좋은 짝꿍.

參差荇菜, 左右流之, 窈窕淑女, 寤寐求之.
참 치 행 채, 좌 우 유 지, 요 조 숙 녀, 오 매 구 지.

들쑥날쑥 물 마름 풀 이리저리 흔들리듯 아름답고 이쁜아씨 자나 깨나 보고싶네.

求之不得, 寤寐思服, 悠哉悠哉, 輾轉反側.
구 지 부 득, 오 매 사 복, 유 재 유 재, 전 전 반 측.

보고자 해도 못 보니 자나깨나 그리워라 길고도 긴긴밤을 이리 뒤척 저리 뒤척.

參差荇菜, 左右采之, 窈窕淑女, 琴瑟友之.
참 치 행 채, 좌 우 채 지, 요 조 숙 녀, 금 슬 우 지.

물 마름 풀 들쑥날쑥 이쪽저쪽 나물 캐듯 아름답고 이쁜아씨를 양손으로 금슬 타듯.

參差荇菜, 左右芼之, 窈窕淑女, 鐘鼓樂之.
참 치 행 채, 좌 우 모 지, 요 조 숙 녀, 종 고 낙 지.

들쑥날쑥 물 마름 풀 이것저곳 풀죽 쑤듯 아름답고 이쁜아씨를 종을 치듯 즐기도다.

· 不淫(불음): 이 노래가 전체적으로 남녀 간의 상열 지사지만 아름답게 은유적으로 표현하므로 전혀 음탕함을 느낄 수 없다. 4행의 "琴瑟友之"와 5행의 "鐘鼓樂之"는 남녀 간의 깊은 애무로 해석할 수도 있고, 남녀 간의 격렬한 성행위로 해석할 수 있는 구절이다.

· 不傷(불상): 사랑을 얻고자 미칠 듯이 애태우는 남자의 열정이 애절하기도 하지만 그래도 마음을 상하게 하지는 않고 젊음의 아름다움이 흠뻑 느껴진다. 2행의 "寤寐求之"와 3행의 "悠哉悠哉, 輾轉反側"은 밤이나 낮이나 임을 그리고, 길고 긴 밤을 잠 못 이루는 젊은이의 열정이 애절하지만, 가슴 아프기는커녕 얼마나 아름다운 젊음인가?

哀公問社於宰我. 宰我對曰: "夏后氏以松, 殷人以柏, 周
애 공 문 사 어 재 아   재 아 대 왈   하 후 씨 이 송 은 인 이 백   주

人以栗, 曰使民戰栗." 子聞之曰: "成事不說, 遂事不諫,
인 이 률   왈 사 민 전 률   자 문 지 왈   성 사 불 설   수 사 불 간

旣往不咎."
기 왕 불 구

3-21. 애공이 사에 어떤 나무를 심어야 하는지를 재아에게 물었다. 재아 대답하기를: "하후씨는 소나무를 심고, 은나라 사람들은 잣나무를 심고, 주나라 사람들은 밤나무를 심었답니다. 말하자면 주나라에서는 백성들을 무서워 떨게 하려고 그랬답니다." 공자 전해 듣고, 가로되: "다 된 일에는 좋다 나쁘다 말하지 않고, 끝난 일에는 옳다 그르다 따지지 않고, 이미 지나간 일은 탓하지 않겠다."

새 김

· 哀公(애공): 노나라 25대 군주 (위정 19참조)
· 社(사): 토지의 신을 모시는 곳. 애공이 묻는 '社'는 사에 심는 신목神木에 대하여 묻는 것으로 새겼다.
· 宰我(재아): 공자 제자. 성은 宰, 이름은 여予, 자는 子我.
· 咎(구): 탓하다, 잘못을 추구하다.

꿇아 봄

재아의 답변 중에 "使民戰栗"이라는 구절은 삼환과 관련이 있기 때문에 이 章이 이篇 속에 들어 있다고 보아야 한다. 그러므로 백성들이 두려워할 만큼 권위를 되찾기 위해서는 계씨를 포함한 삼환을 제압해야 한다는 뜻이 담겼다. 그러나 재아의 말을 전해들은 늙은 공자는 소공의 일을 떠올리며 재아의 경솔함을 안타까워했을 것이다.

3-22.
子曰: "管仲之器小哉!" 或曰: "管仲儉乎?" 曰: "管氏有
자 왈   관중지기소재   혹왈   관중검호   왈   관씨유
三歸, 官事不攝, 焉得儉?" "然則管仲知禮乎?" 曰: "邦
삼귀 관사불섭 언득검   연즉관중지례호   왈   방

君樹塞門, 管氏亦樹塞門. 邦君爲兩君之好, 有反坫, 管
군 수 색 문   관 씨 역 수 색 문   방 군 위 양 군 지 호   유 반 점   관

氏亦有反坫. 管氏而知禮, 孰不知禮?"
씨 역 유 반 점   관 씨 이 지 례   숙 부 지 례

3-22. 공자 가로되: "관중의 그릇이 아주 작도다!" 어떤 사람이 말하기를: "관중이 검소했나 보지요?" 공자 가로되: "관씨는 삼귀까지 가졌었고, 관의 일을 겸임시키지도 않았으니 어찌 검소했다고 할 수 있겠는가?" "그랬다면 관중이 예를 알아서일까요?" 공자 가로되: "나라의 군주라야 새문을 세울 수 있는데 관씨도 새문을 세웠고, 나라의 군주라야 두 임금이 만나는 의전을 위해 반점을 갖는 것인데, 관씨도 반점을 가지고 있었으니 관씨가 예를 안다고 한다면 누군들 예를 모른다고 하겠는가?"

새 김

· 管仲(관중): 춘추시대 제나라 대부. 성은 管, 이름은 이오夷吾, 자는 仲, 환공桓公을 도와 패권을 잡게 한 대 정치가, 공자보다 150여 년 전 사람이다.
· 器(기): 도량, 사람 됨.
· 三歸(삼귀): 설이 분분하지만, 세 여자를 데리고 산다는 뜻으로 본다.
· 官事(관사): 관의 일.
·不攝(불섭): 겸직시키지 않았다.
·焉得(언득): 어찌 ~이라 하겠는가?
·樹塞門(수색문): 문 가리개를 세우다.
·兩君之好(양군지호): 두 임금이 수호修好, 교환交歡 하다.
·反坫(반점): 술을 마시고 잔을 올려놓는 대.

> 꼽아 봄

「헌문」편과는 전혀 다른 인물평이다. 혈기가 탱천하던 젊은 시절의 평가일 것이다. 그런데 편집자의 의도는 무엇일까? 공자가 젊어서 한 인물평을 보고 군주만이 가질 수 있는 수색문과 반점을 관중도 가졌다고 삼환의 사람들과 다름없이 참월했다고 질책하는 것일 거다. 그러나 삼환을 관중에 비교해서 비난한다면 계씨를 포함한 삼환의 사람들은 오히려 영광스럽게 생각할 일이다.

3-23.

子語魯大師樂, 曰: "樂其可知也. 始作, 翕如也; 從之, 純
자 어 노 태 사 악   왈   악 기 가 지 야   시 작   흡 여 야   종 지   순

如也, 皦如也, 繹如也, 以成."
여 야   교 여 야   역 여 야   이 성

3-23. 공자가 노나라 태사와 음악에 대하여 이야기하던 중 이르기를: "음악에 대하여 조금 알 것 같습니다. 시작은 합주로 웅장하게 연주하며, 뒤따라 독주로 현악기와 관현악기로 연주하고, 그다음은 끊이지 않고 엮어 나가듯 연주하며 완성 단계에 이르더군요."

> 새 김

- 大師(태사): 음악을 관장하던 관직명.
- 始作(시작): 연주 시작.
- 翕如(흡여): 여러 가지 소리의 합주. 흡여를 연주 단계로 본다.
- 從之(종지): 연주가 이어서 계속되다. 순여와 교여를 종지 단계로 본다.
- 純如(순여): 현악기 연주로 새겼다.
- 皦如(교여): 관악기 연주로 새겼다.

- 繹如(역여): 모든 악기가 끊이지 않고 엮어 나가듯 연주하는 것으로 일장을 이룬다.
- 以成(이성): 완성단계에 이르다.

3-24.

儀封人請見曰:"君子之至於斯也, 吾未嘗不得見也." 從者見
의 봉 인 청 현 왈   군 자 지 지 어 사 야   오 미 상 부 득 현 야   종 자 현

之. 出, 曰:"二三子何患於喪乎? 天下之無道也久矣, 天
지   출   왈   이 삼 자 하 환 어 상 호   천 하 지 무 도 야 구 의   천

將以夫子爲木鐸."
장 이 부 자 위 목 탁

3-24. 의儀라는 곳 봉인封人이 공자 뵙기를 청하며 말하기를: "이곳에 오시는 군자치고는 일찍이 제가 뵙지 못한 분은 한 분도 계십니다." 공자 시종하는 사람이 뵙게 하였다. 그가 공자를 뵙고 나와서 말하기를: "여러분은 어찌 망명하여 떠돌아다님을 걱정하십니까? 천하에 도가 없는 지가 오래되었는데 하늘은 장차 저분을 목탁으로 삼고자 할 것입니다."

새 김

- 儀(의): 위衛나라 고을 이름.
- 封人(봉인): 封地 경계를 관장하는 관리.
- 請見(청현): 뵙기를 청하다.
- 未嘗(미상): 일찍이 ~ 한 일이 없다.
- 從者(종자): 시종하는 사람.
- 見之(현지): 뵙게 해주다. '현지'로 읽는다.
- 二三子(이삼자): 여러분.

- 喪(상): 여기서는 '망명하여 떠돌다'로 새겼다.
- 木鐸(목탁): 옛날에는 정교政敎를 베풀 때 이것을 쳐서 사람을 모았다고 한다. 여기서는 세상을 이끄는 사람으로 새기는 것이 적당하다.

꿇아 봄

지금 「논어」를 읽는 사람들 중에 '미자' 4장을 역사적 사실로 받아들여 공자가 떠났다고 받아 드리는 사람은 별로 없을 것이다. 그렇지만 공자 나이 56세, 정공 14년에 노나라를 도망치듯 떠나게 된 것이 삼환 때문인 것만은 확실하다고 생각할 수밖에 없다.

그러므로 편집자는 무도하기 짝이 없는 삼환들 때문에 망명하고, 여러 나라를 힘들게 떠돌고 있지만, 제하諸夏 어디서나 공자의 성인됨이 이렇게 자자했다고 「논어」를 읽을 사람들에게 말하고 싶었을 것이다. 그러나 이 장도 공자 성인화 작업을 위한 도구로 동원되었다는 느낌을 떨쳐 버릴 수가 없다.

3-25.

子謂韶: "盡美矣! 又盡善也!" 謂武: "盡美矣! 未盡善也!"
자위소 진미의 우진선야 위무 진미의 미진선야

3-25. 공자 소악을 일컬어: "지극히 아름답고 또한 지극히 선하다." 무악을 일컬어: "지극히 아름다우나 지극히 선하지는 못하다."

새 김

- 謂(위): 평가하여 일컫다.
- 韶(소): 순임금을 상징하는 악곡 이름이라 한다.
- 武(무): 주 왕조를 창업한 무왕을 상징하는 악곡 이름이라 한다.

꿰뚫어 봄

선양을 받아 선정을 베풀고, 다시 선양한 순임금을 상징하는 음악인 소악은 완벽하게 아름답고 또한 완벽하게 선하지만, 폭군 주왕을 무력으로 몰아내고 조국肇國한 주 무왕을 상징하는 음악인 무악은 완벽하게 아름답지만 완벽하게 선하지는 못하다는 평을 받는데, 삼환을 상징하는 음악이 있다면 과연 어떤 평을 받겠느냐고 묻는 것이리라.

3-26.

子曰: "居上不寬, 爲禮不敬, 臨喪不哀, 吾何以觀之哉?"
자 왈   거 상 불 관   위 례 불 경   임 상 불 애   오 하 이 관 지 재

3-26. 공자 가라사대: "윗자리에 있으면서 너그럽지 않으며, 의례를 집행함에 경건하지 않으며, 다른 사람의 죽음에 임하여 진심으로 애도하지 않는다면 내가 무엇을 가지고 그를 본받겠는가?"

새 김

· 居上(거상): 윗자리에 있다.
· 寬(관): 관대하다, 너그럽다.
· 臨喪(임상): 상례에 임하여, 다른 사람의 죽음에 당하여.
· 觀之(관지): 그를 본받는다.

꿰뚫어 봄

공자는 일반적인 상황을 지적한 것이겠지만,「논어」편집자는 이 장의 표본이 삼환과 같은 사람들이라고 지적하는 것이리라.

里仁 第四篇
(이인 제사편)

 # 里仁 第四篇
(이인 제사편)

　이편은 전체가 26장으로 이루어졌다. 그 구성을 살펴보면 1-7장은 인仁을, 8-9장은 도道를, 그리고 10장부터는 효와 군자의 덕성을 주제로 다양하게 이루어졌으며 26장은 자유의 말이기는 하지만 결국 「안연」편 23장의 공자왈과 상통하는 내용이다.

4-1.

子曰: "里仁爲美. 擇不處仁, 焉得知?"
자왈   이인위미 택불처인 언득지

4-1. 공자 가라사대: "인하게 사는 것은 아름답다. 인하게 사는 것을 선택하지 않는다면, 어찌 지혜롭다고 하겠는가?"

새김

· 里(이): 살아가다, 처신하다, 행동하다.
· 處(처): 처신하다.
· 焉(언): 어찌.

4-2.

子曰: "不仁者不可以久處約, 不可以長處樂. 仁者安
자왈   불인자불가이구처약 불가이장처락   인자안

仁, 知者利仁."
인   지자리인

4-2. 공자 가라사대: "인하지 못한 사람은 가난한 환경을 오래 견디지 못하고, 안락한 환경도 오래 누리지 못한다. 인자는 인을 편안하게 여기고, 지자는 인을 이롭게 여긴다."

새김

· 不可以久處約(불가구처약): 어질지 못한 사람이 곤궁한 환경에 오래 처해 있으면 곤궁함을 벗어나기 위하여 공동체 구성원의 행동규범과 도리를 일탈한다.

· 不可以長處樂(불가이장처락): 어질지 못한 사람이 안락한 환경에 오래 처해 있으면 방탕해진다.
· 仁者安仁(인자안인): 인한 행동을 편안하게 여긴다. 그러므로 不憂다.
· 知者利仁(지자이인): 인한 행동을 이롭게 여긴다. 그러므로 不惑이다.

4-3.

子曰: "惟仁者能好人, 能惡人."
자왈   유인자능호인 능오인

4-3. 공자 가라사대: "오직 인한 사람만이(선한 행위는 물론) 선한 행위자까지 진심으로 사랑할 수 있고, (악행을 저지른 사람을 절대 미워하지 않고) 다만 그가 저지른 악행만을 미워할 수 있느니라."

수천 년 동안 제대로 맥을 짚지 못해 오랫동안 헤맸던 것 같다. 이 장을 해석하는 데 가장 중요한 것은 '人'을 일의적으로 '사람'이라고만 보아서는 아니 된다. 이중적으로 '사람'과 '사람의 행위'로 보아야 한다. '能好人'에서 '人'은 사람과 사람의 행위로, '能惡人'에서 '人'은 사람의 행위로만 해석해야 자연스럽게 통한다. 공자 말씀은 결국 인자만이 죄는 미워하되 죄인은 미워하지 않으며, 선행과 함께 선행자를 진심으로 좋아한다는 뜻이다.

4-4.

子曰: "苟志於仁矣, 無惡也."
자왈   구지어인의   무오야

4-4. 공자 가라사대: "진실로 인함에 뜻이 있다면, 다른 사람들을 미워할 일이 없다."

새 김
· 苟(구): 진실로.
· 惡(오): 미워하다. 여기 '오惡'의 주어는 나지만, 다른 사람들일 수도 있다.

4-5.

子曰: "富與貴, 是人之所欲也, 不以其道得之, 不處也.
자왈 부여귀 시인지소욕야 불이기도득지 불처야

貧與賤, 是人之所惡也, 不以其道得之, 不去也. 君子
빈여천 시인지소오야 불이기도득지 불거야 군자

去仁, 惡乎成名? 君子無終食之間違仁, 造次必於是,
거인 오호성명 군자무종식지간위인 조차필어시

顚沛必於是."
전패필어시

4-5. 공자 가라사대: "부귀는 누구나 바라는 것이지만 바른 방법으로 얻은 것이 아니면 누리지 말고, 빈천은 누구나 싫어하는 것이지만 바르지 못한 행위로 초래된 것이라면 도망가지 말고 받아들여라. 군자가 인함을 버리면 어찌 명예로운 일을 이룰 수 있겠는가? 군자는 한 끼니를 마칠 동안에도 인을 벗어나지 말아야 한다. 그리고 모든 것이 뒤죽박죽 되었을 때도 반드시 그것에 의지해야 하며, 넘어져서도 그것에 의지해야 한다."

새김

· 不處(부처): 누리지 않다.

· 不去(불거): 도망가지 않고 감수하다.

· 惡乎(오호): 어찌.

· 成名(성명): 명예로운 이름을 이룩하다.

· 終食(종식): 한 끼 밥 먹는 동안.

· 造次(조차): 차례가 뒤죽박죽되다.

· 顚沛(전패): 넘어지다.

· 於是(어시): 그것에 의지하다.

4-6.

子曰: "我未見好仁者·惡不仁者. 好仁者, 無以尙之; 惡
자왈   아미견호인자오불인자 호인자 무이상지 오

不仁者, 其爲仁矣, 不使不仁者加乎其身. 有能一日用其
불인자 기위인의   불사불인자가호기신 유능일일용기

力於仁矣乎? 我未見力不足者. 蓋有之矣, 我未之見也."
력어인의호 아미견력부족자 개유지의 아미지견야

4-6. 공자 가라사대: "나는 아직 정말로 인을 좋아하는 사람과 정말로 불인을 미워하는 사람을 보지 못했다. 정말로 인을 좋아한다면 더 보탤 수가 없다. 정말로 불인을 미워하는 사람은 바로 그것이 인을 실천하는 것이다. 불인한 것이 내 몸에 절대로 다가오지 못하게 하기 때문이다.

단 하루라도 인을 실천하기 위하여 자기의 모든 힘을 써 본 사람이 있을까? 나는 아직 인을 실천하는 데 힘이 부족한 사람은 본 석이 없다. 아마 힘이 부족한 사람도 있을 수는 있겠지. 그러나 나는 아직 본 적이 없다."

새 김

- 無以尙之(무이상지): 보탤 수가 없다.
- 其爲仁也(기위인야): 그것이 바로 인을 실천하는 것이다.
- 加乎其身(가호기신): 그 몸에 가하여지다.
- 蓋(개): 아마도.

4-7.

子曰: "人之過也, 各於其黨. 觀過, 斯知仁矣."
자 왈   인 지 과 야   각 어 기 당   관 과   사 지 인 의

4-7. 공자 가라사대: "사람의 허물이란 그 부류에 따라 각각이다. 사람의 허물을 살펴보면 그 사람이 인한지 여부를 알 수 있다."

새 김

- 各於其黨(각어기당): 각기 그가 속한 부류에 따른다. 여기서 '於'는 '따르다'의 뜻으로 새겼다.
- 觀過斯知仁也(관과사지인야): '觀過'는 '그가 저지른 허물을 살펴보면'이라는 조건절이다. '斯'는 '곧'이라는 뜻의 접속사로 보았고, '知仁也'는 '仁한지 여부를 알 수 있다.'는 뜻으로 새겼다.

4-8.

子曰: "朝聞道, 夕死可矣."
자 왈   조 문 도   석 사 가 의

4-8. 공자 가라사대: "세상 사람들이 사람의 도리를 잘 지킨다는 소리

를 아침에 듣는다면 저녁에 죽더라도 좋겠다."

> **새 김**

· 朝聞道(조문도): '아침에 도를 깨닫는다.'로 새길 수는 없다. 여기서 도란 자연 상태를 벗어난 인간이 공동체 사회를 구성하고 사회생활을 영위하기 위하여 반드시 지켜야 할 행동규범과 윤리, 도덕 즉 일반적인 도리와 특정 지위에 있는 사람들이 지켜야 할지도 계층의 도리를 함께 말하는 것이다.

4-9.

子曰: "士志於道, 而恥惡衣惡食者, 未足與議也."
자왈   사 지 어 도   이 치 악 의 악 식 자   미 족 여 의 야

4-9. 공자 가라사대: "선비가 군자의 도리에 뜻을 두고서도, 나쁜 옷과 나쁜 음식을 부끄러워한다면 더불어 논의하기에는 부족한 상대다."

> **새 김**

· 士(사): 「논어」에서 공자가 말하는 士는 지배계층으로 필요한 지식과 소양을 충분히 갖추고, 가치개념인 군자를 지향하는 사람들을 士라고 불렀다. 맹자 이후에는 실제로 대부 아래 계급을 지칭하는 신분의 이름으로 고정되었다.

4-10.

子曰: "君子之於天下也, 無適也, 無莫也, 義之與比."
자왈   군 자 지 어 천 하 야   무 적 야   무 막 야   의 지 어 비

4-10. 공자 가라사대: "군자는 세상일을 대함에, 어떤 것만을 옳다고

고집하지도 않고, 또한 어떤 것들은 옳지 않다고 고집하지도 않는다. 함께 비교하여 오직 의로운 것을 따를 뿐이다."

새김

· 適(적): 옳다.
· 莫(막): 옳지 않다.
· 義(의): ① 절대 군주 국가에서는 군주에 대한 태도를 기준으로 판단하는 충의와 같은 뜻.
② 타인의 법익을 함부로 해치지 않는 소극적인 의로서 불의를 저지르지 않는 것.
③ 타인의 법익을 함부로 해치는 불의에 대하여 자기의 생명, 신체, 재산 그리고 기타 법익에 초래될 수 있는 각종 위해를 감수하면서도 타인의 법익을 적극적으로 보호하는 것.
④ 각종 재해에서 각종 위험을 감수하면서도 타인의 생명, 신체, 재산 등을 적극적으로 구조, 구호하는 것.
· 與比(여비): 더불어 비교하여.

子曰: "君子懷德, 小人懷土; 君子懷刑, 小人懷惠."
자왈   군자회덕 소인회토 군자회형 소인회혜

4-11. 공자 가라사대: "군주가 덕으로 다스리면 백성은 땅을 가꾸며 오래 살 생각을 하게 된다. 군주가 처벌로만 다스리면 백성은 덕정으로 혜택받는 나라 생각만 하게 된다."

4-12.

子曰: "放於利而行, 多怨."
_{자 왈 　 방 어 이 이 행　 다 원}

4-12. 공자 가라사대: "利를 취하는데 거리낌, 원망을 많이 듣는다."

새 김

· 放(방): 거리낌 없다.

4-13.

子曰: "能以禮讓爲國乎? 何有? 不能以 禮讓爲國, 如禮何?"
_{자 왈　 능 이 예 양 위 국 호　 하 유　 불 능 이 예 양 위 국　 여 례 하}

4-13. 공자 가라사대: "예와 양으로 나라를 잘 다스릴 수 있다고? 당연한 말인데 무슨 문제가 있겠느냐? 예와 양으로 나라를 잘 다스리지 못한다면 예 같은 것을 무엇에 쓰겠느냐?"

새 김

· 禮讓(예양): 예의와 겸양.

· 爲國(위국): 나라를 다스리다.

· 何有(하유): 무슨 문제가 있겠느냐? 무엇이 더 필요하겠느냐?

· 如禮何(여례하): 예를 무엇에 쓰겠느냐?

4-14.

子曰: "不患無位, 患所以立; 不患莫己知, 求爲可知也."
자왈　불환무위　환소이립　불환막기지　구위가지야

4-14. 공자 가라사대: "지위가 없음을 걱정하지 말고, 그러한 지위에 설 수 있는 자격(원인과 조건)에 대하여 걱정하라. 다른 사람이 나를 알아주지 않는 것을 걱정하지 말고, 다른 사람이 나를 알아줄 수 있도록 힘써라."

새김

· 所以(소이): 까닭, 일을 생기게 하는 원인이나 조건.
· 求爲可知(구위가지): 남이 나를 알아줄 수 있도록 노력하다.

4-15.

子曰: "參乎! 吾道一以貫之." 曾子曰: "唯!" 子出, 門人問
자왈　삼호　오도일이관지　증자왈　유　자출　문인문

曰: "何謂也?" 曾子曰: "夫子之道, 忠恕而已矣."
왈　하위야　증자왈　부자지도　충서이이의

4-15. 공자 가라사대: "삼아! 내 도는 하나로 모든 것을 꿰는 것이다." 증자 대답하기를: "네, 알았습니다." 공자가 밖으로 나가자, 문인들이 묻기를: "무엇을 이르는 것입니까?" 증자 대답하기를: "선생님의 도는 충실한 서일 뿐이다."

새김

· 參(삼): 공자 제자인 증삼.

·吾道一以貫之(오도일이관지): 나의 행동원칙은 하나를 가지고 세상 모든 일에 잣대로 삼아 옳고 그름을 판단한다.

·唯(유): 공손하고 긍정적인 대답.

·門人問曰(문인문왈): 공자가 밖으로 나간 후에 증삼에게 "吾道一以貫之."의 뜻을 묻는 사람들이 누구의 門人들인지에 대한 의견이 분분하다. 대부분의 주석은 증삼의 제자들로 새기지만 너무 억지스럽다. 「중니제자열전」에 따르면 증삼은 공자보다 46살이 적은 것으로 기록되어 있다. 공자 서거 시에 27살에 불과하므로 증삼의 제자들 앞에서 벌어진 상황이라기엔 제대로 상상이 안 되는 그림이다. 그렇다고 공문에서 있었던 광경이라기엔 더욱이 어불성설이다. 공자가 노나라에 돌아온 이후 공자 문하에는 학문에 일가를 이룬 띠글띠글한 제자들이 즐비한 마당에 그들 앞에서 공자가 아둔하다고 평한 공문의 막내둥이 증삼을 특정해서 불러 놓고 그를 상대로 사상의 핵심을 전수하듯 논구할 수 있었겠는가? 픽션치고는 너무 아둔하고 어설픈 상황설정이다.

·忠恕(충서): 「논어」이인편 15장에서 보다 「중용」 13장 3절에 먼저 쓰인 것으로 생각한다. 「중용」 13장 3절 전체의 내용으로 봐서 忠恕는 忠과 恕라는 두 가지 개념을 말하는 것이 아니고 忠은 恕를 꾸미는 말로서 결국 忠恕는 '충실한 恕'라고 새겨야 할 것이며, 「중용」의 이 구절을 증자학파에서 「논어」이인편 15장을 창작해서 삽입할 때 쓴 것으로 보아야 할 것이다.

한과 송대를 지나면서 증자학파에서는 충과 서를 마치 공자 사상의 중추인 것처럼 침소봉대하여 확대 해석하였다. 그러나 공자 사상의 핵심은 누가 무어라 해도 인仁이라고 해야 할 것이다. 그리고 恕는 인을 이룰 수 있는 중요한 실천 방안으로서 '기소불욕, 물시어인'으로 구체화 시킬 수 있다. 「위령공」 23장에서 공자가 자공에게 종신토록 실천할 만한 덕목으로 일러준 恕에 증자학파에서 합성 시켜 만든 충과 서의 조합이 유가 사상의 중심테마로 자리 잡았지만, 이것은 결국 공자 사상을 왜곡시킨 것이다.

4-16.

子曰: "君子喩於義, 小人喩於利."
자왈 군자유어의 소인유어이

4-16. 공자 가라사대: "군자는 의를 추구하고자 하고, 소인은 이를 추구하고자 한다."

새김

· 喩(유): 좋아하다. 추구하고자 한다.
· 義, 利(의, 이): 利를 추구하려는 것은 본능적인 욕구지만, 義를 추구하려는 것은 인위적인 욕구다. 義란 4-10에서 설명하였듯이 소극적으로 사회의 기본적인 행동규범을 지키는 것이다. 그러므로 소인은 사회적 규범을 벗어나더라도 본능적 욕구인 利를 추구하려고 하지만, 군자는 利의 추구보다는 사회적인 행동규범 준수를 중요시한다.

4-17.

子曰: "見賢思齊焉, 見不賢而內自省也."
자왈 견현사제언 견불현이내자성야

4-17. 공자 가라사대: "어진 사람을 보면 그와 같은 사람이 되고자 마음먹고, 어질지 못한 사람을 보면 나에게도 그와 같은 점이 없는지 속으로 자기를 살펴봐라!"

새김

· 思齊(사제): 같아지도록 마음먹다.
· 內自省(내자성): 마음속으로 자신을 살펴보다.

4-18.
子曰:"事父母, 幾諫, 見志不從, 又敬不違, 勞而不怨."
자왈 사부모 기간 견지부종 우경불위 노이불원

4-18. 공자 가라사대: "부모님을 모시면서(부모님의 범죄행위에 대하여) 몇 번 간언을 드렸는데도, 간하는 말씀을 따르지 않으려는 부모님의 뜻을 알았으면, 다시 더 공경하며 부모님이 사회규범을 어기는 일이 없도록 다시 간언 드려야 한다. 이러한 일들이 힘들더라도 부모님을 원망하지는 말아야 한다."

새김

· 幾諫(기간): 몇 번 간언하다.
· 見志不從(견지부종): 따르지 않으려는 뜻을 알다.
· 又敬不違(우경불위): 더욱 공경하며 부모님이 사회적 규범을 어기는 일이 없도록 다시 간언 드린다.
· 勞而不怨(노이불원): 이런 일들이 힘들더라도 부모님을 원망하지 마라.

꼽아 봄

「예기」 내칙편에 있는 다음과 같은 글을 「논어」 본 장과 관련하여 해석하면 다음과 같이 연결 지어볼 수 있다.

父母有過, 下氣怡色, 柔聲以諫. 諫若不入, 起敬起孝, 說則復諫, 不說 興其得罪於鄕黨州閭 寧孰諫. 父母怒不說, 而撻之流血, 不敢疾怨, 起敬起孝.

"부모유과, 하기이색, 유성이간"을 "사부모기간"으로 볼 수 있고, "간약불입"을 "견지부종"으로 볼 수 있으며, "기경기효, 열즉복간, 불열여기득죄어향당주여영숙간"을 "우경불위"와 관련된 내용으로 볼 수 있고, "부모노불열, 이달지유혈,

불감질원, 기경기효"를 "노이불원"과 관련된 내용으로 볼 수 있다.

4-19.
子曰: "父母在, 不遠遊, 遊必有方."
자 왈 부 모 재 불 원 유 유 필 유 방

4-19. 공자 가라사대: "부모님 살아 계실 때는 먼 데로 나다니지 말아야 한다. 부득이 나다니더라도 부모님이 아시는 일정한 향방이 있어야 한다."

새 김

· 遊(유): 나다니다.
· 有方(유방): 부모님이 아시는 일정한 향방이 있다.

4-20.
子曰: "三年無改於父之道, 可謂孝矣."
자 왈 삼 년 무 개 어 부 지 도 가 위 효 의

4-20. 공자 가라사대: "아버지 돌아가신 후 삼 년 동안 아버지의 도를 고치지 않아야 가히 효성스럽다고 할 것이다."

새 김

· 父之道(부지도): 아버지의 행동방식과 일 처리 방식.
※1-11에 이미 기출. 본 장을 윤색하여 「학이」편에 실었을 것이다.

4-21.
子曰: "父母之年, 不可不知也. 一則以喜, 一則以懼."
_{자 왈   부 모 지 년   불 가 부 지 야   일 즉 이 희   일 즉 이 구}

4-21. 공자 가라사대: "부모님의 나이를 모르면 안 된다. 한 편으로는 기쁜 생각이 들지만, 한 편으로는 두려운 생각이 든다."

새 김

- 知(지): 부모님 나이를 알다.
- 以(이): 동사로써 생각하다, 생각이 들다.
- 喜(희): 지금까지 살아 계신 것에 대한 기쁜 마음.
- 懼(구): 여생이 얼마 남지 않은 것에 대한 두려운 마음.

4-22.
子曰: "古者言之不出, 恥躬之不逮也."
_{자 왈   고 자 언 지 불 출   치 궁 지 불 태 야}

4-22. 공자 가라사대: "옛사람들이 말을 함부로 꺼내지 않은 것은 몸소 실천함이 말한 것에 미치지 못할 것을 부끄럽게 여기기 때문이다."

새 김

- 不出(불출): 함부로 입 밖에 내지 않는다.
- 躬(궁): 實踐躬行, 몸소 실천함.
- 逮(체): 미칠 태, 쫓을 체.

4-23.

子曰:"以約失之者鮮矣."
자 왈   이 약 실 지 자 선 의

4-23. 공자 가라사대: "검약해서 잃는 것은 드물다."

새 김

· 約(약): 절약, 검약, 단속.

4-24.

子曰:"君子欲訥於言而敏於行."
자 왈   군 자 욕 눌 어 언 이 민 어 행

4-24. 공자 가라사대: "군자는 말은 더디게, 행동은 민첩하게 하려고 해야 한다."

새 김

· 欲(욕): 하려고 한다, 바란다.
· 訥(눌): 말을 더디게 하다.

4-25.

子曰:"德不孤, 必有隣."
자 왈   덕 불 고   필 유 린

4-25. 공자 가라사대: "덕을 베풀면 외롭지 않다. 반드시 이웃이 있을 것이다."

4-26.

子游曰: "事君數, 斯辱矣; 朋友數, 斯疏矣."
_{자 유 왈   사 군 삭   사 욕 의   붕 우 수   사 소 의}

4-26. 자유 가로되: "군주를 섬기면서 같은 의견을 되풀이해서 주장하면 욕을 당하고, 친구 간에 잘못을 책망하고 나무라기만 하면 사이가 멀어진다."

새 김

- 子游(자유): 공자 제자, 성은 언言, 이름은 언偃, 자는 자유.
- 數(삭): 여러 번 되풀이 해서 말할 삭, 책망할 수.
- 斯(사): 즉, 곧.
- 疏(소): 멀어지다, 소원해지다.

꿰아 봄

일반적으로 數를 삭이라고 읽고 빈번히 라는 부사적 용법으로 사용하지만 나는 동사적 용법으로 사용하였다.

公冶長 第五篇
(공야장 제오편)

公冶長 第五篇
(공야장 제오편)

　　공야장이란 제5편에 처음으로 나오는 사람 이름이다. 이편은 주로 여러 사람에 대한 인물평이다. 1장은 공자 사위인 공야장과 조카사위인 남용에 대한 인물평이며, 2-13장은 주변 인물에 대한 인물평 14-23장은 역사적 인물에 대한 인물평이며 24-27장은 주로 자기 자신을 평한 것이라고 볼 수 있다.

5-1.

子謂公冶長: "可妻也. 雖在縲絏之中, 非其罪也." 以其子
자위공야장　　가처야　수재누설지중　비기죄야　　이기자

妻之. 子謂南容: "邦有道, 不廢, 邦無道免於刑戮." 以其
처지　자위남용　방유도　불폐　방무도면어형육　　이기

兄之子妻之.
형지자처지

5-1. 공자 공야장을 평하여 이르기를: "사위 삼을 만하다. 비록 오랏줄에 묶여 감옥에 있지만, 자신의 죄는 아니었으니까." 하며, 자기의 딸을 그에게 시집보냈다. 또한 공자 남용을 평하여 이르기를: "나라에 도가 있으면 버려지지는 않을 것이고, 나라에 도가 없더라도 형벌은 면할 사람이다." 하며, 형의 딸을 그에게 시집 보냈다.

새 김

· 公冶長(공야장): 성은 公冶, 이름은 長 또는 지芝, 자가 자장子長이다. 「사기, 중니 제자 열전」에 공자 제자 가운데 한 사람이라고 하지만 그 외에는 별다른 정보가 없다.

· 可妻(가처): 시집 보낼 만한 사람이다. 사위로 삼을 만하다.

· 縲絏(누설): 검은 오랏줄로 묶이다. 감옥에 갇히다. 옛날 음은 '류설' 이다.

· 其子(기자): 그의 딸, 공자 딸.

· 南容(남용): 공자 제자, 성은 南宮, 이름은 괄适 또는 도縚, 자는 子容, 노나라 사람, 남용은 남궁자용을 줄여서 간략히 부르는 것.

· 廢(폐): 버림받다. 쫓겨나다.

· 刑戮(형육): 형벌.

5-2.

子謂子賤: "君子哉若人! 魯無君子者, 斯焉取斯?"
자 위 자 천　군 자 재 약 인　로 무 군 자 자　사 언 취 사

5-2. 공자 자천을 평하여 이르기를: "군자로다! 이 같은 사람이야말로. 노나라에 군자가 없다면, 이 사람이 어떻게 이런 품성을 취했겠느냐?"

새 김

· 子賤(자천): 성은 복宓, 이름은 부제不齊, 자가 자천으로 노나라 선보單父를 잘 다스린 유명한 지방관.
· 若人(약인): 이런 사람, 그 같은 사람.
· 者(자): ~면, 가정을 나타내는 조사.
· 斯焉取斯(사언취사): 앞의 斯는 자천을 가리키는 지시대명사, 뒷斯는 군자의 품성을 나타내는 지시 대명사. 焉은 어찌, 어떻게, 어디서.

5-3.

子貢問曰: "賜也何如?" 子曰: "女器也." 曰: "何器也?" 曰:
자 공 문 왈　사 야 하 여　자 왈　여 기 야　왈　하 기 야　왈

"瑚璉也."
호 련 야

5-3. 자공이 여쭈어 말하기를: "賜는 무엇과 같은 사람인가요?" 공자 왈: "너는 그릇이다." 자공이 다시 묻기를: "어떠한 그릇입니까?" 공자 왈: "호련이다."

> 새 김

· 賜(사): 자공의 이름.
· 女(여): 汝와 통함.
· 瑚璉(호련): 옥으로 장식한 그릇으로 서직黍稷(메기장과 찰기장)을 담아 종묘 제례에 쓰는 제기祭器.

> 꼽아 봄

지금까지 본 장에 대한 일반적인 해석은, 자공이 군자는 못되고 하나의 용도로밖에 쓸 수 없는 그릇에 불과하지만, 그래도 그릇 가운데서는 옥으로 장식한 귀중한 보물이므로 공자가 자공을 어느 정도 인정한 것이라고 새겨왔다.

그러나 호련이 옥으로 장식하였거나 혹은 옥으로 만들었기 때문에 귀한 것이 아니다. 그보다는 아무리 한 나라의 군주라도 호련의 용도를 마음대로 정할 수 없다는 데 그것의 귀중함이 있는 것이다. 즉 누구라도 호련의 사용 여부를 마음대로 결정할 수 없는 것이다. 그러니까 공자가 그릇이라고 했을 뿐 누구의 선택도 필요로 하지 않고, 누구도 사용 여부를 결정할 수 없는 그 자체로서 무한한 가치와 능력을 갖추고 있다는 최상의 인물평으로 보아야 할 것이다. 2-12와 연결해 보면 흥미롭다.

5-4.

或曰: "雍也仁而不佞." 子曰: "焉用佞? 禦人以口給, 屢
혹왈 옹야인이불녕 자왈 언용녕   어인이구급 누

憎於人. 不知其仁, 焉用佞?"
증어인 부지기인 언용녕

5-4. 누군가 말하기를: "염옹은 인하기는 하지만 말재주가 없습니다." 공자 가라사대: "말재주는 어디다 쓰게? 좋은 구변으로 남의 말이나 막

아 곧잘 남의 미움이나 사게. 염옹이 인한지는 모르겠지만 말 재주는 어디다 쓰겠느냐?"

> 새 김

· 雍(옹): 공자 제자, 성은 염冉, 이름은 雍, 자는 중궁仲弓. 노나라 사람.
· 佞(영): 말 재주.
· 焉用(언용): 어디다 쓰겠느냐?
· 禦(어): 남의 말을 막다. 응대하다.
· 口給(구급): 구변, 응대를 빠르게 잘 하는 것.
· 屢(누): 자주, 흔하게.

5-5.
子使漆雕開仕, 對曰: "吾斯之未能信." 子說.
자 사 칠 조 개 사   대 왈   오 사 지 미 능 신   자 열

5-5. 공자 칠조개에게 벼슬을 권하였다. 칠조개 대답하기를: "저는 아직 벼슬자리는 감당할 자신이 없습니다." 공자가 기뻐했다.

> 새 김

· 漆雕開(칠조개): 공자 제자, 漆雕가 성이고 본명은 啓, 후에 한나라 경제의 실명이 계였으므로 開로 기술하였다.
· 吾斯之未能信(오사지미능신): 斯는 仕를 가리킨다. 未能信은 잘할 자신이 없다. 일반적으로 자기의 능력과 학문이 미숙하여 자신이 없다고 하는 겸손의 말로 해석하지만 「한비자」 현학顯學편에 보면, 유가의 8대 학파 가운데 염렴과 직直을 대표하는 학파로서 칠조개 학파를 거론하는 것으로 보아, 자신이 없

다는 것은 계곡물처럼 맑고 깨끗하게 벼슬살이를 할 자신이 없었다는 뜻으로 보아야 할 것이다.
· 說(열): 悅과 통함, 기뻐하다.

> 꿇어 봄

후에 廉直을 대표하는 학파의 종주가 된 칠조개로서는 망설임 없이 스승에게 "吾斯之未能信" 자기 뜻을 확실히 밝히고, 끝내 관철할 수 있었지만, 진흙탕 같은 난세에 평생 벼슬자리를 찾아 헤맸던 공자로서 무엇을 기뻐했을까?

5-6.

子曰: "道不行, 乘桴浮於海, 從我者其由與!" 子路聞
자 왈　　도불행　승부부어해　종아자기유여　　자로문

之喜. 子曰: "由也好勇過我, 無所取材."
지 희 자왈　유야호용과아 무소취재

5-6. 공자 가라사대: "세상에 도가 제대로 행해지지 않으니 뗏목을 타고 바다에 떠 있고 싶구나. 아마도 이럴 때 나를 따를 사람은 유(자로)뿐이겠지?" 자로가 이 말을 듣고 기뻐했다. 공자 가로되: "유는 용기가 나보다는 훨씬 뛰어나지만, 뗏목을 만들 재료를 구하지는 못할 거야."

> 새 김

·道(도): 사람의 올바른 도리, 仁.
·桴(부): 뗏목.
·浮(부): 물에 뜨다.
·無所取材(무소취재): 뗏목을 만들 재료를 구하지 못하다.

5-7.

孟武伯問: "子路仁乎?" 子曰: "不知也." 又問, 子曰: "由也, 千乘之國, 可使治其賦也, 不知其仁也." "求也何如?" 子曰: "求也, 千室之邑, 百乘之家, 可使爲之宰也, 不知其仁也." "赤也何如?" 子曰: "赤也, 束帶立於朝, 可使與賓客言也, 不知其仁也."

5-7. 맹무백이 묻기를: "자로는 인합니까?" 공자 왈: "잘 모르겠습니다." 거듭 묻자. 공자 왈: "유는 천승의 나라 군사를 맡겨 다스리게 할 만하지만, 그가 인한지는 잘 모르겠습니다." "염구는 어떻습니까?" 공자 왈: "구는 천가호의 읍이나 백승의 대부가에서 읍재를 맡길 만하지만, 인한지는 잘 모르겠습니다." "적(공서화)은 어떻습니까?" 공자 왈: "적은 예복에 띠를 두르고 조정에 서서 손님 맞는 일을 맡길 만하지만, 인한지는 잘 모르겠습니다."

새 김

· 孟武伯(맹무백): 삼환의 일족으로 맹희자孟僖子(중손확 仲孫貜)의 손자며, 맹의자孟懿子(중손하기 仲孫何忌)의 아들이다. 武는 시호, 伯은 항렬이고, 이름은 체彘다.

· 千乘之國(천승지국): 제후의 나라. 전차 천 대를 보유한 나라.

· 賦(부): 군사軍事, 군정. 「좌전」은공 4년 봄(선) 참조

· 千室之邑(천실지읍): 대부의 채읍.

- 百乘之家(백승지가): 경대부가 다스리는 지역, 전차 백 대를 보유한 家.
- 宰(재): 邑宰.
- 赤(적): 공자 제자, 성은 公西, 이름은 赤, 자는 子宰「논어」옹야 4, 선진 21과 25에도 나온다.
- 束帶(속대): 예복에 큰 띠를 두른 것으로 예복을 갖추어 입는 것을 말한다.
- 賓客(빈객): 여기서는 국빈을 말한다.

5-8.

子謂子貢曰: "女與回也孰愈?" 對曰: "賜也何敢望回? 回
자 위 자 공 왈   여 여 회 야 숙 유   대 왈   사 야 하 감 망 회   회

也聞一以知十, 賜也聞一以知二." 子曰: "弗如也. 吾與女
야 문 일 이 지 십   사 야 문 일 이 지 이   자 왈   불 여 야   오 여 여

弗如也."
불 여 야

5-8. 공자 자공에게 말하기를: "너와 회는 누가 더 나은 것 같으냐?" 자공 대답하기를: "제가 어찌 감히 안회를 넘겨다 볼 수 있겠습니까? 회는 하나를 들으면 열을 알고, 저는 하나를 들으면 둘을 알 뿐인데요." 공자 왈: "그래 못하지, 나도 네가 안회만 못하다고 생각한다."

새김

- 孰愈(숙유): 누가 더 우수한가?
- 望(망): 넘보다, 넘겨보다.
- 弗如(불여): 같지 않다. 그만 못하다.
- 與(여): 편들다, 인정하다.

5-9.

宰予晝寢, 子曰:"朽木不可雕也, 糞土之牆不可杇也. 於
재여주침 자왈   후목불가조야 분토지장불가오야 어

予與何誅?"子曰:"始吾於人也, 聽其言而信其行; 今吾
여여하주   자왈   시오어인야   청기언이신기행   금오

於人也, 聽其言而觀其行. 於予與改是."
어인야 청기언이관기행   어여여개시

5-9. 재여가 낮잠을 자자, 공자 가로되: "썩은 나무로는 조각할 수 없으며, 거름흙으로 쌓은 담은 흙손질을 할 수가 없다. 재여 같은 사람들에게 꾸짖은들 무슨 소용이 있겠느냐?" 공자 가로되: "처음에 내가 사람 대할 때는 어떤 사람의 말을 들으면 그 사람의 행동을 믿었는데, 이제는 내가 사람을 대할 때 어떤 사람의 말을 듣고도 그 사람의 행동을 살펴보게 되었다. 재여 같은 사람들에게는 이같이 바뀌었다."

새김

· 宰子(재여): 공자 제자, 성은 宰, 이름은 予, 자는 子我. 공자 제자 가운데 사과십철의 한 사람으로 자공과 함께 언어로 꼽히는 인물이다. 「공자 세가」에 실린 내용으로 초소왕(楚昭王)이 서사書社 7백리로서 공자를 대부로 봉하고자 했을 때 영윤令尹 子西가 적극 반대하며 소왕에게 간한 내용 가운데 자공, 안회, 자로와 함께 재아도 공자를 보필하는 훌륭한 제자로 손꼽았다. (王之官尹有如宰子者乎?)

· 杇(오): 흙손질 하다.

· 於予與何誅(어여여하주): 여기서 '與'를 여러 가지로 새기지만, 모두 적당치 않고, 무리(衆)로 새겨야 두 군데 '於予與'의 해석이 자연스럽다.

· 改是(개시): 이렇게 바뀌었다.

5-10.

子曰: "吾未見剛者." 或對曰: "申棖." 子曰: "棖也慾, 焉得剛?"
자왈   오미견강자   혹대왈   신정   자왈   정야욕 언득강

5-10. 공자 가로되: "나는 아직 강직한 사람을 보지 못했다." 어떤 사람이 대꾸하기를: "신정이 있지 않습니까?" 공자 왈: "신정은 탐욕스러운 사람이니 어찌 강직하다고 하겠느냐?"

- 剛(강): 강직하다, 지조가 굳다.
- 申棖(신정): 공자의 제자로 추정하지만 확실치 않다.
- 焉得剛?(언득강): 어찌 강직하다 할 수 있겠느냐?

5-11.

子貢曰: "我不欲人之加諸我也, 吾亦欲無加諸人." 子曰: "賜也, 非爾所及也."
자공왈   아불욕인지가제아야   오역욕무가제인   자왈   사야 비이소급야

5-11. 자공 가로되: "저는 남이 저에게 간여하는 것을 원치 않습니다. 그래서 저 역시 남에게 간여하지 않고자 합니다." 공자 왈: "사야! 네가 미칠 수 있는 바가 아니다."

새 김

· 加(가): 간여하다.

· 諸我(제아): 之於我, 나에게.

· 所及(소급): 미칠 수 있는 바.

5-12.

子貢曰: "夫子之文章, 可得而聞也; 夫子之言性與天道,
자공왈   부자지문장   가득이문야   부자지언성여천도

不可得而聞也."
불 가 득 이 문 야

5-12. 자공 가로되: "선생님께서 하시는 문물제도에 관한 말씀은 들어보았지만, 선생님께서 인간의 性과 天道에 대하여 말씀하시는 것은 들어본 적이 없다."

새 김

· 文章(문장): 문물제도.

· 可得而聞也(가득이문야): 들어보았다.

· 性(성): 성품, 본성. 性에 대한 언급은 「양화」 2의 '性相近也, 習相遠也.'가 있을 뿐이다.

· 天道(천도): 자연의 운행 원리, 주야 및 계절의 변화. 「양화」 19의 '天何言哉?'란 구절이 있을 뿐이다.

5-13.

子路有聞, 未之能行, 唯恐有聞.
자 로 유 문   미 지 능 행   유 공 유 문

5-13. 자로는 가르침을 듣고 그것을 미처 실행하지 못했으면, 또 다른 가르침을 들을까 두려워했다.

새 김

· 有聞(유문): 가르침을 듣다.
· 未之能行(미지능행): 가르침 들은 것을 미처 실행하지 못했다. '未能行之'의 도치구, '之'는 有聞을 가리킨다.

5-14.

子貢問曰: "孔文子何以謂之文也?" 子曰: "敏而好學, 不
자 공 문 왈   공 문 자 하 이 위 지 문 야   자 왈   민 이 호 학   불

恥下問, 是以謂之文也."
치 하 문   시 이 위 지 문 야

5-14. 자공이 여쭙기를: "공문자를 어찌하여 '문'이라고 일컫는가요?" 공자 가라사대: "영민하면서도 호학하며 아랫사람에게 묻는 것도 부끄러워하지 않았기 때문에 '문'이라는(시호로) 일컫게 되었다."

새 김

· 孔文子(공문자): 위나라의 대부, 성은 孔, 이름은 어圉, 시호가 文이다.
· 是以(시이): 이런 까닭으로.

> **꿇어 봄**

위 나라의 대부인 공문자는 위령공의 딸 백희伯姬의 남편 즉 위령공의 맏사위다. 그런데도 공문자는 자기의 정치적 권력을 공고히 하기 위하여 송나라 자조子朝의 딸과 결혼한 태숙大叔인 질疾을 강제로 이혼시키고, 자기 딸 공길孔姞을 시집보내 자기의 사위로 삼았다. 그러나 질疾이 전 부인의 여동생을 불러들여 이梨라는 곳에 별장을 짓고 그녀를 살게 하였다. 결국 두 여자를 거느리게 되자 화가 난 공문자가 군대를 동원하여 태숙 질을 치려고 했다. 그러나 사전에 공자에게 의견을 물어 공자가 만류하자 그 계획을 중단하였다. 그런데 태숙 질이 민심을 크게 잃어 송나라로 도망을 가게 되자, 새로 태숙이된 질의 동생 유遺에게 자기 딸 공길을 다시 시집보냈다.

이처럼 전후 사정을 고려하면 누구라도 좋게 평할 수 없으리라고 생각하고 자공이 물은 것인데, 공자는 공어가 '문' 이라는 시호를 받은 것에 대하여 본 장에서와같이 긍정적으로 대답하였다. 그러나 시호라는 것은 전체적인 삶을 평가해서 주는 것이지 단편적으로 '호학과 불치하문' 이 시호를 주는 기준의 전부일 수는 없을 것이다. 순수하게 객관적이라고는 할 수 없을 것이다.

5-15.

子謂子產: "有君子之道四焉: 其行己也恭, 其事上也敬,
자 위 자 산　　유 군 자 지 도 사 언　　기 행 기 야 공　　기 사 상 야 경

其養民也惠, 其使民也義."
기 양 민 야 혜　　기 사 민 야 의

5-15. 공자 자산을 평하여 일컫기를: "군자의 도 네 가지를 지녔던 분이다. 자신의 몸가짐이 공손하셨고, 윗사람 섬김이 공경스럽고, 백성들 진휼에 은혜로웠고, 백성들 부림을 의롭게 했다."

> **새 김**

· 子産(자산): 정鄭나라 대부. 성은 공손公孫, 이름은 교僑, 자산은 자字다. 정나라 목공穆公의 손자로서 22년간 간공簡公, 정공定公, 헌공獻公, 성공聲公, 재위 중에 집권하여 선치를 한 현대부賢大夫다.
· 行己(행기): 자기 몸가짐.
· 養民(양민): 배고픈 사람을 진휼하다.
· 使民(사민): 부역을 시키다.
· 義(의): 올바르게, 공정 공평하게.

子曰: "晏平仲善與人交, 久而敬之."
자왈   안평중선여인교   구이경지

5-16. 공자 가라사대: "안평중은 사람들과 교분이 좋았고, 오래될수록 사람들이 그를 존경했다."

> **새 김**

· 晏平仲(안평중): 제나라의 대부이자, 역사적인 대정치가. 성은 晏, 이름은 嬰, 자는 仲, 시호가 平이다.
· 久而敬之(구이경지): 오래 사귈수록 공경한다.

子曰: "臧文仲居蔡, 山節藻梲, 何如其知也?"
자왈 장문중거채 산절조절 하여기지야

5-17. 공자 가로되: "장문중이 점치는 데 쓰는 큰 거북껍질을 보관하는 건물 두공에 산 모양을 조각하고, 들보위 동자기둥에 수초 모양을 그렸으니, 어찌하여 그를 지혜롭다고 하느냐?"

새 김

· 臧文仲(장문중): 노나라 대부 장손 진臧孫 辰이다. 文은 시호諡號이며, 仲은 항열이다.

장문중은 공자의 고국인 노나라의 명재상으로 장공莊公, 민공閔公, 희공僖公, 문공文公, 4대에 걸쳐 50년 가까이 활약하였다. 그의 출생 연월일은 잘 모르고, B.C. 617년 3월 신묘일에 세상을 떠났다. 그가 죽은 후 68년에 해당하는 「춘추 좌전」 양공 24년 조에(B.C549) 장문중이 거론되고 있다. 노나라의 숙손표叔孫豹와 진晋나라의 범선자范宣子가 나누는 이야기 가운데 '사이불후 死而不朽'에 관한 것이다. 다음과 같은 내용이 바로 숙손표의 말이다.

"魯有先大夫, 曰臧文仲, 既没, 其言立於世, 其是之謂乎?"

"노나라에는 일찍이 대부 한 분이 계셨습니다. 존함을 말하자면 장문중이라 합니다. 이미 세상을 떠나셨지만, 이분이 남긴 말씀이 세상에 지금도 우뚝 서 있으니, 이것이 바로 그 죽어도 썩지 않는다는 말을 일컫는 것이 아니겠습니까?" 이와 같이 장문중은 사후 몇 세대 이후에도 백성들이 추앙하는 지혜로운 명 정치가임을 알 수 있다.

· 山節藻梲(산절조절): 건물 두공斗拱에 산 모양을 조각하고, 들보위 동자기둥(쪼구미)에 수초 모양을 그리다. 원래 천자의 종묘에 이러한 장식을 하였다고 하나, 장문중은 큰 거북껍질을 보관하는 건물에 이러한 장식을 했던 것으로 보인다.

· 何如其知也(하여기지야): 어찌 그 같은 사람을 지혜롭다고 하느냐? 「춘추좌전」 문공2년 가을조에 공자가 이와 같은 취지로 장문중을 폄하하는 내용이 다음과 같이 실려 있다.

"將文仲, 其不仁者三, 不知者三, 下展禽, 廢六關, 妾織蒲, 三不仁也, 作虛器, 縱逆司, 祀爰居, 三不知也." "장문중은 인하지 못한 것이 세 가지고, 지혜롭지 못한 것이 세 가지다. 전금(유하혜)을 아래에 그대로 둔 것, 여섯 개 관문을 폐한 것, 처첩에게 포를 짜도록 내버려 둔 것이 바로 세 가지 인하지 못한 것이고, 쓸데없는 것을 만든 것(거채, 산절, 조절), 민공과 희공의 위를 바꾼 것, 원거라는 해조를 제사 지낸 것이 바로 세 가지 지혜롭지 못한 것이다."

그러나 「춘추 좌전」에 장문중에 관한 기록은 공자와 달리 부정적이라기보다는 오히려 아주 훌륭한 정치가였음을 확인 시켜주고 있다.

꿇아 봄

사후 몇 세대가 흘러도 여전히 백성들은 물론 정치가들로부터도 추앙을 받는 명재상에 대한 이러한 인물평은 공자가 아니었다면 취모멱자吹毛覓疵하는 소인배라 매도당할 만하다.

5-18.

子張問曰: "令尹子文, 三仕爲令尹, 無喜色, 三已之, 無慍
자 장 문 왈   영 윤 자 문   삼 사 위 령 윤   무 희 색   삼 이 지   무 온

色, 舊令尹之政, 必以告新令尹, 何如?" 子曰: "忠矣." 曰:
색   구 령 윤 지 정   필 이 고 신 령 윤   하 여   자 왈   충 의   왈

"仁矣乎?" 曰: "未知, 焉得仁?" "崔子 弑齊君, 陳文子有
인 의 호   왈   미 지   언 득 인   최 자   시 제 군   진 문 자 유

馬十乘, 棄而違之, 至於他邦, 則曰: '猶吾大夫崔子也',
마 십 승   기 이 위 지   지 어 타 방   즉 왈   유 오 대 부 최 자 야

違之; 之一邦, 則又曰: '猶吾大夫崔子也,' 違之, 何如?"
위지 지일방 즉우왈 유오대부최자야 위지 하여

子曰: "淸矣." 曰: "仁矣乎?" 曰: "未知, 焉得仁?"
자왈 청의 왈 인의호 왈 미지 언득인

5-18. 자장 물어 가로되: "영윤자문이 세 번이나 영윤이 되었지만 한 번도 기쁜 기색이 없었고, 세 번 그 직을 물러나면서 한 번도 원망하는 서운한 기색도 없었습니다. 오히려 그동안 해오던 영윤의 업무를 꼭 새로 온 영윤에게 상세히 알려 주었다는데, 이를 어떻다고 할 수 있을까요?" 공자 가로되: "충실한 처신이지." "인하다고 할 만합니까?" 공자 가로되: "모르긴 해도 어찌 안 하다고까지 할 수 있겠어?" (계속해서 자장이 또 물었다.) "최자가 제 나라 임금을 시해하자, 진문자는 가지고 있던 말 십승을 다 버리고 떠났습니다. 다른 나라에 이르러 '우리나라 대부 최자와 같구나.' 하고, 떠나버렸습니다. 다른 나라에 이르러 '우리나라 대부 최자와 같구나.'하고 다시 떠났습니다. 이 정도면 어떻다고 할 수 있을까요?" 공자 왈: "청백하구나." 다시 묻기를: "인한 것은 아닌가요?" 가로되: "모르긴 해도 어찌 인하다고까지 할 수 있겠어?"

새 김

· 令尹子文(영윤자문): 영윤은 초楚나라의 관직명으로 재상급, 다른 나라의 상相 또는 상국相國에 해당한다. 자문의 성은 투鬪, 이름은 누오도穀於菟.

穀는 '젖 먹여 기를 누' 字고, 於菟는 초나라 말로 호랑이를 뜻한다. 누오도는 호랑이가 길렀다는 뜻이다. 자문은 자다. 「좌전」 선공 4년 글 참조.

※누오도의 '穀' 자는 책마다 음과 자를 각기 다르게 오기하고 있다. 穀이라고 '곡식 곡' 자를 써놓고 '곡' '누' '두' 라고 읽는 책도 있고, 穀라고 '젖 먹여 기를 누' 자를 써놓고 '두' 로 읽는 책도 있으나, 穀로 쓰고 '누' 라고 발음해야 올바르게 쓰고 읽는 것이다. 참고로 穀의 발음은 乃后切이다.

- 三仕(삼사): 세 번 재직하다.
- 已之(이지): 영윤 벼슬을 그만두다.
- 崔子(최자): 제나라 대부 崔子를 일컫는다. 제나라 莊公을 죽였다.
- 陳文子(진문자): 제나라 대부, 이름은 수무須無, 시호가 文이다.
- 十乘(십승): 열 대의 전차를 끌 수 있는 사십 필의 말.
- 違之(위지): 떠나다.
- 猶: 같다.
- 之一邦(지일방): 다른 나라에 가다.

5-19.

季文子三思而後行, 子聞之, 曰:"再斯可矣."
계 문 자 삼 사 이 후 행 자 문 지 왈   재 사 가 의

5-19. 계문자는 세 번 정도 생각해 보고 행동했다. 공자 이 말을 듣고, 가라사대: "두 번만 생각해도 충분하다."

새김

- 季文子(계문자): 노나라의 대부 계손씨, 이름은 行父, 문은 시호, 계문자는 삼환 중에서도 가장 막강한 계씨 가문의 3대 영주로써 노나라의 문공, 선공, 성공, 양공 4대를 섬기며 많은 공적을 남겨 노나라의 현인으로 추앙받는 분이다.

5-20.

子曰:"甯武子, 邦有道則知, 邦無道則愚. 其知可及也, 其
자 왈   영 무 자 방 유 도 즉 지   방 무 도 즉 우   기 지 가 급 야   기

愚不可及也."
우 불 가 급 야

5-20. 공자 가라사대: "영무자라는 분은 나라에 질서가 잡혀 제대로 다스려질 때는 슬기롭게 물러나 있었지만, 혼란스러웠던 때에는 어리석다고 할 만큼 충성스럽게 행동했다. 그 지혜로움은 따라 할 수 있지만, 그 어리석음은 따라 하기 정말 어렵다."

새 김

· 甯武子(영무자): 공자보다 1백여 년 전에 살았던 위나라 대부, 성은 甯, 이름은 俞, 武는 시호다. 패권을 다투는 진晉과 초楚나라 사이에서 크게 어려움을 겪던 약소국 군주인 성공을 잘 지켜낸 충성스러운 사람으로 평가받고 있다.

· 邦有道則知(방유도즉지): 군주인 성공成公의 어려움을 잘 해결하고, 나라가 정상적으로 잘 다스려지자 자기의 공적을 내세우지 않고 깨끗하게 은퇴하여 정계에서 자취를 감추어 버림으로써 나와 나라를 안전하게 지켜낼 수 있을 만큼 지혜로웠다.

· 邦無道則愚(방무도즉우): 「춘추 좌전」 희공 28년 조에, 진晉나라가 위衛나라를 공격하여 곤경에 처했을 때 초楚나라에서 위나라를 구해주었다. 그러나 진晉나라, 제나라, 송나라, 진秦나라가 연합하여 초나라와 성복城濮에서 커다란 전쟁을 치루게 되었다. 이 전쟁에서 초나라가 패하자 성공은 초나라로 도망을 쳤다. 이때에도 영무자는 말고삐를 잡고 성공을 따라갔고 진晉에서 잡아갈 때도 계속 시종했다. 그러나 진 나라에서 위 성공을 위나라로 돌려보내니, 일단 국내 문제가 잘 수습되는 듯하였으나 귀국할 때 숙무叔武가 죽은 일로 원훤元咺과 성공이 진문공에게 소송을 제기하였다. 패자였던 진문공 앞에서 재판을 받게 되었으나, 결국 성공이 재판에 패하여 천자가 있는 주나라 수도로 송환되어 밀실에 갇히게 되었다. 이때도 영무자는 성공의 옥바라지를 정성스럽게 하였다. 희공 30년에는 진문공이 의사 연衍을 시켜 성공을 독살하려 하자 영무자가 의사 연을 매수하여 다시 죽음을 면하게 하였다. 이와 같은 영무자의 지극한 정성이 하늘에 통하였는가 노나라 군주 희공이 천자와 진문공에게 옥을 바치며 위성공의 석방을 탄원하니 천자께서 위성공을 석방하기에 이르렀다. 그 후 성공은 원훤元

喧과 자적子適(공자瑕) 그리고 그의 동생 자의子儀를 제거함으로써 정상적으로 군주 역할을 할 수 있게 되었다.

영무자는 이렇게 왕권이 위태롭고 혼란스러운 때는 어리석다고 할 만큼 우직스럽게 충성을 다하였다.

5-21.

子在陳, 曰: "歸與! 歸與! 吾黨之小子狂簡, 斐然成章, 不知所以裁之."
자 재 진 왈   귀 여   귀 여   오 당 지 소 자 광 간   비 연 성 장   부 지 소 이 재 지

5-21. 공자 진나라에 머물 무렵 왈: "고향에 돌아가야지! 고향에 돌아가야지! 오당의 어린 제자들이 호탕하고 분방하며 소탈해서, 훌륭하게 문장은 이루었으나, 마름질을 제대로 할 줄 모른다."

새 김

· 陳(진): 나라 이름으로서 주나라 무왕이 은나라를 멸망시킨 후, 순임금의 후손들을 찾아내어 규만嬀滿이라는 사람을 진 지역에 봉했다.

그가 陳의 始祖 호공胡公이다. 도읍지는 하남성의 완구宛丘로서 하남성 개봉開封 동쪽으로부터 안휘성 박현亳縣 이북 일대의 지역을 차지하고 있었다. 춘추시대 말에 초나라에 멸망하였다.

· 吾黨(오당): 내가 살던 고장 내 문도집단門徒集團.
· 小子(소자): 노나라에 있는 어린 제자들.
· 狂簡(광간): 호탕하고 자유분방하지만 소탈하다.
· 斐然成章(비연성장): 훌륭하게 학문(예악, 문물제도)을 이루다.
· 所以裁之(소이재지): 마름질하는 방도, 방법. 소이재지의 주어는 공자 제자들

로 보는 것이 자연스럽다.

5-22
子曰:"伯夷叔齊不念舊惡, 怨是用希."
자왈 　 백이숙제불념구오 　 원시용희

5-22. 공자 가라사대: "백이와 숙제가 지난날 미움을 마음에 담아 두지 않았더라면 원망하는 마음도 옅게 작용했을 것이다."

새김

· 伯夷.叔齊(백이. 숙제): 은나라 고죽국孤竹國 군주의 첫째와 셋째 아들들이다. 아버지가 죽기 전에 셋째 아들 숙제를 왕으로 삼겠다고 하였다. 그러나 아버지가 죽은 후 숙제는 왕위를 형 백이에게 양보하고 피해버렸으며, 형 백이도 아버지의 명이라면서 왕위에 오르지 않고 피해버렸다. 그러므로 어쩔 수 없이 둘째 아들이 왕위에 오르고, 백이와 숙제는 서백창西伯昌에게 의지하고자 그곳으로 갔다. 그러나 서백인 창은 이미 죽었고, 그의 아들인 무왕이 은나라의 마지막 왕인 주왕紂王을 무력으로 정벌하고자 출발하려고 하고 있었다.

이때 백이와 숙제는 무왕의 정벌계획을 적극적으로 말리며 "아버지가 돌아가셨는데 장례를 치르지도 않고 이와 같이 전쟁을 하려 함을 어찌 효라 하겠습니까? 그리고 신하가 군주를 시해하려 함을 어찌 인하다고 할 수 있겠습니까?" 하고 간하자 주위의 장수들이 그를 죽이려 하였다. 그러나 군사軍師인 강태공姜太公이 그들은 의로운 사람들이라고 적극적으로 말려 살려 보냈다. 그 후 그들은 주나라 백성 되기를 거부하고 수양산에 들어가 고사리를 캐 먹고 살다가 굶어 죽었다

· 不念舊惡(불념구오): 지금까지 모두 '불념구악'이라고 읽고, 그렇게 해석한다. 그러나 나는 '불념구오'로 읽고, 惡오를 '나쁜 짓'이 아닌 '미워하는

마음, 미움'이라고 새겼다. '불념구악'이라고 새긴다면, 이것은 공자의 주장이나 신념에도 위배되는 것이다. 100여 년이 지나 관습화된 계씨의 제례나 의전 행위도 그냥 넘긴 일이 없다. 꼭 참월이나 무도한 행위라고 지적하고 넘어가지 않던가? 그리고 백이, 숙제의 입장에서도 공자가 그렇게 열광하는 주나라 건국을 끝내 받아들이지 못하고 굶어 죽기까지 한 사람들을 어찌 지난날의 악행을 기억하지 않는다고 하는가?

· 怨是用希(원시용희): 是用을 是以와 같이 보고 '그런 까닭에 원망하는 사람이 없다. 또는 다른 사람을 원망하지 않는다.'고 새긴다. 어떠한 전거로 이렇게 해석하는지 모를 일이다. 그보다는 백이, 숙제가 무왕에 대하여 가지고 있는 미움을 끝까지 마음에 담아두지 않았더라면 원망하는 마음이 옅어져서 굶어 죽기까지는 않았을 터인데! 하는 아쉬운 마음을 토로한 것으로 새겼다.

5-23.

子曰: "孰謂微生高直? 或乞醯焉, 乞諸其隣而與之."
자왈   숙위미생고직   혹걸혜언   걸제기린이여지

5-23. 공자 가로되: "누가 미생고를 정직하다 했는가? 어떤 사람이 미생고에게 식초를 얻으러 갔더니 옆집에서 얻어다 주었다는데."

· 微生高(미생고): 확실히 알려진 바는 없다.
· 醯(혜): 식초.

5-24.

子曰: "巧言·令色·足恭, 左丘明恥之, 丘亦恥之. 匿怨而友
자왈   교언령색주공 좌구명치지 구역치지 익원이우

其人, 左丘明恥之, 丘亦恥之."
기인 좌구명치지 구역치지

5-24. 공자 가로되: "남이 싫어하지 않게 말을 하며, 낯빛을 좋게 꾸미며, 공손함이 지나친 것을 좌구명이 부끄럽게 여겼는데, 나도 역시 부끄럽게 여긴다. 원망하는 마음을 감추고 그 사람과 벗하는 것을 좌구명이 부끄럽게 여겼는데 나 또한 부끄럽게 여긴다."

· 足恭(주공): 지나치게 공손함.
· 左丘明(좌구명): 신분을 확정 지을만한 전거가 없다.
· 匿怨(익원): 원망하는 마음을 숨기다.

5-25.

顏淵·季路侍, 子曰: "盍各言爾志?" 子路曰: "願車馬衣輕
안연 계로시 자왈   합각언이지   자로왈   원거마의경

裘, 與朋友共, 敝之而無憾." 顏淵曰: "願無伐善, 無施勞."
구 여붕우공 폐지이무감   안연왈   원무벌선 무시로

子路曰: "願聞子之志." 子曰: "老者安之, 朋友信之, 少者
자로왈   원문자지지   자왈   노자안지 붕우신지 소자

懷之."
회지

5-25. 안연과 계로가 공자를 모시고 있을 때. 공자 가로되: "너희 두

사람이 품고 있는 뜻을 말해 보지 않겠니?" 자로 가로되: "원컨대, 거마와 귀한 가죽 옷이라도 친구와 함께 쓰다가 낡아 못 쓰게 되어도 아깝지 않게 여기는 것입니다." 안연 가로되: "원컨대 착한 일도 남에게 자랑하지 않고, 제 공을 드러내지 않고자 합니다." 자로 가로되: "선생님의 뜻을 듣고자 합니다." 공자 가라사대: "노인들이 편안하게 여기며, 친구들이 미덥게 여기며, 젊은이들이 그리워하는 사람이고자 한다."

새김

- 季路(계로): 나이 많은 자로를 그렇게 불렀다.
- 盍(합): 何不의 뜻, 어찌~
- 車馬衣輕裘(거마의경구): 탈 것과 입을 것.
- 敝(폐): 낡다.
- 憾(감): 서운하다.
- 伐(벌): 자랑하다.
- 施勞(시로): 공로를 드러내다.
- 懷(회): 그리워하다, 붙좇는다

5-26

子曰: "已矣乎! 吾未見能見其過而內自訟者也."
자 왈   이 의 호 오 미 견 능 견 기 과 이 내 자 송 자 야

5-26. 공자 가라사대: "말세로구나! 자기 허물을 보고서 속으로 자책하는 사람을 나는 아직 보지를 못 하였다."

새 김

· 已矣乎(이의호): 말세로구나. 끝났구나.
· 內自訟(내자송): 속으로 자책하다.

5-27.
子曰: "十室之邑, 必有忠信如丘者焉, 不如丘之好學也."
자 왈　십 실 지 읍　필 유 충 신 여 구 자 언　불 여 구 지 호 학 야

5-27. 공자 가로되: "십 호쯤 되는 작은 마을에도 나처럼 충신한 사람이야 있겠지만, 나만큼 배우기를 좋아하는 사람은 없을 것이다."

새 김

· 十室之邑(십시지읍): 집이 열 채 정도 있는 마을.
· 忠信(충신): 충실하고 믿음직스러운.

雍也 第六篇
(옹야 제육편)

雍也 第六篇
(옹야 제육편)

　옹雍은 중궁仲弓이라는 공자 제자 이름이다. 이편 1장에서 14장까지는 「선진」편에서 거론하는 소위 사과십철四科十哲 가운데 재아宰我를 제외한 9명에 대하여 긍정적으로 한 인물평이다. 특히 안연에 대하여는 세 번에 걸쳐 극찬하고, 중궁에 대하여서도 두 번씩이나 거듭 칭찬하고 있다. 다만 재아는 인물평의 대상이 아니라 26장에서 얄궂은 질문이나 하는 사람으로 그려지고 있다.

　15장에서 30장까지는 대체로 군자가 갖추어야 할 여러 가지 덕성과 기타 일반적인 어록으로 구성되어 있다. 특기할 만한 것은 본 편 28장은 계속해서 흠집으로 남을 줄 알면서도 빼버리지 못하고 그대로 편집한 것이다. 혹자는 이 장이 편집된 것을 공자 행적의 진실성이 확보되는 것이라고 보기도 하지만 빼버릴 수 없는, 어쩔 수 없는 사정이 있었다고 보아야 할 것이다.

6-1.

子曰: "雍也可使南面."
자 왈   옹 야 가 사 남 면

6-1. 공자 가로되: "옹은 남면하게 할 만하다."

새 김

· 南面(남면): 군왕이 청정聽政하는 자리를 뜻한다. 공자가 중궁을 그렇게 평가하는 근거는 어느 곳에서도 설명하지 않고 있다.

6-2.

仲弓問子桑伯子, 子曰: "可也. 簡." 仲弓曰: "居敬而行簡,
중궁문자상백자 자왈 가야 간 중궁왈 거경이행간

以臨其民, 不亦可乎? 居簡而行簡, 無乃大簡乎?" 子曰:
이 림 기 민 불 역 가 호   거 간 이 행 간 무 내 대 간 호   자 왈

"雍之言然."
옹 지 언 연

6-2. 중궁이 자상백자에 대하여 여쭈니, 공자 가로되: "소탈한 것이, 괜찮지." 중궁 왈: "스스로는 늘 삼가고 조심하면서, 남에게는 소탈하게 행동하는 것. 그런 태도로 백성을 대한다면, 역시 괜찮지 않을까요? 그러나 스스로 모든 것을 소탈하게 하면서 남에게도 소탈하게 행동한다면, 그것은 지나치게 소탈한 것이 아니겠습니까?" 공자 왈: "옹의 말이 맞다."

새김

- 子桑伯子(자상백자): 누구인지 확정 지을 만한 전거가 부족하다.
- 居敬(거경): 스스로는 늘 삼가고 조심하다.
- 行簡(행간): 까다롭지 아니하고 소탈하다.
- 無乃~乎(무내~호): ~이 아니겠느냐?
- 大簡(대간): 지나치게 대범하고 소탈하다.

6-3.

哀公問: "弟子孰爲好學?" 孔子對曰: "有顔回者好學, 不
애공문   제자숙위호학   공자대왈   유안회자호학 불

遷怒, 不貳過. 不幸短命死矣. 今也則亡, 未聞好學者也."
천노 불이과   불행단명사의   금야즉무 미문호학자야

6-3. 애공이 묻기를: "제자들 가운데 누가 호학한다고 할 만합니까?" 공자 대답해 말하기를: "안회라는 아이가 있었는데, 배우기를 좋아했지요. 화나도 남에게 옮겨 화내지 않았고, 잘못을 두 번 다시 저지른 적이 없었습니다. 그런데 불행하게도 명이 짧아 죽었습니다. 그가 지금은 세상에 없으니, 그 뒤로 호학한다고 할 만한 사람 이름을 듣지 못하였습니다."

새김

- 不遷怒(불천노): 분노를 남에게 풀지 않는다.
- 不貳過(불이과): 같은 잘못을 두 번 다시 저지르지 않는다.
- 亡(무): 여기서는 '무'라고 읽고 '無'라는 뜻으로 새긴다.

6-4.

子華使於齊, 冉子爲其母請粟, 子曰: "與之釜." 請益, 曰:
자화사어제 염자위기모청속 자왈 여지부 청익 왈

"與之庾." 冉子與之粟五秉. 子曰: "赤之適齊也, 乘肥馬,
여지유 염자여지속오병 자왈 적지적제야 승비마

衣輕裘. 吾聞之也, 君子周急不繼富."
의경구 오문지야 군자주급불계부

6-4. 자화가 제나라에 사신으로 갔다. 염자가 자화의 모친을 위하여 곡식을 보내주겠다고 고하였다. 공자 왈: "한 부釜만 주지." 좀 더 주자고 고하자, 왈: "그러면 한 유庾만 주지." 그러나 염자는 곡식 오병五秉을 주었다. 공자 왈: "적赤(공서화의 이름)이 제나라로 가는데 살찐 말이 끄는 마차를 타고, 값비싼 가벼운 가죽옷을 입고 가더라. 내가 듣기로는, 군자란 곤궁한 사람을 구휼하여도 부자에게 더 보태주지는 않는다."

새김

- 子華(자화): 공자 제자, 성이 公西, 이름이 赤이다. 공자보다 42살이 적다.
- 使(사): 이 장의 시대적 배경은 염자가 계강자의 총재冢宰로 있고, 공자가 노나라로 돌아온 이후로 보아야 한다. 그래야 子華가 使臣으로 다닐 만한 나이가 된다. 그러므로 子華가 제나라에 사신으로 간 것은 계강자가 보낸 것으로 보아야 한다. 주희와 같이 공자의 심부름을 하러 간 것으로 볼 수가 없다.
- 冉子(염자): 冉求
- 請粟(청속): 곡식을 보내 주겠다고 고하다.
- 釜, 庾, 秉: 옛날의 도, 량, 형 단위로 정확히 알 수가 없다.
- 請益(청익): 좀 더 보내 주겠다고 고하다.
- 赤(적): 子華의 이름.
- 周急(주급): 곤궁한 사람을 구제하다. 周는 주賙로 새겨 구휼하다.
- 繼富(계부): 부자에게 보태어 주다.

6-5.

原思爲之宰, 與之粟九百, 辭. 子曰: "毋! 以與爾隣里鄕黨
원사위지재 여지속구백 사 자왈 무 이여이인리향당

乎!"
호

6-5. 원사가 읍재가 되자 그에게 녹봉으로 곡식 구백 말이 주어지자, 원사는 사양했다. 공자 왈: "사양하지 말아라! 쓰고 남는 것이 있으면 이웃이나 마을 사람에게 주면 되지 않겠어?"

새김

· 原思(원사): 공자 제자 원헌原憲. 자가 子思이므로 원사라고 부른다. 그는 공자보다 36세가 적다.

· 爲之宰(위지재): 공자가 대사구때 재로 삼았다고 보는 견해도 있으나, 공자가 대사구를 지냈다는 것 자체가 믿을 수 있는 역사적 사실로 증명할 수 없고, 만일 그것을 믿더라도 16살 먹은 아이를 재로 삼는다는 것은 전혀 앞뒤가 맞지 않는 억지일 수밖에 없다. 공자가 노나라로 돌아온 후의 일로 보아야 할 것이다.

· 與之九百(여지구백): 녹봉으로 九百이 주어졌다는 뜻인데, 9백 말인지 9백 섬인지 명확히 규정할 수 없으나 너무 많다고 여기고 사양했다고 한다. 그것은 공자가 주도록 한 것은 아니다.

·辭(사): 녹봉으로 九百을 주는 것을 받지 않겠다고 사양했다.

·毋(무): 그러지 마라. 여기서는 사양하지 마라.

·隣, 里, 鄕, 黨: 가家를 기준으로 한 행정구역 단위. 일반적으로 5家를 隣, 25家를 里, 500家를 鄕, 1만2천5백 家를 黨.

6-6.

子謂仲弓曰: "犁牛之子騂且角, 雖欲勿用, 山川其舍諸?"
자 위 중 궁 왈   이 우 지 자 상 차 각   수 욕 물 용   산 천 기 사 제

6-6. 공자 중궁을 일러 가라사대: "얼룩소 새끼라도 털이 붉고 뿔이 우뚝하면, 비록 제물로 쓰지 않으려 해도, 아마 산천의 신령께서 그대로 내버려 두지 않으실걸!"

· 犁(이): 얼룩소.
· 騂(상): 털이 붉어 아름답다.
· 角(각): 뿔이 우뚝하다.
· 其(기): 山川其舍諸에서 '其'는 '아마, 아마도'로 새길 수 있는 추측을 표현하거나 감탄을 나타내는 부사.
· 舍(사): 捨로 보아, 버리다.
· 諸(제): 지시대명사 '之'와 의문사 '乎'의 합자 음이다.

6-7.

子曰: "回也, 其心三月不違仁, 其餘則日月至焉而已矣."
자 왈   회 야   기 심 삼 월 불 위 인   기 여 즉 일 월 지 언 이 이 의

6-7. 공자 가로되: "안회는 말이야, 그 마음이 석 달 동안은 인을 어기지 않는다. 그 나머지 사람들은 기껏해야 하루 동안에서 길게는 한 달 동안에 이를 뿐이다."

雍也 第六篇 _ 151

> 새김

· 焉(언): 혹자는 '於是'의 合字로 보기도 하나 '衆好之, 必察焉'에서와 같이 불위인不違仁을 가리키는 지시대명사 '之'로 보는 것이 옳다.
· 而已(이이): ~할 뿐이다.

> 꼽아 봄

'其餘'를 어떻게 해석하느냐에 따라 의견이 분분하지만, 안회를 제외한 공문의 나머지 사람들을 가리키는 것으로 보는 것이 그래도 제일 무난할 것이다. '其餘'를 삼 개월 이후로 보려면, 반드시 전체 기간이 정해져 있어야 가능한 것이다. 전체 기간을 정해 놓지 않은 상태에서 '그 나머지'라고 새겨야 할 '其餘'로 쓰는 것은 아무래도 어색하다.

6-8.

季康子問: "仲由可使從政也與?" 子曰: "由也果, 於從政乎何有?" 曰: "賜也可使從政也與?" 曰: "賜也達, 於從政乎何有?" 曰: "求也可使從政也與?" 曰: "求也藝, 於從政乎何有?"
계강자문 중유가사종정야여 자왈 유야과 어종정호하유 왈 사야가사종정야여 왈 사야달 어종정호하유 왈 구야가사종정야여 왈 구야예 어종정호하유

6-8. 계강자 묻기를: "중유(자로)는 정사에 종사할 만합니까?" 공자 왈: "유는 과단성이 있으니 정사에 종사하는데 무슨 문제가 있겠습니까?" 왈: "사(자공)는 정사에 종사할 만합니까?" 공자 왈: "사는 사리에 통달하였으니 정사에 종사하는데 무슨 문제가 있겠습니까?" 왈: "구

(염유)는 정사에 종사할 만합니까?" 공자 왈: "구는 재주가 있으니 정사에 종사하는데 무슨 문제가 있겠습니까?"

새김

- 仲由(중유): 성은 仲, 이름은 由, 자로 子路는 자다.
- 何有(하유): 무슨 문제가 있겠나? 무엇이 더 필요한가?
- 達(달): 사리에 통달하다.
- 求(구): 염유의 이름.
- 藝(예): 재주가 많다.

季氏使閔子騫爲費宰, 閔子騫曰: "善爲我辭焉. 如有復我
계 씨 사 민 자 건 위 비 재   민 자 건 왈   선 위 아 사 언   여 유 부 아

者, 則吾必在汶上矣."
자   즉 오 필 재 문 상 의

6-9. 계씨가 민자건을 비읍의 읍재로 삼고자 사람을 보냈다. 민자건은 심부름 온 사람에게 이르기를: "나를 위해 말 좀 잘해주십시오. 나에게 같은 일이 다시 있으면 문수 북쪽으로 가 버리겠습니다."

새김

- 季氏(계씨): 여기서 계씨는 계강자를 말한다. 삼환 가운데 가장 강력한 세도가.
- 閔子騫(민자건): 공자 제자, 성은 민閔, 이름은 손損, 자건은 자字다. 공자보다 15살 적으며, 효도와 덕행으로 유명한 사과십철의 한 사람이다.
- 費宰(비재): 費邑의 邑宰.

· 善(선): 좋게, 잘.
· 如有復我(여유부아): 나에게 이 같은 일이 다시 있으면.
· 在汶上(재문상): 문수 북쪽.

6-10.

伯牛有疾, 子問之, 自牖執其手曰: "亡之, 命矣夫! 斯人
백우유질 자문지 자유집기수왈 망지 명의부 사인

也而有斯疾也! 斯人也而有斯疾也!"
야 이유사질야 사인야이유사질야

6-10. 백우가 병에 걸렸다. 공자 문병을 갔다. 방안으로 들어가지는 않고 창을 통해 그의 손을 잡고 말했다: "많이 못쓰게 되었구나! 운명인가 보다. 이런 사람이 이런 병에 걸리다니! 이런 사람이 이런 병에 걸리다니!"

새 김

· 伯牛(백우): 공자 제자. 성은 冉, 이름은 경耕, 伯牛는 자다. 사과십철의 한 사람으로 덕행이 뛰어나다. 공자보다 7살이 적다.
· 有疾(유질): 옛날 사람들은 나병이라고 생각했다.
· 自牖(자유): 창 너머로.
· 亡之(망지): 못 쓰게 망가지다.
· 命矣夫(명의부): 천명이로구나!

6-11.

子曰: "賢哉回也! 一簞食, 一瓢飮, 在陋巷, 人不堪其憂,
자왈 현재회야 일단사 일표음 재누항 인불감기우

回也不改其樂. 賢哉回也!"
회야불개기락 현재회야

6-11. 공자 가라사대: "어질도다! 안회야 말로. 밥 한 그릇과 한 표주박의 물을 가지고 누추한 골목에서 살려면, 보통 사람들은 그 시름을 감당하지 못할 텐데, 안회는 그 즐거움을 바꾸지 않는다. 어질도다, 안회는."

새 김

- 一簞食(일단사): 한 그릇의 밥. 簞은 대로 엮은 밥그릇, 食사 식, 밥 먹을 식, 밥 사.
- 一瓢飮(일표음): 한 표주박의 마실 것.
- 在陋巷(재누항): 누추한 거리에 살다.
- 樂(낙): 일단사, 일표음, 재누항을 다른 사람들은 근심하지만 안회는 낙으로 여긴다.

6-12.

冉求曰: "非不說子之道, 力不足也." 子曰: "力不足者中道
염구왈 비불열자지도 력부족야   자왈 력부족자중도

而廢, 今女畫."
이폐 금여획

6-12. 염구가 가로되: "선생님의 도를 좋아하지 않아서가 아니라 힘이

달립니다." 공자 왈: "힘이 달린다면 중도에 그만둘 수밖에 없다. 그러나 너는 지금 한계를 긋고 있는 것이다."

> 새 김

· 說(열): 여기서는 '悅'로 읽고 뜻을 새긴다.
· 中道而廢(중도이폐): 중간에 그만두다.
· 者(자): 가정의 어기를 나타낸다.
· 畵(획): 劃으로 읽고 뜻을 새긴다. 획을 긋듯이 스스로 도를 행할 수 있을 만한 힘이 없다고 미리 한계를 긋는다.

6-13.

子謂子夏曰: "女爲君子儒, 無爲小人儒."
자 위 자 하 왈　　여 위 군 자 유　무 위 소 인 유

6-13. 공자 자하에게 일러 가라사대: "너는 군자유가 되어라. 소인유가 되지 말고."

> 새 김

· 君子, 小人: 신분상의 개념이 아닌 공자의 특이한 가치 개념적 용어로 보아야 한다.
· 儒(유): 배우는 사람(士)을 통칭할 수도 있지만, 공문孔門 전체를 남들이 부르는 말일 수도 있다.

6-14.

子游爲武城宰, 子曰: "女得人焉爾乎?" 曰: "有澹臺滅明
자유위무성재 자왈   여득인언이호   왈 유담대멸명

者, 行不由徑, 非公事未嘗至於偃之室也."
자 행불유경 비공사미상지어언지실야

6-14. 자유가 무성 읍재가 되었다. 공자 왈: "너는 어떻게 인재를 얻었느냐?" 왈: "담대 멸명이라는 사람을 얻었다고 할 수 있습니다. 그는 지름길로 다니지를 않고, 공적인 일이 아니고는 아직 제 방에 온 적이 한 번도 없습니다."

새김

· 子游(자유): 공자 제자로서 성은言, 이름은 偃, 공자보다 45살이 적다.
· 武城(무성): 노나라 고을 이름.
· 焉爾乎?(언이호): 어떻게 ~했습니까?
· 澹臺滅明(담대멸명): 담대는 성이고, 멸명이 이름이다. 자는 子羽. 그러나 그 외의 것에 대하여는 「사기.중니제자열전」과 「공자가어」 내용이 전혀 다르다. 「사기」에서는 담대 멸명이 공자보다 39살이 적어 자유보다 6살이 많고, 용모가 몹시 못생겼다고 했으나, 「공자가어」에는 공자보다 49살이 적다고 하여 오히려 자유보다 4살이 적으며, 용모도 군자다웠다고 했다.
· 行不由徑(행불유경): 지름길로 다니지 않는다는 것은 정도正道만을 걷는다는 뜻이다.

6-15.

子曰: "孟之反不伐. 奔而殿, 將入門, 策其馬. 曰: '非敢後
자왈   맹지반불벌   분이전   장입문   책기마   왈   비감후

也, 馬不進也.'"
야   마 부 진 야

6-15. 공자 가라사대: "맹지반은 공을 자랑하지 않았다. 군대가 퇴각할 때 후미를 맡아 적을 막았다. 성문을 들어설 무렵 말에 채찍질하면서 말했다: '내가 용감해서 후방을 맡은 것이 아니고, 말이 달리지를 못해 그랬다.'"

새김

· 孟之反(맹지반): 공자 당대의 노나라 대부. 성은 맹, 이름은 자측子側, 지반은 字.

· 伐(벌): 자랑하다.

· 奔而殿(분이전): 奔은 패주함, 殿은 군대의 후미, 군대가 패하여 후퇴할 때 후방에서 적을 막는 것.

· 策其馬(책기마): 말에 채찍질하다.

· 非敢後也(비감후야): 용감해서 뒤에 선 것이 아니다.

· 馬不進也(마부진야): 말이 잘 달리지를 못하다.

꿇어 봄

「춘추좌씨전」 대공 11년 봄조에 맹지반에 관한 기사가 실려 있으나, 공자가 평하는 말과 반드시 합치되는 것은 아니다.

6-16

子曰:"不有祝鮀之佞, 而有宋朝之美, 難乎免於今之世
자왈　불유축타지녕　이유송조지미　난호면어금지세

矣."
의

6-16. 공자 가라사대: "축타와 같은 훌륭한 말솜씨는 없으면서, 송조와 같이 잘생긴 외모만으로는 요즈음 세상에선 재앙을 면키 어렵다."

새 김

· 不有(불유): '~을 가지고 있지 않으면서' 라는 가정의 뜻을 가진다.
· 祝鮀(축타): 衛나라 대부로 자는 자어子魚이고, 이름이 鮀또는 佗다. 大祝이라는 관직에 있었기 때문에 祝鮀라고 불렀을 것이다.
· 佞(영): 말솜씨로서 대개 부정적으로 쓰이지만 여기서는 긍정적으로 새겼다. 「춘추좌전」 정공 4년 봄 3월조를 보면, 축타가 소능召陵회맹에서 훌륭한 말솜씨로 衛나라의 위상을 한껏 높였다. 그러므로 여기서 佞은 긍정적으로 '훌륭한 말솜씨'라고 새겼다.
· 宋朝(송조): 宋나라의 公子인 朝, 위영공의 아내 남자南子의 정인으로 뛰어난 미남이었다고 한다.

6-17

子曰:"誰能出不由戶? 何莫由斯道也?"
자왈　수능출불유호　하막유사도야

6-17. 공자 가라사대: "누가 문을 거치지 않고 밖으로 나갈 수 있겠는가? 그런데 어찌 이 길을 거치려고 하지 않는가?"

> **새 김**
> ・由戶(유호): 문을 거쳐서.
> ・斯道(사도): 공자가 생각하는 세상 사람들이 지켜야 할 도리. 이 길, 올바른 도리, 선왕지도.

6-18.

子曰: "質勝文則野, 文勝質則史. 文質彬彬, 然後君子."
_{자 왈 질 승 문 즉 야 문 승 질 즉 사 문 질 빈 빈 연 후 군 자}

6-18. 공자 가라사대: "내용만 중시하고 형식을 소홀히 하면 너무 꾀죄죄하게 보이고, 형식만 중시하고 내용을 소홀히 하면 겉만 빤지르르하게 보인다. 문과 질이 모두 충실한 연후에나 군자라고 할 수 있다."

> **새 김**
> ・質,文(질,문): '바탕'과 '꾸밈', '본질'과 '문채', '내용'과 '형식' 등으로 새길 수 있다.
> ・野,史(야,사): '꾀죄죄하다, 투박하다'와 '빤지르르하다, 매끈하다.'
> ・文質彬彬(문질빈빈): 내용과 형식이 모두 충만하다. 문과 질이 모두 빛나다.

6-19.

子曰: "人之生也直, 罔之生也幸而免."
_{자 왈 인 지 생 야 직 망 지 생 야 행 이 면}

6-19. 공자 가라사대: "사람의 삶이란 발라야 한다. 바르게 살지 않는 것은 요행히 재앙을 면하는 것일 뿐이다."

새김

- 人之生也(인지생야): 사람의 삶이란.
- 直(직): 바르다. 바르게 살아야 한다.
- 罔(망): 無, 不.
- 幸而免(행이면): 요행히 재앙을 면하다.

6-20.

子曰: "知之者不如好之者, 好之者不如樂之者."
자왈   지지자불여호지자 호지자불여락지자

6-20. 공자 가라사대: "무엇을 그냥 알기만 하는 것은, 그 무엇을 좋아하고 재미있어하는 것만은 못하다. 그 무엇을 좋아하고 재미있어하는 것은, 그 무엇을 즐기고 기뻐하는 것만 못하다."

새김

- 知(지): 그 무엇을 아는 계기는 개인의 호·불호 그리고 제도. 관례. 강제 또는 새로운 것을 알고 싶어 하는 자신의 욕구에 의한다.
- 好(호): 그 무엇을 좋아하며 거기서 재미를 느낀다. 그 대상이 옳고 그름을 가릴 수 있는 것이라면 지·호·락 간에는 분명 가치 서열이 생길 것이나, 일반적이라면 단순히 효능 면에서 서열이 생길 것이다.
- 樂(낙): 그 무엇을 즐기며 거기서 기쁨을 느낀다. 그 대상이 윤리 도덕적인 것이라면 가치 서열의 맨 위에 자리할 것이며, 일반적이라면 효능 면에서 가장 효율적일 것이다.

6-21.
子曰: "中人以上, 可以語上也; 中人以下, 不可以語上也."
자왈 중인이상 가이어상야 중인이하 불가이어상야

6-21. 공자 가라사대: "(도덕성이) 평균 이상인 사람에게는 높은 가치(덕을 베풂)를 말해 주어도 되지만, 평균 이하인 사람에게는 높은 가치를 말해 주어서는 안 된다. (기본적인 행동 규범을 계속 말해주는 것이 효율적이다.)"

새김

· 中人以上(중인이상): 덕성德性이 평균 이상인 사람.
· 可以語上(가이어상): 행하기 어려운 것을 말하다.

6-22.
樊遲問知, 子曰: "務民之義, 敬鬼神而遠之, 可謂知矣."
번지문지 자왈 무민지의 경귀신이원지 가위지의

問仁, 曰: "仁者先難而後獲, 可謂仁矣."
문인 왈 인자선난이후획 가위인의

6-22. 번지 지혜에 대하여 여쭈니. 공자 가라사대: "공동체 구성원이 지켜야 할 기본적인 행동 규범을 지키는 데 힘쓰고, 귀(기)신을 공경하되 그 이상 나가지 않으면 가히 지혜롭다고 할 것이다." 번지 인에 대하여 여쭈니. 공자 가라사대: "인이란 어려운 일은 먼저하고, 이익을 얻는 일은 남보다 뒤에 하면 가히 인하다고 할 만하다."

새 김

- 民(민): 공동체 구성원.
- 鬼神(귀신): 鬼는 祖上의 精氣, 祇는 땅의 精氣, 神은 太陽의 精氣.
- 遠之(원지): 귀신은 공경하는 마음의 대상이다. 존재론적 구속에서 벗어나라.
- 先難(선난): 어려운 일은 남보다 앞장서다.
- 後獲(후획): 이로움은 남보다 뒤에 취하라.

6-23

子曰: "知者樂水, 仁者樂山; 知者動, 仁者靜; 知者樂, 仁者壽."
자왈 지자요수 인자요산 지자동 인자정 지자락 인자수

6-23. 공자 가라사대: "지자는 물(의 유동성)을 좋아하고, 인자는 산(의 정밀함)을 좋아한다. 지자는 역동적이고, 인자는 정밀하다. 지자는 악기를 즐겁게 연주하듯(역동적이고), 인자는 장수하신 노인처럼 (정밀하다)."

새 김

- 樂水(요수): 물의 상징성인 유동성을 좋아한다.
- 樂山(요산): 산의 상징성인 정밀함을 좋아한다.
- 動, 靜(동, 정): 역동성, 정밀함
- 樂, 壽(낙, 수): '낙'은 악기를 즐겁게 연주하듯, '수'는 장수하신 노인처럼으로 새겼다.

꼽아 봄

'知者樂'과 '仁者壽'의 해석은 수천 년 동안 예외 없이 '지자는 즐기고, 인자는 장수한다.'는 취지로 새기고 있다. 성인의 말씀이라지만 너무나 엉뚱하고 도무지 이해되지 않아, 나는 수천 년 동안의 일률적인 해석을 벗어나 새롭게 새겨 보고자 했다.

'지자락'과 '인자수' 못지않게 난해한 것이 '지자요수'와 '인자요산'이다. 이것은 결국 지자는 물의 역동성을 좋아하고 인자는 산의 정밀함을 좋아한다는 뜻이다. 그리고 '지자락'과 '인자수'의 '락'과 '수'는 역동성과 정밀함을 시적으로 수식하는 말이라고 보면 된다.

6-24.
子曰:"齊一變至於魯, 魯一變至於道."
자 왈   제 일 변 지 어 노   노 일 변 지 어 도

6-24. 공자 가로되: "제나라가 한 번 크게 변하면 노나라에 이를 것이요. 노나라가 한 번 크게 변하면 이상적인 선왕의 도에 이를 것이다."

새 김

· 齊(제): 현재 산동성을 중심으로 했던 강대국. 그러나 공자는 예악의 정통을 이은 노나라에 뒤진 나라라고 보았던 것 같다.

· 魯(노): 산동성 곡부를 중심으로 한 소국. 三桓이 참월僭越하는 등 정치가 문란하고 예의가 쇠퇴했으나 이런 점만 바로 잡을 수 있다면, 선왕의 도가 실현될 수 있다고 보았던 것 같다.

· 一變(일변): 크게 한 번 개혁하다.

· 至於魯(지어노): 노와 같은 나라가 될 수 있다.

· 至於道(지어도): 고대 성왕들의 이상적인 정치 수준에 이르다. 도는 '선왕

지도'로써 요, 순, 우, 탕, 문, 무, 주공의 이상적인 정치, 특히 주공 때의 문물제도 등을 말한다.

6-25

子曰: "觚不觚, 觚哉! 觚哉!"
자 왈   고 불 고   고 재   고 재

6-25. 공자 가라사대: "모가 난 술잔인 觚가 모가 없이 둥글면 그것이 어찌 觚냐? 그것이 어찌 觚라고 할 수 있겠느냐?"

새 김

· 觚(고): 두 번째 觚는 '모서리 진'이라는 뜻의 형용사이고, 나머지 세 개의 觚는 모난 술잔이라는 뜻의 명사이다.

꿇어 봄

名과 實이 다른 것을 비유적으로 나무라는 것일 수도 있고, 실제로 모난 잔을 만들기 어려워 둥글게 만들어 놓고 '觚'라고 부르는 것에 대하여 따끔하게 일침을 놓고, 모난 잔의 재현을 바란 것인지도 모를 일이다.

6-26

宰我問曰: "仁者, 雖告之曰: '井有仁焉.' 其從之也?" 子曰:
재 아 문 왈   인 자   수 고 지 왈   정 유 인 언   기 종 지 야   자 왈

"何爲其然也? 君子可逝也, 不可陷也; 可欺也, 不可罔
 하 위 기 연 야   군 자 가 서 야   불 가 함 야   가 기 야   불 가 망

也."
야

6-26. 재아가 여쭈어 가로되: "인한 사람은 만약 누가 '우물 안에 인이 있습니다.' 하고 소리치기만 하면, 그 말을 곧이곧대로 믿고 따라갈까요?" 공자 가로되: "어찌 그렇기야 하겠느냐? 군자가 우물까지는 따라가겠지, 그러나 그 말에 속아 넘어가지는 않을 것이다. 거짓말로 속이려 해도, 그렇게 멍청하게 속겠느냐?"

새 김

· 井有仁焉(정유인언): 仁을 人 또는 仁人으로 새기는 사람도 있으나, 재아가 하는 질문의 의도를 제대로 파악하지 못한 탓이다.

· 其從之也(기종지야): '당장 우물 속으로 들어가야 하지 않을까요?' 라고 해석하는 경우도 있으나 '그 말을 곧이곧대로 믿고 따라갈까요?'와 같이 새겼다.

· 不可陷也(불가함야): '우물 속에 빠질 수는 없는 것이다.'라고 일반적으로 해석하지만 '그 거짓말에 속아 넘어가지 않는다.'라는 뜻으로 새겼다.

· 可欺也(가기야): 일반적으로 '속일 수는 있지만.'이라고 새기지만, '거짓말로 속이려고 할 수는 있지만.' 이라는 뜻으로 새겼다.

· 不可罔也(불가망야): '멍청하게 속지 않는다.'

끓아 봄

일반적으로 재아가 이상하고 얄궂은 것을 물어 스승을 골탕 먹이려는 장난 비슷한 질문 정도로 생각하지만, 공자에게는 정말 뼈아프게 한 방 먹이는 예리하고 신랄한 질문으로 보아야 할 것이다. 일반적으로 생각하듯 재아가 하는 질문이 이상하고 엉뚱한 장난 비슷한 것이었다면 공자가 그렇게 진지하게 반복해서, 강변하듯 성이있게 대답했을 리가 없었을 것이다. 질문의 핵심은 공자가 仁이라는 것을 계속해서 강조하면서도 명확한 개념을 제자들에게 설명해 주는 것도 아니고, 더구나 공문 밖 사람들이 제자들을 仁하냐고 물으면 거의 仁

한 지는 잘 모르겠다고 대답하는 공자에게 仁하다는 사람은 우물 속에 仁이 있다고 해도 믿을 만큼 어리석고 이상한 사람들이냐고 불평을 담아 던져보는 질문이다. 그 속에는 스승님은 仁이라는 것을 정말 잘 아시느냐고 따지듯이 묻는 말이라고 보아야 한다.

 공자의 대답은 반복적으로 인한 사람 하물며 군자라도 잘 속아 넘어가는 그런 멍청한 사람은 아니라고 강변하면서도 仁에 대하여는 일언반구도 하지 않는다. 신비감을 높이기 위한 작전일 것이다.

6-27.

子曰: "君子博學於文, 約之以禮, 亦可以弗畔矣夫!"
자 왈 군 자 박 학 어 문 약 지 이 례 역 가 이 불 반 의 부

 6-27. 공자 가라사대: "군자는 문에서 넓게 배우고, 그것을 예로써 묶으면, 도에 어긋남이 없을 것이다.

새김

· 文(문): 문물제도.
· 約之(약지): 박학 어문을 묶는다.
· 畔(반): 도에 어긋남이 없다.

6-28.

子見南子, 子路不說, 夫子矢之曰: "予所否者, 天厭之! 天
자 견 남 자 자 로 불 열 부 자 시 지 왈 여 소 부 자 천 염 지 천

厭之!"
염 지

6-28. 공자 남자를 만났다. 자로가 무척 화를 내자, 공자 맹세하며 가로되: "나에게 부정한 일이 있다면 하늘이 싫어할 것이다. 하늘이 싫어할 것이다."

새 김

· 南子(남자): 위영공의 부인, 스캔들이 많다.
· 矢之(시지): 맹세하며 말하다.
· 予所否者(여소부자): 나에게 부정한 일이 있다면.
· 厭(염): 싫어하다.

끓아 봄

편집자는 이 장을 슬쩍 빼버리고 싶었겠지만 어쩔 수 없이 「논어」에 삽입한 것은 울며 겨자를 먹는 식일 것이다. 공자와 남자의 스캔들이 열국을 뜨겁게 달구는 상황에서 그냥 털고 넘어갔다가는 더욱더 세차게 악성으로 타오를 것이 염려스러워 이렇게라도 얼버무리고 지나가고자 했을 것이다.

6-29

子曰: "中庸之爲德也, 其至矣乎! 民鮮久矣."
자 왈 중 용 지 위 덕 야 기 지 의 호 민 선 구 의

6-29. 공자 가라사대: "중용의 덕 됨이 아마 지극하겠지! 그러나 중용을 오래 실천하는 사람은 드물다."

새 김

- 中庸(중용):

중 中	·상황에 맞게 가장 공평하고 공정하게. ·상황에 맞게 가장 적당하고 적절하게.	윤집궐중의 중中을 '中庸'에서의 중中으로 보는 것이 가장 적합하다.
용 庸	바보스럽다고 할 만큼 남을 먼저 생각하고 배려하며. 자연처럼 늘 그냥 베푼다.	「중용」 제 7장과 9장에서 공자도 행하기 쉽지 않다고 한 '중용'이라면, '庸'을 평범하고 추상적인 '평상의 도리' 라고 해석 하기 보다는 적극적으로 '늘 남을 먼저 배려하고, 베푸는 덕행.' 이라고 해석 하는 것이 더욱 타당하다고 생각한다.

· 民鮮久矣(민선구의): 주희 이후에 일반적으로 "중용을 실천하는 백성이 드물게 된 지가 오래되었다."고 해석 하지만, 나는 본문과 같이 새겼다.

6-30.

子貢曰: "如有博施於民而能濟衆, 何如? 可謂仁乎?" 子
자공왈   여유박시어민이능제중   하여   가위인호   자

曰: "何事於仁, 必也聖乎! 堯舜其猶病諸! 夫仁者, 己欲
왈   하사어인 필야성호   요순기유병제   부인자   기욕

立而立人, 己欲達而達人. 能近取譬, 可謂仁之方也已."
립이입인 기욕달이달인   능근취비   가위인지방야이

6-30. 자공이 여쭙기를: "만약 백성들에게 널리 베풀어서 많은 사람을 구제한다면, 어떻다고 할까요? 인仁하다고 할 수 있을까요?" 공자 가라사대: "어찌 仁을 이루는 일이겠느냐? 반드시 聖을 이루는 일이로다! 아마 요, 순임금도 오직 그 일을 걱정했겠지! 대체로 仁하다는 것은, 제 뜻을 (먼저) 세우고 남도 세우게 하며, 제 뜻을 (먼저) 이루고 남도 이루게 하는 것이다. 이처럼 내가 仁이라고 비유하여 말한 것들을 능숙하게 가까이하는 것. 그것만이 인을 실천하는 방도라고 할 수 있다."

새 김

· 其猶病諸(기유병제): '其'는 감탄을 나타내는 부사. '諸'는 '之乎'의 合字로서 '之'는 박시, 제중을 가리키는 지시대명서, '乎'는 의문 조사.

· 己欲立而立人, 己欲達而達人(기욕립이입인, 기욕달이달인): 지금까지 통설적인 해석은 '자기가 서고자 하면 남도 서게 하며, 자기가 달성하고자 하면 남도 달성하게 하라.'라고 새겼다. 이러한 해석은 '기'를 주격으로 보고 '입'과 '달'을 '욕'의 목적어로 보고 새기는 것이지만, '기'는 주격으로 쓰는 경우가 거의 없다. 그러므로 '기'를 소유격으로 보고 '기욕'을 '입'과 '달'의 목적어로 보고 새겨야 문장의 의미가 명료해질 것이다. '기욕'은 내가 하고자 하는 마음 즉, 나의 뜻(공동체 사회의 행동 규범을 준수하고, 더 나아가 덕을 베푸는 것)을 먼저 세우고 남도 세우게 하며, 내가 먼저 이루고 남도 이루게 하는 것이 인이라고 말하는 것이다.

· 能近取譬(능근취비): 우선 중요하다고 생각하는 해석을 다음에 옮겨 보겠다.

주희 「논어 집주」

가까이 자기 자신에게서 취하여, 자기가 바라는 바를 타인과 견주어, 그가 바라는바 역시 내가 바라는 것과 같다는 것을 아는 것이다. 그러한 후에 내가 원하는 바를 미루어 다른 사람에게까지 미치게 하는 것이다. 그것이 바로 恕를 하는 것이요, 仁의 실천 방법이다.

김용옥 「논어 한글 역주」

능히 가까운 데서 자기 몸으로 깨달을 수 있는 것을 취할 줄 알면, 그것은 인을 실천하는 방법이라 일컫는다.

조명화 「논어 역평」

그처럼 평범하고 가까운 것에서 비유를 얻는 것이 인을 실천하는 방법이라고 할 수 있겠지.

김도련 「주주 금석 논어」
능히 가까운 자신을 미루어 남의 처지를 미루어 알 수 있다면, 인의 방법이라고 할 만하다.

김학주 「논어」
近取譬(근취비): 가까운 자기에게서 미루어 남을 이해하는 것.

꿇아 봄

역대 '능근 취비'에 대한 해석을 살펴보면 대부분이 본 장에서 '己欲立而立人, 己欲達而達人.' 을 끌어다 해석하는 것에서 그친다. 그러나 '取譬' 는 내(공자)가 仁이라고 비유로 든 사례들을 말한다. 그 사례로는 본 장의 '기욕립이입인, 기욕달이달인.'외에도 「논어」 12편 1장, 2장, 3장, 22장 그리고 제13편 19장, 제15편 10장 등 여러 가지가 있다. 그러므로 '능근취비, 가위인지방야이.'의 해석은 '내가 인이라고 비유로 든 사례들을 능숙하게 가까이하여 일상화하는 것만이 인을 실천하는 방도라고 할 수 있다.'로 해석해야 할 것이다.

특히 조명화는 「논어 역평」에서 '능근취비'를 '능취비어근'의 도치문이라고 했는데, 해석을 미리 그렇게 하고 보니 도치문으로 보였을 것이다. 그러나 '능근취비'라는 구문을 분석해 보면 '내가 인이라고 비유로 든 것.'이라는 뜻의 '취비'가 목적어이며, 동사는 '가까이하다.'라는 뜻의 '근'이며, '능'은 '능숙히'라는 뜻의 부사이다.

述而 第七篇
(술이 제칠편)

述而 第七篇
(술이 제칠편)

「술이」편은 자왈子曰 또는 자위子謂로 시작되는 22개 장이 각종 주제의 공자 어록이며, 자子또는 섭공葉公과 진사패陳司敗로 시작되는 15개 장은 공자 삶 전체에 걸친 생활 태도 및 공자의 인품을 그리고 있다.

7-1.

子曰:"述而不作, 信而好古, 竊比於我老彭."
자 왈 술 이 부 작 신 이 호 고 절 비 어 아 노 팽

7-1. 공자 가로되: "옛 것을 전술傳述할 뿐 창작하지는 않고, 옛 것을 믿고 고전을 좋아하는 나를 슬며시 노팽에게 견주어 본다."

새 김

· 老彭(노팽): 전설상의 인물로서 확실한 정보는 없다. 하여튼 공자로서는 '술이부작, 신이호고'라는 구절에 적합한 이미지를 가진 인물이므로 내세웠을 것이다.

7-2.

子曰:"默而識之, 學而不厭, 誨人不倦, 何有於我哉."
자 왈 묵 이 식 지 학 이 불 염 회 인 불 권 하 유 어 아 재

7-2. 공자 가라사대: "묵묵히 깨우쳐 알도록 하고, 배움에 싫증 내지 않고, 사람을 가르치는데 게으르지 않다. 나에게 무엇이 더 필요하겠느냐?"

새 김

· 識(식): 나는 '식'으로 읽고, '깨우쳐 안다.' 로 새겼다.
· 厭(염): 싫증 내다.
· 誨人(회인): 남을 가르치다.
· 倦(권): 게으르다, 지치다.
· 何有於我哉(하유어아재): 일반적으로 '나에게 무슨 어려움이 있겠느냐?'

로 새기지만 '나에게 무엇이 더 필요하겠느냐?'로 새겼다.

7-3.
子曰: "德之不脩, 學之不講, 聞義不能徙, 不善不能改,
자왈   덕지불수   학지불강   문의불능사   불선불능개

是吾憂也."
시 오 우 야

7-3. 공자 가라사대: "덕을 베푼 만큼 수신을 잘하지 못하는 것, 학문을 잘 익히지 못하는 것, 의를 듣고도 의롭게 잘 고치지 못하는 것, 불선을 잘 고치지 못하는 것. 이것이 나의 걱정이다."

새 김
- 講(강): 익히다, 강습하다.
- 徙(사): 고치다, 옮기다.

꿰 아 봄
「논어」에서는 일정한 기준 없이 '修'와 '脩'를 마구 섞어 쓴다. 나는 앞으로 다음과 같은 기준에 따라 구분해서 사용하여야 한다고 생각한다.

구분	구분기준		
脩	가치판단을 필요로 하는 행위	인격수양 人格脩養 덕지불수 德之不脩 수도지위교 脩道之謂敎	인간에게 본능적으로 잠재되어 있는 야성을 제거하는 절차
修	가지판난이 필요없는 행위	문장수식 문장修飾 내본수성 대본修訂 선박수리 선박修理 옷 수선 옷 修繕	

7-4.

子之燕居, 申申如也, 夭夭如也.
자 지 연 거 신 신 여 야 요 요 여 야

7-4. 공자 한가롭게 집에 있을 적에는 편안한 듯, 온화한 듯했다.

새 김

· 燕居(연거): 한가롭게 집 안에 있다.
· 申申如(신신여): 편안한 것 같다.
· 夭夭如(요요여): 온화한 것 같다.

7-5.

子曰: "甚矣吾衰也! 久矣吾不復夢見周公!"
자 왈   심 의 오 쇠 야 구 의 오 불 부 몽 견 주 공

7-5. 공자 가로되: "심하도다. 나의 쇠잔함이여! 꿈에서 주공을 다시 보지 못한지가 너무 오래되었구나!"

새 김

· 周公(주공): 주문왕 희창姬昌의 넷째 아들이며, 무왕 희발姬發의 동생으로 이름은 희단姬旦이다. 무왕이 죽고 그 아들 成王이 어린 나이에 즉위하자 국정을 전담하여 처리했다.

子曰: "志於道, 據於德, 依於仁, 游於藝."
<small>자 왈 지 어 도 거 어 덕 의 어 인 유 어 예</small>

7-6. 공자 가라사대: "기본적인 행동규범은 철저히 지킨다는 뜻을 세우고, 한 걸음 더 나아가 덕과 인에 따라 남에게 베풀고, 놀 때도 규범에 따라야 한다."

새 김

· 道(도): 공동체 사회에서 인간이 반드시 행하여야 할 사람의 도리.
· 德(덕): 남을 배려하고, 베풀며, 도와주는 것. 15-3 참조.
· 仁(인): 사람들이 진심으로 고마워하는 마음과 존경심이 저절로 우러나도록 하는 행위. 德과 구별하자면, 仁은 상황에 따라 남을 위하여 생명과 신체까지도 희생하는 경우가 있다는 점이다.

※사람의 도리를 도표로 요약하면.

사람의 도리	道도	道도	생명도	·최선을 다하여 생존과 번식에 노력한다. ※자연 상태와 달리 '힘의 논리(야성)'가 제거된다.
			기본적 인도	·다른 사람의 생명, 신체, 재산 그리고 감정을 함부로 해치거나 빼앗지 아니한다. ※공동체 사회 구성을 가능케 하는 구성원의 기본적 행동 규범이다.
		德덕	군자도	·예의 바르게, 항상 남을 배려하며, 베풀고, 돕는다. ※ '나' 라는 개념의 외연이 매우 넓다.
			성인도	·구시대적 개념: 정치적 종결자로서 능제중能濟衆 　　　　　　　도덕적 종결자로서 능화중能化衆 ·현대적 의미: 고마워하는 마음과 존경심이 저절로 우러나도록 행동한다. ※ '나' 라는 개념의 외연이 하늘처럼 넓다.
	息식	游유		·계속 건전한 공동체 생활을 영위힐 수 있도록 규범의 틀 안에서 아름답게 흥을 돋우며 긴장감을 해소 할 수 있도록 한다.

7-7.

子曰: "自行束脩以上, 吾未嘗無誨焉."
자왈 자행속수이상 오미상무회언

7-7. 공자 가로되: "육포 한 속 이상을 가지고 와서 예를 갖추면 나는 누구라도 가르치지 않은 적이 없다."

새김

· 自行束脩(자행속수): 말린 육포 한 다발을 예물로 바친 사람이라면.

7-8.

子曰: "不憤不啓, 不悱不發. 舉一隅不以三隅反, 則不復也."
자왈 불분불계 불비불발 거일우불이삼우반   즉불부야

7-8. 공자 가라사대: "(너희가 경사經史의 뜻을 스스로 깨달아 밝히고) 말로도 유창하게 표현할 수 있도록 힘쓰지 않으면 (나는 너희들을) 깨우쳐 열어 주지 않겠다. (내가) 한쪽 귀퉁이를 들어 설명하는데 (너희가) 세 귀퉁이를 안다는 반응이 없으면 (나는) 다시 가르치지 않겠다."

새김

· 憤(분), 悱(비): 힘쓰다, 유창하게 표현하지 못하다.
· 啓(계), 發(발): 막힌 것을 열어 주다, 촉발시키다.
· 舉一隅(거일우): 한 쪽을 들어 설명해 주다.
· 三隅反(삼우반): 세 귀퉁이에서 반응하다.
· 不復也(불부야): 다시 가르치지 않는다.

> **꽂아 봄**
>
> 나는 이 구절을 '不憤不悱, 不啓不發(불분불비, 즉 불계불발)'로 보고 새겼다. 「예기」 心憤憤 口悱悱 然後啓之(심분분 구비비 연후계지) 참조

7-9.

子食於有喪者之側, 未嘗飽也. 子於是日哭, 則不歌.
자식어유상자지측 미상포야 자어시일곡 즉불가

7-9. 공자 상을 당한 사람 곁에서 끼니를 먹을 때는 배부르게 먹지 않는다. 공자 곡을 한 날에는 노래를 부르지 않았다.

7-10.

子謂顔淵曰: "用之則行, 舍之則藏, 惟我與爾有是夫!" 子
자위안연왈   용지즉행 사지즉장 유아여이유시부   자

路曰: "子行三軍, 則誰與?" 子曰: "暴虎馮河, 死而無悔
로왈   자행삼군 즉수여   자왈   포호빙하 사이무회

者, 吾不與也. 必也臨事而懼, 好謀而成者也."
자 오불여야 필야임사이구 호모이성자야

7-10. 공자 안연에게 말하기를: "등용하면 열심히 수행하고, 잘리면 들어앉는 것, 오직 나와 너만이 그럴 것이야!" 자로 가로되: "선생님은 삼군을 거느리고 출정한다면 누구와 함께하시겠습니까?" 공자 왈: "맨손으로 호랑이를 때려잡으려 하고 맨발로 강을 건너려 하며, 죽어도 후회하지 않는다고 말하는 그런 사람과는 함께하지 않겠다. 반드시 일에 임하면 실패할 것을 두려워하고, 계획을 세워서 성공시키는 사람과 함께 갈 거야."

새김

· 用之(용지): 등용되다.

· 行(행): 자기 일을 열심히 수행하다.

· 舍之(사지): 퇴임시키다.

· 藏(장): 멀리 물러나 은거하다.

· 有是夫(유시부): 그런 자세를 가지겠지!

· 行三軍(행삼군): 삼군을 거느리고 출정하다.

· 暴虎(포호): 맨손으로 호랑이를 때려잡다.

· 馮河(빙하): 큰 강을 맨발로 걸어서 건너다.

· 臨事而懼(임사이구): 일에 임하여 실패할 것을 두려워하다.

· 好謀而成(호모이성): 계획을 잘 세워 꼭 성공하다.

 7-11.

子曰: "富而可求也, 雖執鞭之士, 吾亦爲之; 如不可求,
자 왈   부 이 가 구 야   수 집 편 지 사   오 역 위 지   여 불 가 구

從吾所好."
종 오 소 호

7-11. 공자 가로되: "부를 구하는 것이 옳을 때라면, 비록 채찍을 잡는 천한 일이라도 내 기꺼이 그것을 하겠다. 부를 구하는 것이 옳지 않은 때라면 나는 내가 좋아하는 일에나 종사하겠다."

새김

· 可求(가구): 구하는 것이 옳은 때라면.

· 執鞭之士(집편지사): 채찍을 잡는 사람. 옛날 임금이나 높은 관리가 출입할 때 수레 앞에서 채찍을 들고 길을 트던 사람.

7-12.
子之所愼, 齊·戰·疾.
자 지 소 신 재 전 질

7-12. 공자께서 삼가는 것은 재계齊戒, 전쟁, 질병이었다.

새 김

· 齊(재): 齋자와 통함. '재'라고 읽고, 뜻도 齋로 새긴다. 제사를 지내기 전에 몸과 마음을 청결히 하는 것을 통틀어 齋라고 한다. 齋란 제사 지낼 신 앞에 몸과 마음을 가지런히 한다는 뜻으로, 여기에는 목沐과 욕浴은 물론 거처도 정좌하는 곳으로 옮기고, 먹는 것도 담백한 음식만을 먹고 일체 부정한 일에는 가까이하지 않는 것도 포함한다.

· 戰(전): 전쟁을 삼간다는 뜻은 전쟁과 같은 혼란한 시기를 조심해서 잘 극복하고 화를 피하는 것이다. 「예기」 가운데 '아전즉극我戰則克'이나 '이전즉극以戰則克'을 '전쟁에 이긴다.'고 새기는 것은 무리며 '전쟁을 극복한다.'라고 새겨야 한다.

7-13.
子在齊聞韶, 三月不知肉味, 曰: "不圖爲樂之至於斯也!"
자 재 제 문 소 삼 월 부 지 육 미 왈 부 도 위 악 지 지 어 사 야

7-13. 공자 제나라에 있을 때 韶라는 음악을 듣고 삼 개월 동안 고기 맛을 모를 지경이었다. 그리고 왈: "소를 연주하는 것이 이러한 경지에까지 이를 줄은 생각지도 못했다."

새김

- 韶(소): 순임금이 만들었다는 음악 이름.
- 不圖(부도): 생각지도 못하다.
- 爲樂之(위악지): 소음악을 연주하다.
- 至於斯(지어사): 이러한 경지에 이르다.

7-14.

冉有曰: "夫子爲衛君乎?" 子貢曰: "諾, 吾將問之." 入, 曰:
염유왈   부자위위군호   자공왈   낙 오장문지   입 왈

"伯夷·叔齊, 何人也?" 曰: "古之賢人也." 曰: "怨乎?" 曰:
백이 숙제 하인야   왈   고지현인야   왈 원호   왈

"求仁而得仁, 又何怨?" 出曰: "夫子不爲也."
구인이득인   우하원   출왈   부자불위야

7-14. 염유 가로되: "선생님께서는 위나라 군주를 도우실까요?" 자공 왈: "좋아, 내가 가서 여쭈어보지." 자공은 공자 방에 들어가 여쭙기를: "백이와 숙제는 어떠한 사람입니까?" 공자 왈: "옛날 현자들이다." 자공이 다시: "원망했을까요?" 다시 공자 왈: "인을 구하고자 해서 인을 얻었는데 무슨 원망이 있겠느냐?" 자공이 나와서 가로되: "선생님께서는 위나라 군주를 돕지 않으실 것이네."

새김

- 爲衛君(위위군): 현재 위나라 군주인 출공出公, 첩輒을 돕는다.
- 求仁而得仁(구인이득인): 백이는 아버지의 명命을 따르고자, 숙제는 왕위 계승의 순서를 지키고자 모두 왕위를 버린 것이 구인求仁이며, 후대에 모든 사

람의 칭송을 받은 것이 득인得仁이라고 보는 것이 무난하다.

· 夫子不爲(부자불위): 위나라 군주 출공 첩을 돕지 않는다. 백이와 숙제가 인을 구하고자 해서 인을 얻었다고 보는 공자 관점에서 위나라의 출공 첩과 그 아비인 괴외와의 왕위 쟁탈전을 보며, 누구의 입장이 되더라도 군주로서 적당치 않다고 판단해서 출공을 돕지 않으리라 생각했을 것이다.

7-15.

子曰: "飯疏食飮水, 曲肱而枕之, 樂亦在其中矣. 不義而
자 왈   반 소 사 음 수   곡 굉 이 침 지   낙 역 재 기 중 의   불 의 이

富且貴, 於我如浮雲."
부 차 귀   어 아 여 부 운

7-15. 공자 가라사대: "거친 밥을 먹고 물 마시며, 팔 굽혀 베고 누웠어도 즐거움이 또한 그 가운데 있도다. 의롭지 못하게 부하고 귀한 것은 나에게 뜬구름과 같은 것이다."

새김

· 飯疏食(반소사): 거친(疏) 밥(食)을 먹다(飯).
· 曲肱(곡굉): 팔(肱)을 구부리다(曲).
· 枕之(침지): 베개로 삼아 베다.
· 浮雲(부운): 뜬구름.

7-16.

子曰:"加我數年, 五十以學易, 可以無大過矣."
자왈 가아수년 오십이학역 가이무대과의

7-16. 공자 가로되: "내가 몇 년을 보태서 오십까지 역공부를 마쳤더라면, 대과는 없었을 터인데."

새김

- 加我數年(가아수년): 내 삶에서 수년을 억지로라도 할애割愛하여.
- 五十以學易(오십이학역): 나이 오십에 역易 배우기를 마쳤다면.
- 可以無大過矣(가이무대과의): 크게 그르치는 일은 없었을 터인데.

꼽아 봄

공자는 오십 대 초반에 의욕만 앞세워 무모하게 대사를 도모하다 실패하고, 삼환에게 쫓겨 망명하게 된다. 갖은 고초를 겪으며 여러 나라를 떠돈 후에, 혹시라도 오십 전에 역易을 완벽하게 익혔더라면, 그렇게 크게 일을 그르치지는 않았을 텐데 하는 아쉬움의 토로일 것이다.

7-17.

子所雅言, 詩·書·執禮, 皆雅言也.
자소아언 시서집례 개아언야

7-17. 공자가 雅(정음)로 말하는 경우는, 시, 서경을 읽거나, 또는 집례할 때다. 이러면 모두 雅(정음)로 말한다.

새김

- 雅言(아언): 雅(정음正音)로 말하다. 정음은 그 당시 낙양지역의 말이다.
- 執禮(집례): 의례를 집전하다.

7-18.

葉公問孔子於子路, 子路不對. 子曰: "女奚不曰: '其爲人
섭공문공자어자로   자로부대   자왈   여해불왈   기위인

也, 發憤忘食, 樂以忘憂, 不知老之將至云爾?'"
야   발분망식   악이망우   부지로지장지운이

7-18. 섭공이 공자에 대하여 자로에게 물었으나 자로가 대답하지 않았다. 공자가 이에 대하여 말하기를: "너는 왜 이렇게 말하지 않았느냐? 그분은 무엇을 열심히 하고자 분발하면 끼니도 잊고, 음악으로 모든 시름도 다 잊어, 늙어가는 것도 모르는 사람이라고."

새김

- 葉公(섭공): 성은 심沈, 이름은 제량諸梁, 자는 자고子高혹은 子羔. 葉섭은 남방의 대국 초楚나라의 영지로서 현재 하남성 섭현 지역이다. 그 지역의 영주를 제후처럼 葉公이라고 불렀다. 섭공은 「논어」 자로 편 16, 18장에도 공자와 대화하는 장면이 나온다.
- 奚(해): 어찌하여.
- 發憤(발분): 무엇을 열심히 하고자 분발하다.
- 云爾(운이): 문장의 끝에 써서 위에 말한 바와 같이 '이러이러할 뿐인.'

7-19.
子曰: "我非生而知之者, 好古, 敏以求之者也."
자왈   아비생이지지자   호고 민이구지자야

7-19. 공자 가라사대: "나는 자라면서 저절로 도道를 알게 된 사람이 아니고, 옛 고전 등을 좋아하여, 서둘러 도와 덕을 찾아서 아는 사람이다."

새 김

· 生而知之(생이지지): 일반적으로 '날 때부터 안다.'고 새기지만, 세상에 날 때부터 아는 사람은 한 사람도 있을 수 없다. 그러므로 '자라면서 저절로 알게 된다' 로 새겼다.

· 敏(민): 서둘러, 민첩하게.

· 求之(구지): 도道와 덕德을 찾아서 알다. 「중용」 20장 9절 참조.

7-20.
子不語, 怪力·亂神.
자불어 괴력   난신

7-20. 공자께서는 괴력과 난신에 관해서는 말씀하지 않으셨다.

새 김

· 怪力(괴력): 일반적으로 怪와 力을 따로 떼어서 새기지만 나는 '괴력'으로 보아, 산속이나 물속에 사는 괴이한 짐승이나 요괴의 비상식적인 힘으로 새겼다.

· 亂神(난신): 조상신과 땅과 하늘의 신령 외 잡신이라고 보았다.

7-21.

子曰: "三人行, 必有我師焉. 擇其善者而從之, 其不善者
而改之."

7-21. 공자 가라사대: "세 사람만 길을 가도, 그 속에는 반드시 내 스승이 있다. 그 가운데 좋은 사람을 가려서 따르고, 좋지 않은 사람을 가려 나를 고치는 거울로 삼는다."

7-22.

子曰: "天生德於予, 桓魋其如予何?"

7-22. 공자 가로되: "하늘이 이 세상에 태어나는 은덕을 베풀어 주셨는데, 환퇴가 나를 어찌하겠느냐?"

새 김

·天生德於予(천생덕어여): 일반적으로 "하늘이 나에게 덕을 내려주셨으니."로 해석하지만, 德이란 것이 하늘이 내려주는 것이 아니고, 스스로 함양하는 품성이다.

·桓魋(환퇴): 송나라의 사마司馬(벼슬 이름), 성은 상向, 이름은 魋, 환공의 후예라고 환퇴로 부른다. 공자를 죽이려고 큰 나무를 뽑았다는 설정도 어설프지만, 하여튼 공자를 해치려 한 이유는 밝혀진 것이 없다.

7-23.

子曰: "二三子以我爲隱乎? 吾無隱乎爾! 吾無行而不與
자왈   이삼자이아위은호   오무은호이   오무행이불여

二三子者, 是丘也."
이삼자자 시구야

7-23. 공자 가로되: "여러분! 내가 무엇을 숨기는 것 같은가? 나는 아무 것도 숨기는 것이 없네. 여러분과 함께다! 아니라면 나는 아무것도 하지 않았네. 이것이 나 구(丘)일세!"

새김

· 二三子(이삼자): 여러분, 애들아, 자네들.
· 以我爲隱乎(이아위은호): 내가 무엇을 숨기는 것 같으냐?
· 乎爾(호이): 句末에 붙여서 而已와 같은 뜻으로 쓰인다.
· 不與(불여): 함께 하지 않다.

꽂아 봄

필사적으로 변명하는 것으로 보여, 공자의 도道가 높아서 제자들이 따라오지 못하고, 무엇인가를 숨기고 있다고 의심하는 것에 대한 변명은 아닌 것 같다. 지금까지 공산불요의 초청에 응하려 했다거나, 필힐의 초청에 응하려 한 것이며, 위나라의 남자를 단독으로 만났다거나 한 것에 대한 제자들의 이상한 눈초리를 의식하고 적극적으로 변명하는 장면으로 보는 것이 타당할 것이다.

7-24.

子以四教: 文行忠信.
자이사교 문행충신

7-24. 공자께서는 네 가지로써 가르치셨으니, 문, 행, 충, 신이었다.

> 새 김

- 文(문): 문물제도.
- 行(행): 인간의 도리를 실천하는 것.
- 忠(충): 완전하게 행하기 위하여 자기의 최선을 다하는 것.
- 信(신): 완전하게 행하기 위하여 남이 신뢰할 수 있도록 언행을 하는 것.

7-25

子曰: "聖人, 吾不得而見之矣! 得見君子者斯可矣!" 子曰:
자 왈   성 인   오 부 득 이 견 지 의   득 견 군 자 자 사 가 의   자 왈

"善人, 吾不得而見之矣! 得見有恒者斯可矣! 亡而爲有,
선 인   오 부 득 이 견 지 의   득 견 유 항 자 사 가 의   무 이 위 유

虛而爲盈, 約而爲泰, 難乎有恒矣!"
허 이 위 영   약 이 위 태   난 호 유 항 의

7-25. 공자 가라사대: "성인이란 정말 만나보기 어렵구나! 그렇다면 군자라도 만났으면 좋겠다." 공자 다시 가라사대: "선인이란 정말 만나보기 어렵구나! 그렇다면 유항자라도 만났으면 좋겠다. 없으면서도 있는 척, 비어 있으면서도 꽉 찬 척, 쪼들리면서도 넉넉한 척하는 사람은 항심을 갖기가 어렵다."

> 새 김

- 聖人(성인): 성인이란 구시대적 개념으로는 정치적으로 만인을 능세중하는 사람과 도덕적으로 능화중하는 사람을 말한다. 그러나 현대적 개념으로는 '나'라는 개념의 외연이 한없이 넓은 사람을 말한다. 이 장에서는 성인과 군자

의 서열을 확실히 했고, 선인과 유항자의 서열도 확실히 했으나 군자와 선인과의 가치 서열은 분명치가 않다.

· 君子(군자): 항상 예의 바르고, 남을 배려하며 베풀고 돕는 자.
· 善人(선인): 도와 덕을 겸비한 사람. 「자로」편 11장과 29장에서는 정치를 잘 할 수 있는 사람을 가리키는 듯하다.
· 有恒者(유항자): 일관된 항심을 가지고 인간의 기본적인 도리를 지키는 사람.

7-26.

子釣而不綱, 弋不射宿.
자 조 이 불 강 익 불 석 숙

7-26. 공자는 낚시질은 할지라도 주낙질은 하지 않았고, 주살질은 할지라도 깃든 새는 쏘지 않았다.

새 김

· 釣(조): 낚시질하다.
· 綱(강): 주낙질하다. 주낙은 큰 줄에 낚싯바늘을 단 것.
· 弋(익): 주살질하다. 주살이란 화살에 줄이 달린 것.
· 射(석): 쏘아 맞힐 '석'
· 宿(숙): 보금자리에 깃들다.

7-27.

子曰: "蓋有不知而作之者, 我無是也. 多聞, 擇其善者而
자 왈   개 유 부 지 이 작 지 자 아 무 시 야   다 문 택 기 선 자 이

從之, 多見而識之, 知之次也."
종 지 다 견 이 식 지 지 지 차 야

7-27. 공자 가라사대: "대체로 잘 알지도 못하면서 무엇을 시작하는데. 나에게 그런 점은 없다. 많이 듣고 좋은 것을 골라 따라 하고, 많이 보고서 알아간다. 이것이 알아가는 순서일 것이다."

새 김

· 蓋(개): 대체로.
· 是(시): '不知而作之'를 가리킨다.
· 識(식): 알아간다.
· 知之次(지지차): 알아가는 순서.

7-28

互鄕難與言童子見, 門人惑, 子曰: "與其進也, 不與其退
호향난여언동자현 문인혹 자왈 여기진야 불여기퇴

也, 唯何甚? 人潔己以進, 與其潔也, 不保其往也."
야 유하심 인결기이진 여기결야 불보기왕야

7-28. 호향에 사는 상종 못 할 동자를 공자가 만났는데, 문인들이 의아해하며 당혹스러워했다. 그러자 공자 가라사대: "나는 발전하려는 사람을 만난 것이지 퇴보적인 사람을 만난 것이 아니다. 그런데 어찌 그리 유독 심하게 구느냐? 사람이 발전적으로 자기 몸을 청결히 하면, 청결함을 인정해 주면 되는 것이지 지나간 일까지 너무 마음속에 담아 둘 필요는 없는 것이다."

새 김

· 互鄕(호향): 지명이지만 어느 고장인지 확실히 알 수가 없다. 나는 難與言 (함께 말하기 어려운)을 호향을 수식하는 구절로 보지 않고, 동자를 수식하는

구절로 본다.
- 難與言童子(난여언동자): 함께 말을 나누기 어려운 녀석.
- 唯何甚(유하심): 어찌 그렇게 유독 심하게 구느냐?
- 不保其往(불보기왕): 지나간 일은 마음속에 담아 두지 마라.

7-29

子曰: "仁遠乎哉? 我欲仁, 斯仁至矣."
자왈   인원호재   아욕인 사인지의

7-29. 공자 가라사대: "인이 정말 멀리 있다고 할 것인가? 내가 인을 실천하고자 한다면, 당장 인이 나에게 와 있을 텐데."

7-30

陳司敗問: "昭公知禮乎?" 孔子曰: "知禮." 孔子退, 揖巫馬
진사패문   소공지례호   공자왈   지례 공자퇴 읍무마

期而進之, 曰: "吾聞君子不黨, 君子亦黨乎? 君取於吳,
기이진지 왈   오문군자부당 군자역당호   군취어오

爲同姓, 謂之吳孟子. 君而知禮, 孰不知禮?" 巫馬期以告,
위동성 위지오맹자 군이지례   숙부지례   무마기이고

子曰: "丘也幸, 苟有過, 人必知之."
자왈   구야행 구유과 인필지지

7-30. 진나라 사패가 물었다: "노나라의 소공은 예를 알까요?" 공자 아뢰기를: "예를 잘 아십니다." 공자 물러가자, 읍하고 선 무마기에게 앞으로 다가오게 하고는 말하기를: "내가 듣기로는 군자는 편파적이지 않다고 하던데, 역시 군자도 편파적이구나? 소공이 오나라에서 장가를 들

었는데, 동성이기 때문에 그 부인을 오맹자라고 불렀소. 이런 소공을 예를 안다고 한다면, 세상에 누구를 예를 모르는 사람이라고 하겠소?" 무마기가 그 일을 공자에게 고하자, 공자 왈: "나는 복이 많은 사람이다. 내가 조금이라도 잘못을 저지르면 사람들이 반드시 그것을 알려주는구나."

새 김

- 司敗(사패): 진나라와 초나라에서 쓰는 관직명, 사구司寇에 해당.
- 昭公(소공): 노나라 임금, 이름은 조裯. 양공의 아들.
- 巫馬期(무마기): 공자 제자. 성은 巫馬, 이름은 시施, 자가 子期. 揖巫馬期는 읍하고 서 있는 무마기란 뜻이다.
- 進之(진지): 읍하고 서 있는 무마기를 앞으로 오게 하다.
- 取(취): 취娶와 통함.
- 爲同姓(위동성): 동성을 취娶하였으므로.
- 吳孟子(오맹자): 춘추시대에는 국군國君 부인의 칭호는 태어난 나라이름에다 자기 본가의 성姓을 같이 붙여 불렀다. 그러면 소공부인은 오희吳姬라고 해야 하는데, 소공은 동성임을 감추기 위하여 그 부인의 자字를 붙여 오맹자라고 칭하였다. 동성불혼은 주나라의 예법이었다.

7-31.

子與人歌而善, 必使反之, 而後和之.
자 여 인 가 이 선　필 사 반 지　이 후 화 지

7-31. 공자는 사람들과 노래 부르다 잘하는 사람에게는 반드시 다시 부르게 하고, 그 후에 자기도 화답하여 불렀다.

새김

· 與人歌(여인가): 함께 노래 부르다.
· 善必使反之(선필사반지): 잘하는 사람에게 다시 한번 부르게 하다.
· 和之(화지): 화답和答하여 불렀다.

7-32.

子曰: "文莫吾猶人也. 躬行君子, 則吾未之有得."
자왈 문막오유인야 궁행군자 즉오미지유득

7-32. 공자 가라사대: "노력은 나도 남만큼은 한다. 그런데 군자의 처신을 몸소 실천하는 것은 아직 제대로 해내지 못한다."

새김

· 文莫(문막): 힘씀. 힘쓰다 노력하다.
· 躬行君子(궁행군자): 군자의 처신을 몸소 실천하다.
· 吾未之有得(오미지유득): 만족할만한 수준의 경지를 얻지 못했다. 미유득지未有得之의 도치구.

7-33.

子曰: "若聖與仁, 則吾豈敢? 抑爲之不厭, 誨人不倦, 則
자왈 약성여인 즉오기감 억위지불염 회인불권 즉
可謂云爾已矣." 公西華曰: "正唯弟子不能學也."
가위운이이의   공서화왈 정유제자불능학야

7-33. 공자 가라사대: "만일 성과 인을 말한다면, 내가 어찌 감히(행한

다고 하겠느냐)? 그러나 그것을 이루려고 싫증 내지 않고, 사람들을 가르치는데 게으르지 않다고 말할 수 있을 뿐이다." 공서화 가로되: "오직 제자들이 배울 수 없는 것이 바로 그것입니다."

새 김

- 豈敢(기감): 어찌 감히(행한다고 하겠느냐)?
- 抑(억): 그러나.
- 爲之不厭(위지불염): 聖과 仁을 이루려고 싫증 내지 않고 노력한다.
- 可謂云爾已矣(가위운이이의): ~이라고 말할 수 있을 뿐이다.
- 正唯(정유): '정'은 '불능학'의 목적어, '유'는 '불능학'을 꾸미는 부사

7-34

子疾病, 子路請禱. 子曰: "有諸?" 子路對曰: "有之, 誄曰:
자질병 자로청도 자왈   유제   자로대왈   유지 뇌왈

'禱爾于上下神祇.'" 子曰: "丘之禱久矣."
도이우상하신기   자왈 구지도구의

7-34. 공자 병이 위독하여지자 자로가 신명께 빌기를 청했다. 공자 왈: "그러한 사례가 있느냐?" 자로 대답해 가로되: "있지요, 기도문에 '위로 하늘의 신과 아래로 땅의 신에게 너를 위해 빈다.'고 했습니다." 공자 왈: "그런 것이라면, 나는 빈 지가 오래되었다."

새 김

- 疾病(질병): 병이 중해지다.
- 請禱(청도): 천지신명께 빌기를 청하다.
- 有諸(유제): 有之乎, 그런 사례가 있느냐? '之'는 기도하는 일로 지시 대명사.

· 有之(유지): 그런 사례가 있습니다.
· 誄(뇌): 기도문.
· 神祇(신기): 하늘의 신과 땅의 신.

7-35

子曰: "奢則不孫, 儉則固, 與其不孫也, 寧固."
자왈   사즉불손 검즉고 여기불손야 영고

7-35. 공자 가라사대: "사람이 지나치게 사치스러우면 불손해지고, 지나치게 검약하면 고루하게 된다. 그래도 불손한 것보다는 고루한 것이 낫다."

새 김

· 孫(손): 손遜과 통한다. 겸손謙遜
· 固(고): 고루固陋하다.
· 與其~寧(여기~영): 與其 A 寧 B는 A보다는 차라리 B가 낫다.

7-36

子曰: "君子坦蕩蕩, 小人長戚戚."
자왈 군자탄탕탕 소인장척척

7-36. 공자 가라사대: "군자는 마음이 평탄하게 넓으며, 소인은 항상 근심·걱정에 차 있다."

> **새 김**
> · 坦蕩蕩(탄탕탕): 마음이 평탄하게 넓다.
> · 長戚戚(장척척): 늘 근심 · 걱정에 차 있다.

7-37.
子溫而厲, 威而不猛, 恭而安.
자 온 이 려   위 이 불 맹   공 이 안

7-37. 공자는 온화하면서도 엄정하고, 위엄있으면서도 사납지 않았고, 깍듯하면서도 침착하였다.

> **새 김**
> · 厲(여): 엄정하다.
> · 猛(맹): 사납다.
> · 恭(공): 깍듯하다.
> · 安(안): 침착하다.

泰伯 第八篇
(태백 제팔편)

泰伯 第八篇
(태백 제팔편)

　제3장부터 7장까지 삽입된 어록에 호칭을 '증자'로 한 것을 보면, 태백 편은 증삼의 후학들이 구성하고 편집한 것으로 보인다. 편집자들은 공자 성인화 작업을 충실히 수행하면서도 자기들 조종祖宗인 증삼을 띄우기 위하여 증자 어록을 무더기로 삽입시켰지만, 감히 제1장부터 증자 어록을 싣지는 못하고, 공자어록을 제1장과 2장에 머리로 내세우고, 그다음부터 증자어록을 싣기 시작한 것이다. 제1장은 공자가 태백의 덕행을 칭송한 것이지만, 그것은 결국 증삼이 가장 중요하게 여기는 '효'의 다른 형태이므로 편집자들이 치밀한 의도로 발췌하여 머리글로 내세운 것이 보인다.
　제18장부터 21장까지 공자가 요, 순, 우, 무왕 등 옛 성왕들의 덕을 칭송한 어록들을 맨 끝에 배치한 것은 고대 선왕들인 요, 순, 우, 탕, 문무왕, 주공의 도통이 공자를 거쳐 증자에게로 이어지고 있다는 것을 은연중에 나타내고자 하는 숨은 의도로 편집된 것이라 해야 할 것이다.

8-1.

子曰:"泰伯其可謂至德也已矣! 三以天下讓, 民無得而稱焉."
자왈 태백기가위지덕야이의 삼이천하양 민무득이칭언

8-1. 공자 가로되: "아마도 지덕이라고 말할 수 있는 사람은 오직 태백 뿐이리라! 세 번이나 천하를 양보하면서도, 백성들이 그 사실을 칭송할 수조차 없도록 만들었으니."

새 김

· 泰伯(태백): 주문왕의 할아버지인 태왕大王 고공단보古公亶父의 큰아들이다. 문왕의 큰아버지伯父가 된다. 그는 아버지의 뜻을 알아차려 막냇동생인 계력이 왕위를 물려받도록 큰동생인 중옹仲雍과 함께 현재 강소성 소주蘇州지역으로 도망가서 오나라의 시조가 되었다. 계력은 아버지의 뜻대로 임금이 되어 다시 문왕에게 물려주었다.

· 泰伯其可謂至德也已矣(태백기가위지덕야이의): 其를 추측과 감탄을 나타내는 부사로 보고 전체를 감탄문으로 해석했다.

· 三以天下讓(삼이천하양): 어떠한 형태로 세 번씩 양보했는지 자세한 자료는 없다.

· 民無得而稱焉(민무득이칭언): 백성들이 칭송할 기회도 얻을 수가 없었다.

8-2.

子曰: "恭而無禮則勞, 愼而無禮則葸, 勇而無禮則亂, 直而無禮則絞. 君子篤於親, 則民興於仁; 故舊不遺, 則民不偸."
자왈 공이무례즉로 신이무례즉사 용이무례즉란 직이무례즉교 군자독어친 즉민흥어인 고구불유 즉민불투

8-2. 공자 가라사대: "공손하지만, 예의가 없으면 사람을 피곤하게 하고, 신중하되 예의가 없으면 사람을 두렵게 하며, 용감하되 예의가 없으면 난폭하게 되며, 바르지만 예의가 없으면 사람을 숨 막히게 한다. 군자가 친지에게 독실하면 백성들에게 인의 기풍을 일으키고, 옛 연고가 있는 사람을 버리지 않으면 백성들의 덕풍이 두터워진다."

새 김

- 禮(예): 여기서는 의례儀禮라기보다는 예의禮義, 예절禮節로 보아야 한다.
- 君子(군자): 제후諸侯.
- 篤於親(독어친): 친지에게 독실하게 하다.
- 興於仁(흥어인): 인의 기풍을 일으키다.
- 故舊(고구): 옛 연고가 있는.
- 不偸(불투): 두터워진다. 야박스럽지 않다.

8-3.

曾子有疾, 召門弟子曰: "啓予足, 啓予手. 詩云: '戰戰兢
증자유질 소문제자왈   계여족 계여수 시운 전전긍

兢, 如臨深淵, 如履薄氷,' 而今而後, 吾知免夫! 小子!"
긍   여림심연   여리박빙   이금이후   오지면부 소자

8-3. 증자가 병이 깊어 문하의 제자들을 불러 말했다: "내 발을 열어 보거라, 내 손도 열어 보거라. 「시경」에 이르기를, '두려워하고 삼가기를 깊은 연못에 임한 듯, 엷은 얼음 위를 걸어가듯 해라.' 하였다. 그러나 지금부터 나는 신체 훼상의 근심에서 벗어나게 된 것을 알겠구나! 애들아!"

새 김

· 啓(계): 이불을 걷어 내고 내 손발을 보라는 뜻.
· 詩云(시운): 「시경」 소아, 소민시에서 이르기를.
· 免(면): 신체의 훼상을 걱정하는 것을 면하다.
· 夫(부): ~구나! 구절의 끝에서 감탄을 나타냄.
· 而今而後(이금이후): 앞 '而'는 앞 구절과의 접속사로 '그러나'로 새긴다.

8-4.

曾子有疾, 孟敬子問之. 曾子言曰: "鳥之將死, 其鳴也哀;
증자유질 맹경자문지   증자언왈   조지장사   기명야애

人之將死, 其言也善. 君子所貴乎道者三: 動容貌, 斯遠
인지장사 기언야선   군자소귀호도자삼   동용모   사원

暴慢矣; 正顔色, 斯近信矣; 出辭氣, 斯遠鄙倍矣. 籩豆之
포만의 정안색 사근신의   출사기 사원비배의 변두지

事, 則有司存."
사 즉유사존

8-4. 증자가 앓자 맹경자가 문병했다. 증자가 온화하게 말하기를: "새가 죽으려면 울음소리가 애처롭고, 사람이 죽으려면 그 말이 착해집니다. 군자가 귀하게 여기는 사람의 도리가 세 가지 있습니다. 도리에 맞는 몸가짐과 행동거지는 거칠고 방자함을 멀리하게 되고, 도리에 맞는 바른 안색은 신뢰를 가깝게 하며, 도리에 맞게 말을 하면 나를 천하게 만들거나 모든 도리에 어긋나지 않도록 합니다. 의례에 관한 일은 담당자가 있습니다."

새 김

· 孟敬子(맹경자): 노나라대부. 중손씨仲孫氏, 이름은 첩捷, 자는 의儀, 경자敬子는 시호, 맹무백의 아들로서 2-6과 5-7에도 나와서 공자에게 효를 묻고 제자들의 자질에 대해서 묻는다.
· 問之(문지): 문병을 하다.
· 言曰(은왈): 언言은 은闇과 통하는바, '은'으로 읽고 '온화하게'로 새겼다.
· 君子所貴乎道(군자소귀호도): 여기서 '道'는 '인간의 도리'로 새겼다.
· 動容貌(동용모): 몸가짐과 행동거지를 도리에 맞게 행하다.
· 正顏色(정안색): 안색을 바르게 하다.
· 出辭氣(출사기): 도리에 맞게 말을 하다.
· 鄙倍(비배): 자기를 천하게 하고, 도리에 어긋나게 한다.
· 籩豆之事(변두지사): 변두는 제기祭器, 변두지사는 의례에 관한 일.
· 有司存(유사존): 담당자가 있다.

8-5.

曾子曰: "以能問於不能, 以多問於寡, 有若無, 實若虛, 犯
증자왈　이능문어불능　이다문어과　유약무　실약허　범

而不校, 昔者吾友嘗從事於斯矣."
이불교　석자오우상종사어사의

8-5. 증자 가로되: "유능하지만 유능하지 않은 사람에게도 묻고, 박학다식하지만 천학과문한 사람에게도 묻고, 재능이 있어도 없는 듯이, 학식이 충만하지만, 텅 빈 듯이 그리고 남이 나에게 해를 끼치더라도 갚지 않는다. 옛날 나의 벗들은 이미 이러한 일들을 좇아 행하였다."

새 김

· 以能(이능): 재능과 능력이 있지만.
· 多·寡(다·과): 박학다식, 천학 과문.
· 犯而不校(범이불교): 해를 끼치더라도 갚지 않는다.
· 斯矣(사의): 이러한 다섯 가지 일들에 ~ 하였다.

8-6.

曾子曰: "可以託六尺之孤, 可以寄百里之命, 臨大節而不
증자왈　가이탁육척지고　가이기백리지명　임대절이불

可奪也, 君子人與? 君子人也."
가탈야　군자인여　군자인야

8-6. 증자 가로되: "고아가 된 어린 임금을 맡길 만하고, 사방 백 리인 나라의 운명을 기탁할 만하고, 사직의 존망이 걸린 중대한 때에 그의 큰 뜻을 빼앗을 수 없다면, 그는 군자다운 사람일까? 진짜 군자다운 사람이리라!"

새김

· 六尺之孤(육척지고): 키가 여섯 자 밖에 안되는 어린 고아. 주척은 1척이 약 2.3cm다.
· 寄(기): 탁託과 같은 의미.
· 百里(백리): 사방 백 리.
· 臨大節(임대절): 생사존망이 걸린 큰 고비를 맞아.
· 不可奪(불가탈): 빼앗지 못하다. 빼앗기지 않는다.
· 君子人與(군자인여): 군자다운 사람이냐? 여與는 歟와 통함.
· 君子人也(군자인야): 군자다운 사람이다.

8-7.

曾子曰: "士不可以不弘毅, 任重而道遠. 仁以爲己任, 不
증자왈   사불가이불홍의   임중이도원   인이위기임 불

亦重乎? 死而後已, 不亦遠乎?"
역중호   사이후이   불역원호

8-7. 증자 가로되: "선비는 넓고 꿋꿋해야 한다. 임무가 막중하고 갈 길이 멀기 때문이다. 인을 자기의 소임으로 삼으니 무겁지 않겠느냐? 죽어야 끝날 일이니 멀지 않겠느냐?"

새김

· 不可以不(불가이불): ~하지 않을 수 없다.
· 弘毅(홍의): 넓고 꿋꿋하다.
· 仁以爲己任(이이위기임): 以仁爲己任이인위기임의 도치문, 仁을 자기의 임무로 삼다.

8-8.
子曰: "興於詩, 立於禮, 成於樂."
_{자 왈   흥 어 시   입 어 례   성 어 악}

8-8. 공자 가라사대: "시로써(인생관에 대한 관심을) 불러일으키고, 예로써 공동체 사회에 함께 설 수 있게 하며, 음악으로써 완전한 공동체 구성원이 되게 한다."

새 김

· 興於詩(흥어시): 詩를 읽고 배움으로써, 사람이 어떻게 살아야 할지를 생각하게 한다.

· 立於禮(입어례): 공동체 생활을 영위하는 데 가장 중요한 것이 예다.

· 成於樂(성어락): 음악으로 인간의 야성을 순화 시켜 완전한 공동체 구성원으로 만든다.

8-9.
子曰: "民可使由之, 不可使知之."
_{자 왈   민 가 사 유 지   불 가 사 지 지}

8-9. 공자 가라사대: 백성들이 정치를 따라서 오게 만들 수는 있어도, 백성들 모두가 정치를 이해하게 하는 것은 도저히 불가능하다.

새 김

· 民可使由之(민가사유지): 백성들이 정치를 따라서 오도록 만들 수는 있다.

· 不可使知之(불가사지지): 백성들 모두가 정치를 이해하게 하는 것은 도저히 불가능하다.

8-10.

子曰:"好勇疾貧, 亂也; 人而不仁, 疾之已甚, 亂也."
자왈 호용질빈 란야   인이불인 질지이심 란야

8-10. 공자 가라사대: "용맹스러움을 좋아하면서, 자기의 가난함을 못 견딜 정도로 지겨워하면 난동을 일으키고, 사람이 인하지 않다고 극도로 미워하기만 하면 그도 또한 난동을 일으킨다."

새 김

· 疾(질): 싫어하고 미워하다.
· 疾之已甚(질지이심): 심하게 미워할 뿐.

8-11.

子曰:"如有周公之才之美, 使驕且吝, 其餘不足觀也已."
자왈 여유주공지재지미   사교차린   기여부족관야이

8-11. 공자 가라사대: "주공의 재능과 훌륭함을 갖추었다 하더라도, 가령 교만하고 인색하다면 그 나머지는 더 볼 것이 없을 뿐이다."

새 김

· 如有(여유): 갖추었다 하더라도.
· 才之美(재지미): '之'는 '與'로 새겼다.
· 使(사): 설사設使, 가령.

8-12.

子曰: "三年學, 不至於穀, 不易得也."
자왈 삼년학 부지어곡 불이득야

8-12. 공자 가로되: "삼 년을 배워도 관직에 나아갈 수준에 이르지는 못한다. 그러한(수준에 이른) 사람을 얻기는 쉽지 않다."

새 김

· 不至於穀(부지어곡): 관직에 나아갈 수준에 이르지는 못한다.
· 不易得也(불이득야): 관직에 나아갈 수준에 이른 사람을 얻기는 쉽지 않다.

8-13.

子曰: "篤信好學, 守死善道. 危邦不入, 亂邦不居. 天下有
자왈 독신호학 수사선도 위방불입 란방불거 천하유

道則見, 無道則隱. 邦有道, 貧且賤焉, 恥也; 邦無道, 富
도즉현 무도즉은 방유도 빈차천언 치야 방무도 부

且貴焉, 恥也."
차귀언 치야

8-13. 공자 가라사대: "호학의 중요성을 믿고 독실하게 호학하며, 선도를 죽음으로써 지켜라. 위태로운 나라에는 들어가지 말고, 어지러운 나라에는 살지 말고 떠나라. 질서가 잡힌 나라에서는 드러내어 활동하고, 질서가 잡히지 않아 뒤죽박죽인 나라에서는 숨어 버려라. 질서가 잡힌 나라에서 가난하고 천하게 산다는 것은 치욕이며, 질서가 잡히지 않아 뒤죽박죽인 나라에서는 부유하고 귀하게 산다는 것이 치욕이다."

새 김

- 篤信好學(독신호학): 호학의 중요성을 믿고 독실하게 호학하라.
- 守死善道(수사선도): 죽음으로써 선도를 지켜라.
- 有道則見(유도즉현): 질서가 잡힌 나라에서는 나와서 드러내 놓고 활동하라.

8-14.
子曰:"不在其位, 不謀其政."
자 왈　　부 재 기 위　 불 모 기 정

8-14. 공자 가라사대: "그 일을 해야 하는 그 자리에 있지 않으면, 그 자리의 정무를 가로채서 처리하려고 하지 마라."

새 김

「헌문」편 27장에 겹쳐 나온다.

8-15.
子曰:"師摯之始, 關雎之亂, 洋洋乎盈耳哉!"
자 왈　　사 지 지 시　 관 저 지 란　 양 양 호 영 이 재

8-15. 공자 가로되: "태사 지가 연주하는 첫 악장부터 '관저'로 대표되는 종장까지 연주 소리가 넘실거리듯 귀에 가득 차는 것 같구나!"

새 김

- 師摯(사지): 노나라 악관의 우두머리인 태사, 지摯는 태사의 이름.

· 始(시): 첫 악장인 승가升歌를 始라 한다. 승가는 태사가 맡으므로 '師摯之始'라 한다.

· 關雎(관저): 합악의 종장인데 이를 난亂이라 한다. 합악은 '관저'를 비롯한 6개 곡으로 이루어지는데, '관저'를 종장을 가리키는 대명사로 사용하며 '關雎之亂'이라 한다.

· 洋洋乎盈耳哉(양양호영이재): 넘실거리듯 귀에 가득 차는구나!

8-16.
子曰: "狂而不直, 侗而不愿, 悾悾而不信, 吾不知之矣!"
자왈   광이부직   통이불원   공공이불신   오부지지의

8-16. 공자 가라사대: "분방하면서 정직하지 못하고, 미련하면서 성실하지 못하고, 어리석으면서 미덥지도 않은 그런 사람들을 나는 도저히 이해할 수가 없다."

새 김
· 狂(광): 분방하다.
· 侗(통): 미련하다.
· 愿(원): 성실한.
· 悾悾(공공): 어리석은, 무능한.

8-17.
子曰:"學如不及, 猶恐失之."
자왈 학여불급 유공실지

8-17. 공자 가라사대: "따라잡지 못할 것 같다는 마음으로 배우고, 계속해서 공부할 수 있는 시기를 놓칠까 두려워해라."

새 김

· 如不及(여불급): 지금 하지 않으면 영영 따라잡지 못할 것처럼.
· 恐失之(공실지): 공부할 수 있는 시기를 놓칠까 두려워하다.

8-18.
子曰:"巍巍乎! 舜禹之有天下也而不與焉!"
자왈 외외호 순우지유천하야이불여언

8-18. 공자 가로되: "높고 위대한 일이로다! 순과 우가 천하를 차지하고도 통치에는 간여하지 않았다는 것이."

새 김

· 巍巍乎(외외호): 순과 우가 한 일이 높고 위대하다는 뜻이다.
· 不與焉(불여언): 통치에는 간여하지 않았다.

8-19

子曰: "大哉堯之爲君也! 巍巍乎. 唯天爲大, 唯堯則之! 蕩
자왈   대재요지위군야   외외호 유천위대 유요칙지 탕

蕩乎, 民無能名焉! 巍巍乎, 其有成功也! 煥乎, 其有文章!"
탕호 민무능명언   외외호   기유성공야   환호 기유문장

8-19. 공자 가로되: "위대하도다! 요의 임금 노릇 하심이여! 높고 또 드높도다! 오직 하늘만이 위대한데, 오직 요임금만이 본받으셨도다! 넓고 또 드넓도다! 백성들이 무엇이라 이름 붙여 형용할 수 없을 만큼! 높고 또 드높도다! 그가 이룬 공적이여! 찬란하도다! 그가 이룬 문물제도여!"

새 김

· 爲君(위군): 임금 노릇.

· 則之(칙지): 본받다.

· 名(명): 무엇이라고 이름 붙여 형용하다.

· 煥(환): 찬란하다.

· 文章(문장): 문물제도.

8-20.

舜有臣五人而天下治. 武王曰: "予有亂臣十人." 孔子曰:
순 유 신 오 인 이 천 하 치   무 왕 왈   여 유 난 신 십 인   공 자 왈

"才難, 不其然乎? 唐虞之際, 於斯爲盛. 有婦人焉, 九人
재 난 불 기 연 호   당 우 지 제   어 사 위 성   유 부 인 언   구 인

而已. 三分天下有其二, 以服事殷. 周之德, 其可謂至德也
이 이   삼 분 천 하 유 기 이   이 복 사 은   주 지 덕   기 가 위 지 덕 야

已矣."
이 의

8-20. 순임금은 신하를 다섯만 가지고도 천하를 잘 다스렸다. 무왕 가로되: "나에게는 나라를 다스리는 열 명의 신하가 있었다." 공자 왈: "인재를 얻기는 정말 어려운 것이다. 순임금과 주무왕의 경우를 보더라도 그렇지 아니한가? 요·순때는 신하가 적어도 나라는 흥성했지. 주무왕의 경우에는 열 명 가운데 부인이 한 명 끼었으니 실제로는 아홉 사람뿐이었지만, 천하의 삼 분의 이를 차지하고도 은왕조를 섬기면서 복종했지. 이와 같은 주나라의 덕을 아마도 지극한 덕이라고 일컬을 만하겠지!"

새 김

· 武王(무왕): 문왕의 아들로 성은 희姬, 이름은 발發, 은나라 주왕을 토벌하고 호鎬에 도읍을 정하여 2년 동안 재위했다.

· 亂臣十人(난신십인): 나라를 다스리는 신하 열 명.

· 才難(재난): 인재 구하기가 어렵다.

· 不其然乎(불기연호): 그렇지 아니한가?

· 唐虞之際, 於斯爲盛(당우지제, 어사위성): 당우 지제 (요·순 때)에는 나라가 융성했다.

8-21

子曰: "禹, 吾無間然矣. 菲飲食而致孝乎鬼神, 惡衣服而
자왈   우 오무간연의   비음식이치효호귀신   악의복이

致美乎黻冕, 卑宮室而盡力乎溝洫. 禹, 吾無間然矣."
치미호불면   비궁실이진력호구혁   우 오무간연의

8-21. 공자 가로되: "우임금은 내가 흠잡을 틈이 없으신 분이다. 먹는 음식은 조촐하지만, 조상신과 하늘 신에게 효를 다하고, 평소 입는 옷은 조촐하지만, 의례용 예복은 아름답게 하였다. 거처하는 궁실은 조촐하게 꾸미면서도 백성을 위한 수리시설에는 온 힘을 다하였다. 우임금이야말로 조금도 내가 흠잡을 틈이 없는 분이로다."

새김

· 無間然矣(무간연의): 흠잡을 틈이 없다.

· 菲(비): 보잘것없다. 소박하다.

· 致孝鬼神(치효귀신): 여기서 보면, 조상신을 정성껏 모시는 것도 효라고 했다.

· 黻冕(불면): 무릎 가리개와 면류관.

· 卑宮室(비궁실): 궁실 꾸미는 것을 하찮게 여기다. 조촐하게 궁실을 꾸미다.

· 溝洫(구혁): 봇도랑, 수리시설.

子罕 第九篇
(자한 제구편)

 # 子罕 第九篇
(자한 제구편)

　본 편은 30개 장으로 구성되어 있으나 29개 장이 공자의 자술 어록과 대화록 등이다. 오직 1개 장인 10장만이 안연 1인이 공자의 인품을 극상의 찬사를 동원하여 칭송하는 장으로 이루어져 있을 뿐이다.

9-1.

子罕言利與命與仁.
자 한 언 이 여 명 여 인

9-1. 공자께서는 利를 命또는 仁보다는 드물게 말씀하셨다.

새 김

· 利(이): 이란 나에게 이익이 되는 이로움이다. 이익을 추구하는 것은 본능적이다.
· 與(여): 비교를 나타내는 조사.
· 命(명): 공동체 생활을 영위하면서, 내가 어떻게 행동하기를 바라는 구성원들의 공통된 의사. 命을 따르는 것은 인위적이다.
· 仁(인): 다른 사람이 진심으로 고마워하고, 진심으로 존경하는 마음이 우러나도록 하는 행동. 仁을 이루는 것은 인위적이다.

9-2.

達巷黨人曰: "大哉孔子! 博學而無所成名." 子聞之, 謂門
달 항 당 인 왈   대 재 공 자   박 학 이 무 소 성 명   자 문 지   위 문

弟子曰: "吾何執? 執御乎? 執射乎? 吾執御矣."
제 자 왈   오 하 집   집 어 호   집 사 호   오 집 어 의

9-2. 달항 마을의 어떤 사람이 말했다: "공자는 대단하셔! 그러나 그렇게 박학하지만, 이름 날린 바는 없구나!" 공자 그 말을 전해 듣고, 문하의 제자들에게 일러 가로되: "내가 무엇을 전문적으로 해야 이름이 날까? 수레 모는 일을 전문적으로 해볼까? 활 쏘는 일을 전문적으로 해볼까? 나는 수레 모는 일을 전문적으로 해서 이름을 날려야겠구나!"

> **새김**
> - 達巷黨人(달항당인): 달항 마을의 사람. 黨은 5백 호 마을.
> - 無所成名(무소성명): 이름을 날린 바가 없다.
> - 執(집): 전문적으로 하다.
> - 御(어): 수레 몰이.
> - 射(사): 활쏘기.

9-3.

子曰: "麻冕, 禮也, 今也純儉, 吾從衆. 拜下, 禮也, 今拜
자 왈 마 면 례 야 금 야 순 검 오 종 중   배 하 례 야 금 배

乎上, 泰也, 雖違衆, 吾從下."
호 상 태 야 수 위 중   오 종 하

9-3. 공자 가로되: "고운 베로 짠 관을 쓰는 것이 본래 예다. 그러나 요즘은 명주실로 짠 것을 쓴다. 그것이 검소하니 나도 여러 사람을 따라 하겠다. 당 아래서 절하는 것이 본래 예다. 지금 사람들은 당 위에서 절을 한다. 그것이 교만하니 비록 여러 사람이 하는 것과는 어긋나더라도, 나는 당 아래서 절하는 것을 따르겠다."

> **새김**
> - 麻冕(마면): 고은 베로 짠 예관, 치포관緇布冠이라고도 한다.
> - 純(순): 명주실.
> - 拜下(배하): 당 아래서 절하다.
> - 泰(태): 교만하다.
> - 從下(종하): 당 아래서 절하는 예법을 따르겠다.

9-4.

子絶四: 毋意, 毋必, 毋固, 毋我.
자 절 사 무 의 무 필 무 고 무 아

9-4. 공자에게는 뛰어난 네 가지가 있다: 자의적인 것이 없고, 반드시라는 것이 없고, 고집함이 없고, 나만을 내세우지 않는다.

새 김

· 絶(절): 일반적으로 한 점 의심 없이 '끊다.'로 해석한다. 그렇다면 그다음 네 가지에 '毋'자가 있을 필요가 없다. 나는 '뛰어난'으로 새겼다.
· 毋意(무의): 자의적인 것이 없다.
· 毋必(무필): 반드시라는 것이 없다.
· 毋固(무고): 융통성 없이 고집하지 않는다.
· 毋我(무아): 나만을 내세우지 않는다.

9-5.

子畏於匡, 曰: "文王旣沒, 文不在玆乎? 天之將喪斯文
자 외 어 광 왈 문 왕 기 몰 문 부 재 자 호 천 지 장 상 사 문

也, 後死者不得與於斯文也; 天之未喪斯文也, 匡人其如
야 후 사 자 부 득 여 어 사 문 야 천 지 미 상 사 문 야 광 인 기 여

予何?"
여 하

9-5. 공자 광匡 땅에서 두려운 일을 겪고 나서, 가로되: "문왕은 이미 돌아가셨지만, 그때의 문물제도는 아직도 여기에 남아 있지 않으냐? 하늘이 만약 주초의 문물제도를 없애려 했다면, 그 후세 사람들이 그 문물

제도를 경험하지 못했을 것이다. 하늘이 그 문물제도를 없애려 하지 않았으니, 그 문물제도를 함께한 광인들이 정말 나를 어찌하겠느냐!"

새 김

· 文(문): 문물제도.
· 玆(자): 이곳, 여기, 지금.
· 後死者(후사자): 후세사람들.
· 與(여): 함께하다. 경험하다.

9-6.

大宰問於子貢曰: "夫子聖者與, 何其多能也?" 子貢曰:
태 재 문 어 자 공 왈   부 자 성 자 여   하 기 다 능 야   자 공 왈

"固天縱之將聖, 又多能也." 子聞之, 曰: "大宰知我乎! 吾
 고 천 종 지 장 성 우 다 능 야   자 문 지 왈   태 재 지 아 호   오

少也賤, 故多能鄙事. 君子多乎哉? 不多也." 牢曰: "子云:
소 야 천 고 다 능 비 사 군 자 다 호 재   부 다 야   뇌 왈   자 운

'吾不試, 故藝.'"
 오 불 시   고 예

9-6. 태재 자공에게 물어 가로되: "그분은 슬기로운 사람인가요? 어찌 그리 다방면에 능하십니까?" 자공 왈: "확실히 하늘이 원래 슬기로운 사람으로 내셨기에 더군다나 다방면에 능하십니다." 공자 이를 듣고 가로되: "태재가 나를 안다고? 나는 어려서 천하게 컸다. 그러므로 자질구레한 일에 능하다. 군자가 다능해야 하냐? 아니야." 제자 뇌가 가로되: "공사 이르기를: '내가 쓰이지를 않아 잔재주가 많다.' 고 하셨다."

새 김

- 大宰(태재): 관직명. 당시 오나라와 송나라에서만 상대부를 태재라고 불렀다.
- 縱(종): 낳다. 내놓다.
- 將聖(장성): 슬기로운 사람으로
- 牢(뇌): 공자 제자. 성은 금琴, 자가 자개自開.
- 試(시): 쓰이다, 등용되다.
- 藝(예): 잔재주.

子曰: "吾有知乎哉? 無知也. 有鄙夫問於我, 空空如也,
자왈   오유지호재 무지야 유비부문어아 공공여야

我叩其兩端而竭焉."
아 고 기 양 단 이 갈 언

9-7. 공자 가라사대: "내가 정말 아는 것이 있을까? 아는 것이 없다. 비천한 사람이 나에게 물어 오면, 나는 아무것도 아는 것이 없어 텅텅 비어 있는 것 같은 자세로 어떤 것이든 이쪽에서 저쪽 끝까지 모두 규명하여 최선을 다할 뿐이다."

새 김

- 空空如(공공여): 내가 아무것도 아는 것이 없어 텅텅 비어있는 것처럼.
- 叩(고): 두드리다, 탐구하다, 규명하다.
- 兩端(양단): 이쪽 끝에서 저쪽 끝까지.
- 竭(갈): 진력을 다하다, 최선을 다하다.

9-8.
子曰:"鳳鳥不至, 河不出圖, 吾已矣夫!"
자 왈   봉조부지   하불출도   오이의부

9-8. 공자 가로되: "봉조도 이르지 않고, 황하에서 도문도 떠오르지 않으니, 아 이제 나는 끝인가 보구나!"

새 김

· 鳳鳥(봉조): 성왕聖王이 천하를 태평하게 다스리면 나타난다고 믿던 상상의 새로 수컷은 봉鳳, 암컷은 황凰이라 한다.
· 河不出圖(하불출도): 성왕이 나타나면 황하에서 팔괘로 된 도문圖文이 떠오른다고 한다.
· 已矣夫(이의부): 끝이로구나!

9-9.
子見齊衰者·冕衣裳者與瞽者, 見之, 雖少必作, 過之必
자견자최자 면의상자여고자   견지   수소필작   과지필

趨.
추

9-9. 공자는 상복을 입은 사람이나 관복을 갖추어 입은 사람, 그리고 눈먼 사람을 보면 비록 그들이 나이가 어려도 반드시 일어서고, 그 앞을 지나가야 할 때는 반드시 빠른 걸음으로 지나갔다.

새 김

· 齊衰(자최): 부모의 상을 당하여 입는 상복.

- 冕衣裳(면의상): 면은 예관, 의상은 예복 저고리와 바지.
- 瞽(고): 눈먼 사람.
- 作(작): 일어나다.
- 過之(과지): 그들 앞을 지나가다.
- 趨(추): 빠른 걸음으로 걷다.

9-10.

顔淵喟然歎曰:"仰之彌高, 鑽之彌堅, 瞻之在前, 忽焉在
안 연 위 연 탄 왈   앙 지 미 고 찬 지 미 견 첨 지 재 전 홀 언 재

後. 夫子循循然善誘人, 博我以文, 約我以禮, 欲罷不能.
후 부 자 순 순 연 선 유 인 박 아 이 문 약 아 이 례 욕 파 불 능

旣竭吾才, 如有所立卓爾, 雖欲從之, 末由也已."
기 갈 오 재 여 유 소 립 탁 이 수 욕 종 지 말 유 야 이

9-10. 안연이 한숨 쉬듯 탄식하며 가로되: 우러러볼수록 더욱더 높고, 파고들수록 더욱더 단단하며, 바라보면 앞에 있더니 어느새 뒤에 있네. 스승님께서는 자상하게 사람을 잘 이끌어 주시니, 문文으로 나를 넓혀 주시고, 예로써 나를 단속도록 해주셨다. 공부를 그만두려고 해도 그만둘 수가 없네. 이미 나의 능력은 다 하였는데, 또 거기 우뚝 서 계시는 것 같구나. 비록 그분을 쫓고자 해도 쫓을 수 없을 뿐이로다.

새김

- 喟然歎(위연탄): 한숨 쉬듯 탄식하다.
- 彌(미): 더욱.
- 忽焉(홀언): 갑자기.
- 循循然(순순연): 자상하게.

- 欲罷(욕파): 배움을 그만두고자 하다.
- 竭(갈): 다하다.
- 卓爾(탁이): 높이 우뚝하다.
- 末由也已(말유야이): 쫓아 따를 수 없을 뿐.

子疾病, 子路使門人爲臣. 病間, 曰: "久矣哉由之行詐也!
자 질 병 자로사문인위신   병 간 왈   구 의 재 유 지 행 사 야

無臣而爲有臣, 吾誰欺? 欺天乎? 且予與其死於臣之手
무 신 이 위 유 신   오 수 기   기 천 호   차 여 여 기 사 어 신 지 수

也, 無寧死於二三子之手乎! 且予縱不得大葬, 予死於道
야   무 영 사 어 이 삼 자 지 수 호   차 여 종 부 득 대 장   여 사 어 도

路乎?"
로 호

9-11. 공자 질병이 위중하여지자, 자로가 장례시에 문인들이 가신 역할을 하도록 미리 준비시켰다. 공자 병세에 차도가 있자, 이를 알고 왈: "오래되었구나! 유(자로)가 거짓말을 한 것이. 가신을 둘 수 없는데 가신이 있는 것처럼 꾸미는 게, 내가 누구를 속이는 것이냐? 하늘을 속이는 것이 아니냐? 구차스럽게, 가신으로 꾸민 사람 손에서 죽는 것보다는 차라리 그대로 너희들 손에서 죽는 것이 차라리 낫지 않겠느냐? 설령 장례를 크게 치르지 못하더라도, 내가 길거리에서 죽겠느냐?"

새 김

- 疾病(질병): 병이 들어 위중하다.
- 臣(신): 가신家臣, 제후와 대부만이 가신을 둘 수 있다. 공자는 둘 수 없는 신분이다.

- 病間(병간): 병세에 차도가 있다.
- 由之行詐(유지행사): 자로가 속이는 짓을 하다.
- 無臣而爲有臣(무신이위유신): 가신이 없으면서 있는 것처럼 꾸미다.
- 與其~ 無寧~(여기~ 무영~): ~하는 것보다는 ~ 차라리 낫지 않겠느냐?
- 縱(종): 가령.

9-12.

子貢曰: "有美玉於斯, 韞櫝而藏諸? 求善賈而沽諸?"
자공왈   유미옥어사 온독이장제   구선고이고제

子曰: "沽之哉! 沽之哉! 我待賈者也."
자왈   고지재   고지재   아대고자야

9-12. 자공 가로되: "아름다운 옥이 여기 있다면, 궤짝에 넣어 숨겨 두시겠습니까? 좋은 장사치를 찾아서 파시겠습니까?" 공자 왈: "팔아야지, 암 팔고말고! 나는 살 사람을 기다리는 사람이다."

새김

- 韞櫝(온독): 궤짝에 넣어두다.
- 善賈(선고): 좋은 상인, 좋은 가격에 사는 장사치.
- 沽(고): 팔다.

9-13.

子欲居九夷. 或曰: "陋, 如之何?"
자욕거구이 혹왈 누 여지하

子曰: "君子居之, 何陋之有?"
자왈 군자거지 하루지유

9-13. 공자가 구이에 가 살고 싶어 하였다. 혹자 가로되: "누추한 곳에서 어떻게?" 공자 왈: "군자가 거주하는데, 누추함이 무슨 문제가 되겠느냐?"

새 김

· 九夷(구이): 변방에 있는 나라.
· 陋(누): 누추하다.
· 如之何(여지하): 어찌하겠는가?

9-14.

子曰: "吾自衛反魯, 然後樂正, 雅頌各得其所."
자왈 오자위반로 연후악정 아송각득기소

9-14. 공자 가로되: "내가 위나라에서 노나라로 돌아온 이후에 음악이 바로 잡혔다. 아雅와 송頌이 제 자리를 얻었다."

새 김

· 雅頌(아송): 아雅에는 잔치때 부르는 소아小雅, 제례 후 부르는 대아大雅가 있고, 송頌은 종묘제례악으로 제례 중에 부른다.
· 得其所(득기소): 「시경」 편제와 차례는 각국 민요인 풍風이 160편, 소아

74편, 대아 31편, 송 40편의 차례로 이루어졌다. 순서 없이 실려 있던 것을 편수도 줄여서 정리하고 순서도 이처럼 자리를 잡았다는 뜻이다.

꼽아 봄

지금도 공자 산시설刪詩說을 믿고 싶어 하는 사람이야 있겠지만, 그 이야기는 정현(鄭玄, 127-200)과 공영달(孔穎達, 574-648)에 의하여 부정된 이야기다. 그 이후 부활했으나 최술(崔述, 1740-1810) 이후로는 믿는 사람이 거의 없게 되었다.

「사기·공자세가」의 공자 산시설은 아마 「논어」 이장을 보고 만들어진 것이 아닌가 추측된다. 만일 공자가 68세에 귀노하여 3,000여 편의 시를 산시하여 305편으로 만들고 현재의 편제로 구성 편집했다는 것은 시간상으로 불가능한 일이며, 또한 「논어」 위령공 편 11장에서 '방정성放鄭聲'이라든가, 양화 편 18장에서 '오정성지란아악야惡鄭聲之亂雅樂也'라고 그렇게 극도로 혐오하는 시들을 왜 편집하여 남겨 두었을까? 앞뒤가 맞지 않는다.

혹자는 「시경」 송頌편에 노송魯頌이 편집된 것은 공자가 산시한 증거라고 하지만, 그것은 공자 한참 이전에 305편으로 산시하여 현재의 편제로 구성, 편집한 것을 공자가 4편만 노송으로 대체하여 실었을 수도 있고, 305편으로 산시만 해놓은 것을 공자가 현재의 편제로 구성 편집하며 4편을 노송으로 대체했을 수도 있다. 본 장의 내용으로 보아 가장 가능성 있는 이야기로 보인다.

9-15

子曰: "出則事公卿, 入則事父兄, 喪事不敢不勉, 不爲酒
자 왈　 출 즉 사 공 경　 입 즉 사 부 형　 상 사 불 감 불 면　 불 위 주

困, 何有於我哉?"
곤　 하 유 어 아 재

9-15. 공자 가라사대: "나가서는 공경을 잘 섬기고, 들어와서는 부형을 잘 섬겨야 하며, 상사에는 기꺼이 힘써야 하며, 술 때문에 곤란한 일은 만들지 마라, 나에게 이것들보다 더 중요한 것이 무엇이 있겠느냐?"

> 새 김

· 公卿(공경): 고위직, 삼공三公과 구경九卿.
· 困(곤): 곤란한 일.
· 何有於我哉(하유어아재): 4-13에서는 '하유何有'를 '더 필요한 것이 무엇이 있겠느냐?'로 6-8에서는 '何有'를 '무슨 문제가 있겠습니까?'로 새겼다. '何有於我哉'는 7-2와 9-15 공통으로 '나에게 이것들보다 더 중요한 것이 무엇이 있겠느냐?'로 새겼다.

9-16.

子在川上, 曰: "逝者如斯夫! 不舍晝夜."
자 재 천 상 왈   서 자 여 사 부 불 사 주 야

9-16. 공자 냇가에서 가라사대: "간다는 것이 이와 같구나! 밤낮 쉼 없이."

> 새 김

· 川上(천상): 냇가.
· 逝者(서자): 가는 것.
· 不舍(불사): 쉬지 않고. 숨는 쉴 '사'자字.

9-17.

子曰:"吾未見好德如好色者也."
자 왈 오 미 견 호 덕 여 호 색 자 야

9-17. 공자 가라사대: "나는 여색을 좋아하듯 덕을 좋아하는 사람을 아직 보지 못했다."

새 김

· 好德(호덕): 덕행을 좋아하다. 德이란 인위적이며 비 본능적이므로 좋아하기가 힘들다.
· 好色(호색): 이성과의 성애를 좋아하다. 이성과의 성애는 자연적, 본능적이므로 저절로 좋아할 수밖에 없는 행위다.

9-18.

子曰:"譬如爲山, 未成一簣, 止, 吾止也; 譬如平地, 雖覆
자 왈 비 여 위 산 미 성 일 궤 지 오 지 야 비 여 평 지 수 복

一簣, 進, 吾往也."
일 궤 진 오 왕 야

9-18. 공자 가라사대: "산을 만드는데 비유하면, 한 삼태기 때문에 산이 이루어지지 못했어도, 그치면 내가 그친 것이다. 구덩이를 메워 평지를 만드는데 비유하면, 비록 한 삼태기를 쏟아부었어도, 계속 나아가면 내가 나아가는 것이다."

새 김

· 簣(궤): 흙을 담는 삼태기.
· 覆(복): 뒤집어 쏟아 붓다.

9-19.
子曰:"語之而不惰者, 其回也與!"
자왈 어지이불타자 기회야여

9-19. 공자 가로되: "말이 떨어지면 꾸물거리지 않고, 바로 행동하는 사람은 아마 안회 뿐일 거야!"

새 김

- 不惰者(불타자): 꾸물거리지 않고, 바로 행동하는 사람.
- 其回也與(기회야여): 기~여其~與는 대개는 감탄문 형식이다.

9-20.
子謂顏淵曰:"惜乎! 吾見其進也, 未見其止也."
자위안연왈 석호 오견기진야 미견기지야

9-20. 공자 안연을 평하여 가로되: "애석하도다! 나는 그가 나아가는 것만 보았지, 그치는 것을 보지 못했다."

9-21.
子曰:"苗而不秀者有矣夫! 秀而不實者有矣夫!"
자왈 묘이불수자유의부 수이불실자유의부

9-21. 공자 가로되: "싹은 틔웠으나 애석하게 꽃을 못 피우는 자도 있구나! 꽃은 피웠으나 애석하게도 열매를 맺지 못하는 자도 있구나!"

> **새 김**
>
> · ~有矣夫(유의부): ~일도 있구나!

9-22

子曰: "後生可畏, 焉知來者之不如今也? 四十五十而無
자왈   후생가외   언지래자지불여금야   사십오십이무

聞焉, 斯亦不足畏也已."
문언   사역부족외야이

9-22. 공자 가라사대: "후배들을 두려워해야 한다. 앞으로 올 사람들이 지금 사람들보다 못한 것을 어찌 알겠는가? 사십 오십이 되었는데도 이렇다 할 평가를 받지 못한 사람은 역시 두려워할 것 없는 자들일 뿐이야."

> **새 김**
>
> · 後生(후생): 후배.
> · 焉(언): 어찌.
> · 來者(래자): 후배, 뒤에 오는 사람.
> · 無聞(무문): 유명하지 않다.
> · 斯(사): 이런 사람.
> · 不足畏(부족외): 두려워할 것 없다.

9-23.

子曰: "法語之言, 能無從乎? 改之爲貴. 巽與之言, 能無
자왈   법어지언   능무종호   개지위귀   손여지언   능무

說乎? 繹之爲貴. 說而不繹, 從而不改, 吾末如之何也已
열호   역지위귀   열이불역   종이불개   오말여지하야이

矣."
의

9-23. 공자 가라사대: "법문에 따라 강제하는 말을 따르지 않을 수 있겠느냐? 그러나 가장 귀한 것은 자기의 잘못을 고치는 일이다. 부드럽게 북돋아 주는 말에 기뻐하지 않을 수 있겠느냐? 그러나 가장 귀한 것은 나를 속속들이 깊이 연구하는 일이다. 기뻐하기만 하고 나를 속속들이 깊이 연구하지 않거나, 따르기만 하고 자기 잘못을 고치지 못한다면, 나도 그런 사람은 어찌해볼 수가 없구나!"

새김

· 法語之言(법어지언), 巽與之言(손여지언): 법문에 따라 강제하는 말, 유순하고 온화하게 격려하고 북돋아 주는 말.

· 改之(개지), 繹之(역지): 고치다. 속속들이 깊이 연구하다.

· 說(열): 悅과 통함.

· 末如之何(말여지하): 어찌해 볼 수가 없구나.

9-24.

子曰: "主忠信, 毋友不如己者, 過則勿憚改."
자왈   주충신   무우불여기자   과즉물탄개

9-24. 공자 가라사대: "자기 행동을 충과 신을 위주로 하면, 자기보다 못한 친구도 없어지고, 잘못 고치기를 꺼리는 일도 없다."

꼽아 봄

1-8에서와 같이 전체를 한 문장으로 보고 새겼다.

9-25.

子曰: "三軍可奪帥也, 匹夫不可奪志也."
자왈   삼 군 가 탈 수 야 필 부 불 가 탈 지 야

9-25. 공자 가라사대: "힘으로 삼군의 장수는 빼앗을 수 있지만, 힘으로 필부의 의지는 빼앗을 수 없다."

9-26.

子曰: "衣敝縕袍, 與衣狐貉者立, 而不恥者, 其由也與!
자왈   의폐온포   여의호학자립   이불치자   기유야여

'不忮不求, 何用不臧?'" 子路終身誦之, 子曰: "是道也,
불기불구   하용부장   자로종신송지   자왈   시도야

何足以臧?"
하 족 이 장

9-26. 공자 가라사대: "다 해진 솜 도포를 입고, 여우나 담비 털옷을 입는 사람과 함께 서 있어도, 조금도 부끄러워하지 않을 사람은 아마도 유(자로)뿐일 것이로다! '해치지도 않고 탐내지도 않으니, 어찌 좋다고 하지 않을 수 있을까?'" 자로가 듣고서, 늘 이 시구를 암송하니, 공자 가라

사대: "그것이 도리이기는 하지만, 어찌 그 정도의 좋은 점만으로 충분하겠는가?"

> 새 김

· 衣(의): '의폐온포衣敝縕袍'의 衣나 '衣狐貉者'의 衣나 모두 '입는다.'는 동사.

· 縕袍(온포): 솜을 속에 넣은 도포.

· 其由也與(기유야여): '其'는 감탄을 나타내는 어기사. '與'는 '歟'와 통함.

· 由(유): 자로의 이름.

· 忮(기): 해치다.

· 求(구): 탐내다.

· 何用(하용): 어찌 ~ 할 수 있겠느냐?

· 臧(장): 착하다, 어질다, 착함, 장점.

· 是道也(시도야): 여기서 '是'는 자로의 인품에 대한 공자의 비유, 그리고 「시경」에서 인용한 '불기불구'를 말한다.

9-27.
子曰: "歲寒, 然後知松栢之後彫也."
자 왈 세 한 연 후 지 송 백 지 후 조 야

9-27. 공자 가라사대: "한겨울의 추위가 닥친 다음에야 소나무와 잣나무가 제일 나중에 시든다는 것을 알게 된다."

> 새 김

· 歲寒(세한): 제일 추울 때, 24절기 가운데 '대한' 전후.

· 後彫(후조): 제일 나중에 시든다.

9-28.

子曰:"知者不惑, 仁者不憂, 勇者不懼."
자 왈   지 자 불 혹   인 자 불 우   용 자 불 구

9-28. 공자 가라사대: "알면 헷갈릴 게 없고, 어질면 걱정할 게 없고, 씩씩하면 두려울 게 없다."

새 김

· 知者不惑(지자불혹): 공동체 사회의 행동규범과 인간의 도리를 지혜롭게 알면, 자기 행동의 방향을 정하는데 헷갈림이 없다.

· 仁者不憂(인자불우): 남을 사랑하고 덕을 베푸는 어짊은 어떤 상황에서도 내가 손해 볼까 걱정할 일이 없다.

· 勇者不懼(용자불구): 행동규범과 도리를 벗어났을 때, 죽고 싶을 만큼 부끄러움을 느끼는 씩씩함은 자기 행동의 일탈을 두려워할 일이 없다.

9-29.

子曰:"可與共學, 未可與適道; 可與適道, 未可與立; 可
자 왈   가 여 공 학   미 가 여 적 도   가 여 적 도   미 가 여 입   가

與立, 未可與權."
여 입   미 가 여 권

9-29. 공자 가라사대: "함께 같은 것을 배울 수는 있어도, 함께 같은 길을 갈 수 있는 것은 아니다. 함께 같은 길을 갈 수는 있어도, 함께 같은 직책을 맡아 일을 할 수 있는 것은 아니다. 함께 같은 직책을 맡아 일을 할 수는 있어도, 함께 공정하게 일을 처리할 수 있는 것은 아니다."

새김

· 適道(적도): 인간이 가야 할 길을 찾아가다.
· 立(입): 어떤 직책을 맡아 일하다.
· 權(권): 공정하게 일을 처리하다.

9-30.

"唐棣之華, 偏其反而! 豈不爾思? 室是遠而!" 子曰: "未
　당체지화　편기반이　기불이사　　실시원이　　자왈　미

之思也, 夫何遠之有?"
지사야　부하원지유

9-30. "아가위 꽃 팔랑팔랑 나부끼네. 어찌 그대 생각나지 않으리오? 그러나 집이 너무 멀구려." 공자 왈: "그리움이 부족한 거야, 진정 그립다면 도대체 집이 먼 것이 무슨 문제가 되겠냐?"

새김

· 偏其反而(편기반이): 한쪽으로 기울었다가 반대편으로 기울기를 반복한다.
· 夫(부): 도대체.

鄕黨 第十篇
(향당 제십편)

鄉黨 第十篇
(향당 제십편)

 얼핏 보면 「향당」 편은 공자 공직생활 중에 있었던 일상사처럼 묘사되고 있으나, 무슨 직책에서 어떤 임무를 수행했다는 구체적 사실을 적시한 것은 어디에서도 한 군데도 없다. 그래도 공자 사후 어느 때쯤 공자가 대사구를 지냈다는 말이 만들어질 수 있는 빌미를 「논어·향당」 편이 제공했음은 틀림없을 것이다.
 노나라 23대 소공이 망명한 후에 삼환에 의하여 허수아비로 내세워진 정공이 현재 우리나라 법무장관에 해당하는 대사구를 삼환의 추천이나 승인 없이 임명한다는 것이 가능하겠는가? 허구일 수밖에 없는 일이다. 더구나 그것을 역사적 사실로 믿게 할만한 공식적인 전거는 전무하다.
 다만 스스로 '예'의 대가라고 자처하니까, 자천 타천으로 제례와 의전에서 일정한 역할 담당이 삼환의 승인하에 가능했을 것으로 추측할 수는 있다. 그러니까 제례와 의전을 위하여 비정규적으로 궁에 드나들던 시절의 것들로 보는 것이 제일 그럴듯할 것이다.
 공자가 어느 직책에도 공식 등용되지 못하였음은 「논어」라는 서물 자체가 몇 번씩 확인해주고 있다. 그것이 바로 위정 편 21장, 자한 편 6장과 12장, 그리고 자로 편 10장이다.

10-1.

孔子於鄕黨, 恂恂如也, 似不能言者. 其在宗廟朝廷, 便
공자어향당 순순여야 사불능언자 기재종묘조정 편

便言, 唯謹爾.
편언 유근이

10-1. 공자가 동네에 있을 때는 공손하기만 하여 말을 잘 못 하는 사람 같았다. 그러나 종묘나 조정에 있을 때는 또박또박 말을 잘하였으나, 다만 말을 삼갔다.

새김

· 鄕黨(향당): 사는 동네.
· 恂恂(순순): 공손한 모습.
· 便便(편편): 또박또박 말을 잘하는 모습.

10-2.

朝, 與下大夫言, 侃侃如也; 與上大夫言, 誾誾如也. 君在,
조 여하대부언 간간여야 여상대부언 은은여야 군재

踧踖如也, 與與如也.
축적여야 여여여야

10-2. 조정에서 하대부와 말할 때는 화락하였고, 상대부와 말할 때는 온화하면서도 삼갔다. 임금이 있을 때는 신중히 삼가면서도 의젓하였다.

새김

· 朝(조): 조정.
· 侃侃(간간): 화락하다.

- 誾誾(은은): 온화하면서도 삼가다.
- 踧踖(축적): 신중하면서도 삼가다.
- 與與(여여): 의젓하다.

10-3.

君召使擯, 色勃如也, 足躩如也. 揖所與立, 左右手, 衣前
군 소 사 빈   색 발 여 야   족 각 여 야   읍 소 여 립   좌 우 수   의 전

後, 襜如也, 趨進, 翼如也. 賓退, 必復命曰: "賓不顧矣."
후   첨 여 야   추 진   익 여 야   빈 퇴   필 복 명 왈   빈 불 고 의

10-3. 임금이 공자를 불러 국빈을 접대하게 하면, 얼굴빛을 정중하게 바꾸고 머뭇거리며 조심스레 천천히 걸었다. 같이 서 있는 빈擯에게 읍할 적에는 왼쪽 사람에게는 손을 왼쪽으로 하고, 오른쪽에 있는 사람에게는 손을 오른쪽으로 하는데, 옷의 앞뒤자락이 가지런히 움직였다. 빠른 걸음으로 나아갈 때는 새가 날개를 편 듯했다. 손님이 물러간 뒤에는 반드시 복명했다: "손님이 뒤 돌아보지 않고 잘 떠났습니다."

새 김

- 擯(빈): 국빈을 접대하는 역할을 하다.
- 躩(각): 발걸음을 조심하다.
- 揖所與立(읍소여립): 함께 서 있는 擯에게 읍하는 것.
- 左右手(좌우수): 왼쪽 사람에게 읍할 때는 수평으로 펴 잡은 두 손을 왼쪽으로. 오른쪽 사람에게는 반대로 한다.
- 襜如(첨여): 가지런한 모습.
- 趨進(추진): 두 손을 모아 잡고 허리를 굽힌 채 빨리 걷는 예법.
- 賓不顧(빈불고): 손님이 뒤를 돌아보지 않을 때까지 배웅했다는 뜻이다.

10-4.

入公門, 鞠躬如也, 如不容. 立不中門, 行不履閾. 過位,
입공문 국궁여야 여불용 립부중문 행불이역 과위

色勃如也, 足躩如也, 其言似不足者. 攝齊升堂, 鞠躬如
색발여야 족각여야 기언사부족자 섭자승당 국궁여

也, 屛氣似不息者. 出, 降一等, 逞顔色, 怡怡如也; 沒階,
야 병기사불식자 출 강일등 영안색 이이여야 몰계

趨進, 翼如也; 復其位, 踧踖如也.
추진 익여야 복기위 축적여야

10-4. 공자 공실 문을 들어 갈 때는 몸을 숙여 마치 낮은 문을 들어가는 듯 하였다. 문 한가운데 서 있는 법이 없고, 드나들 때는 문지방을 밟지 않았다. 군주의 자리를 지날 때는 얼굴빛을 정중히 하고 머뭇거리며 조심스레 천천히 걸었다. 그리고 말은 좀 부족한 듯이 했다. 옷자락을 걷어 쥐고 승당할 때는 몸을 굽히고, 그리고 숨소리를 죽여 마치 숨쉬지 않는 듯 하였다. 나와서 층계를 하나 내려서면, 얼굴을 펴며 즐거워하는 모습이였다. 계단을 다 내려와서는 잰 걸음으로 걷기를 새가 날개를 펴 듯 했고, 제 자리에 돌아와서는 다시 조심스러워했다.

새 김

· 公門(공문): 공실 문.
· 鞠躬(국궁): 몸을 숙이듯 굽히다.
· 如不容(여불용): 문이 낮아서 그대로 서서는 들어갈 수 없는 듯이.
· 履閾(이역): 문지방을 밟다.
· 過位(과위): 군주가 서는 자리를 지나가다.
· 攝齊(섭자): 옷자락을 걷어쥐다.
· 屛氣(병기): 숨을 죽이다.

- 降一等(강일등): 층계를 한층 내려오다.
- 逞顔色(영안색): 안색을 펴다.
- 怡怡如(이이여): 기쁜 빛을 띤 모양.
- 沒階(몰계): 층계를 다 내려오다.

10-5.

執圭, 鞠躬如也, 如不勝. 上如揖, 下如授. 勃如戰色, 足
집규 국궁여야 여불승 상여읍 하여수 발여전색 족

蹜蹜如有循. 享禮, 有容色. 私覿, 愉愉如也.
축축여유순 향례 유용색 사적 유유여야

10-5. 사신으로 다른 나라 군주를 알현할 때, 규를 잡고 몸을 굽혀 규의 무게를 못 이기는 듯했다. 그렇게 먼저 규를 들어 올려 읍을 하고, 규를 내려 물건을 주듯 봉헌했다. 이때 얼굴빛이 변하여 마치 떠는 듯했다. 발걸음은 종종걸음으로 뒤꿈치를 끄는 듯이 걸었다. 예물을 줄 때는 환한 얼굴빛이었으며, 사사로이 사람들을 만날 때는 더욱더 흐뭇하고 기쁜 모습이었다.

새 김

- 執圭(집규): 규를 들다. 규는 제후의 명규命圭로 제후가 즉위할 때 천자로부터 받는 작위 명을 표시해 놓은 명패 같은 것. 대부가 이웃 나라를 방문할 때 가지고 가서 신표로 삼는다. 보통 옥으로 만들며 길쭉하여 양손으로 들 수 있는 홀과 같이 생겼다.
- 如不勝(여불승): 규의 무게가 무거워 못 이기는 듯이.
- 上如揖(상여읍): 규를 들어 올려 읍하다.
- 勃如戰色(발여전색): 얼굴빛이 떠는 듯이 변하다.

- 踧踖(축축): 보폭을 좁혀 종종걸음을 걷다.
- 如有循(여유순): 발뒤꿈치를 끌 듯이 걷는다.
- 享禮(향례): 사신이 가지고 간 선물을 바치는 예.
- 有容色(유용색): 부드럽고 환한 얼굴빛을 짓다.
- 私覿(사적): 개인적으로 사람을 만나 예물을 교환하며 사귀는 것.
- 愉愉(유유): 흐뭇하고 유쾌한 모습.

10-6.

君子不以紺緅飾, 紅紫不以爲褻服. 當暑袗絺綌, 必表而
군자불이감추식 홍자불이위설복 당서진치격 필표이

出之. 緇衣, 羔裘; 素衣, 麑裘; 黃衣, 狐裘. 褻裘長, 短右
출지 치의 고구 소의 예구 황의 호구 설구장 단우

袂. 必有寢衣, 長一身有半. 狐貉之厚以居. 去喪, 無所不
메 필유침의 장일신유반 호학지후이거 거상 무소불

佩. 非帷裳, 必殺之. 羔裘玄冠不以吊. 吉月, 必朝服而朝.
패 비유상 필쇄지 고구현관불이조 길월 필조복이조

10-6. 군자는 검푸른 색이나 검붉은 색 천으로 옷깃이나 테두리를 달지 않으며. 홍색이나 자주색 천으로 평상복을 만들지 않았다. 더위를 당해서는 고운 갈포나 굵은 갈포로 만든 속적삼을 입지만, 외출 시에는 꼭 겉옷을 입는다. 검은 옷에는 염소 갖옷을 덧입고, 흰옷에는 새끼 사슴 갖옷을 덧입고, 누런 옷에는 여우 갖옷을 덧입는다. 일상적으로 입는 갖옷은 길게 하되 오른쪽 소매는 짧게 한다. 반드시 잠옷이 따로 있으며, 그 길이가 키보다 반이 더 길었다. 여우와 담비의 두꺼운 털가죽을 깔고 거처한다. 상을 마친 뒤에는 차지 않는 패물이 없었다. 조회 복이나 제례복이 아니면 정식 주름치마가 아니라 천을 잘라내고 꿰매어서 입는다.

검은 염소 갖옷이나 검은 관으로는 조문하지 않고, 매달 초하루에는 조복을 입고 조회에 나간다.

> **새 김**

- 紺緅飾(감추식): 검푸른 색이나 검붉은 색으로 옷깃이나 테두리를 달다.
- 褻服(설복): 평상복.
- 袗絺綌(진치격): 고운 갈포나 굵은 갈포로 지은 속적삼.
- 表而出之(표이출지): 외출 시에는 꼭 겉옷을 입는다. 「시경」 용풍鄘風 군자해로君子偕老 편에 '몽피추치, 시설 반야. 蒙彼縐絺, 是紲袢也.'라는 구절은 결국 '추치는 속 적삼이다.'라는 뜻이므로 '표이출지'는 고주가 바르다고 본다.
- 麑(예): 새끼 사슴.
- 狐貉(호학): 여우와 담비.
- 帷裳(유상): 조복이나 제복으로 주름이 졌다.
- 殺之(쇄지): 잘라내다.
- 玄冠(현관): 검은 관.
- 吉月(길월): 매달 초하루.

10-7.

齊, 必有明衣, 布. 齊必變食, 居必遷坐.
재 필유명의 포 재필변식 거필천좌

10-7. 재계 기간에는 꼭 입는 명의가 있었는데 베로 만들었다. 재계 기간에는 다른 음식을 먹고, 걸터앉은 자세로 생활하던 장소에서 바닥에 정좌할 수 있는 장소로 반드시 옮겨간다.

새김

- 明衣(명의): 목욕을 끝내고 입는 옷.
- 布(포): 삼베.
- 變食(변식): 술과 향신료 등을 먹지 않는다.
- 遷坐(천좌): 일반적으로 사랑방으로 옮긴다고 해석한다. 그러나 그런 뜻보다는 걸터앉는 자세로 생활하던 장소에서 맨바닥에 정좌하여 재계 기간을 보낼 수 있는 장소로 옮겨 간다는 뜻으로 새겼다.

10-8.

食不厭精, 膾不厭細. 食饐而餲·魚餒而肉敗, 不食; 色惡,
사 불 염 정 회 불 염 세   사 의 이 애 어 뇌 이 육 패 불 식   색 악

不食; 臭惡, 不食; 失飪, 不食; 不時, 不食; 割不正, 不食;
불 식 취 악 불 식 실 임 불 식 불 시 불 식 할 부 정 불 식

不得其醬, 不食. 肉雖多, 不使勝食氣. 惟酒無量, 不及亂.
부 득 기 장 불 식 육 수 다 불 사 승 사 기   유 주 무 량 불 급 란

沽酒市脯, 不食. 不撤薑食, 不多食. 祭於公, 不宿肉. 祭
고 주 시 포 불 식 불 철 강 식 부 다 식 제 어 공 불 숙 육   제

肉不出三日, 出三日, 不食之矣. 食不語, 寢不言. 雖疏食
육 불 출 삼 일 출 삼 일 불 식 지 의   식 불 어 침 불 언 수 소 사

菜羹瓜, 祭, 必齊如也.
채 갱 과 제 필 재 여 야

10-8. 도정을 잘한 흰쌀밥을 싫어하지 않았고, 가늘게 썬 회를 싫어하지 않았다. 밥이 쉰 것이나 상한 것, 물고기가 상한 것이나 고기가 부패한 것은 먹지 않았다. 색깔이 좋지 않거나, 냄새가 좋지 않거나, 제대로 익히지 않은 것은 먹지 않았다. 제철 음식이 아닌 것은 잘 먹지 않았다. 바르게 자르지 않은 것 먹지 않았고, 음식에 맞는 장이 없으면 먹지 않

았다. 비록 고기가 많아도 밥보다 많이 먹지는 않았다. 주량에 제한은 없지만 어지러워지는 데까지는 이르지 않았다. 시장에서 파는 술과 육포는 먹지 않는다. 물리치지 않고 생강은 먹었다. 항상 많이 먹지는 않는다. 나라에서 제사 지내고 받은 고기는 밤을 넘기지 않고 주변에 나누어 주었다. 그러나 집에서 제사 지낸 고기는 사흘을 넘기지 않았고, 사흘을 넘긴 고기는 먹지 않았다. 식사 때는 이야기하지 않고, 잠자리에 들면 말하지 않았다. 거친 밥과 나물국 그리고 오이 반찬만 놓고 먹더라도, 고수레했다. 그때는 반드시 재계하듯이 엄숙하고 공경스러운 모습이었다.

새김

· 食(식): 먹는다는 뜻일 때는 '식', 밥이라는 뜻일 때는 '사.'
· 饐, 餲(의, 애): 밥이 쉰 것, 상한 것.
· 餒(뇌): 물고기가 상한 것.
· 失飪(실임): 밥이 제대로 익지 않은.
· 不得其醬(부득기장): 음식에 맞는 장이 없으면.
· 不使勝食氣(불사승사기): 밥 기운을 이기도록 먹지 않는다. 밥보다 고기를 많이 먹지 않는다.
· 沽酒(고주): 사는 술.
· 市脯(시포): 시장에서 파는 육포.
· 不撤薑食(불철강식): 생강을 물리치지 않고 먹는다.
· 宿肉(숙육): 고기를 하루 동안 묵히다.
· 疏食菜羹(소사채갱): 거친 밥과 나물국.
· 祭(제): 우리나라에서 옛날에 행하던 고수레로 보았다.
· 齊如(재여): 재계와 같이.

10-9.
席不正, 不坐.
석 부 정   부 좌

10-9. 자리가 바르지 않으면 그대로 앉지 않고, 반드시 바르게 하고 앉는다.

10-10
鄕人飮酒, 杖者出, 斯出矣. 鄕人儺, 朝服而立於阼階.
향 인 음 주   장 자 출   사 출 의   향 인 나   조 복 이 립 어 조 계

10-10. 향당에서 향음주례를 파하고 퇴장할 때 큰 지팡이를 짚은 노인이 먼저 나가면, 그다음에 나갔다. 향인들이 악귀를 쫓아내는 예식인 나례를 행할 때는 조복을 차려입고 당에 오르는 동쪽 섬돌에 서 있었다.

새 김
· 鄕人飮酒(향인음주): 마을 사람들이 전부 모여 베푸는 주연. 「의례」 향음주례편에 그 절차와 격식이 상세하게 기록되어 있다.
· 杖者(장자): 지팡이를 짚은 어른. 「예기」 왕제 편에 50에 집에서 지팡이를 짚고, 60에 향에서, 70에 나라에서, 80에 조정에서 지팡이를 짚는다.라고 기록되어있다.
· 斯出矣(사출의): 즉출의則出矣의 뜻. 여기서 '斯'는 즉則이라는 뜻.
· 儺(나): 나례, 악귀를 쫓아내는 예식, 행사.
· 朝服(조복): 조정에 나갈 때 입는 옷.
· 阼階(조계): 당에 오르는 동쪽 계단, 그 반대편이 빈계賓階.

10-11

問人於他邦, 再拜而送之. 康子饋藥, 拜而受之, 曰: "丘
문인어타방 재배이송지 강자궤약 배이수지 왈 구

未達, 不敢嘗."
미달 불감상

10-11. 사람을 다른 나라에 보내어 안부를 물을 때에는 두 번 절하고 보냈다. 계강자가 약을 보내오자, 공자는 그것을 절하고 정중히 받았다. 그리고 가로되: "제가 이 약의 성분을 알지 못하기 때문에 감히 마시지는 못하겠습니다."

새 김

· 饋(궤): 물건을 보내다.
· 未達(미달): 잘 알지 못하다.
· 嘗(상): 맛보다. 먹는다.

10-12

廐焚, 子退朝, 曰: "傷人乎?" 不問馬.
구분 자퇴조 왈 상인호 불문마

10-12. 마구간에 불이 났다. 공자 조정에서 돌아와서 가로되: "사람이 다쳤느냐?" 그리고 말에 대하여는 묻지 않았다.

새 김

· 廐(구): 마구간.

10-13

君賜食, 必正席先嘗之; 君賜腥, 必熟而薦之; 君賜生,
군사식 필정석선상지 　군사성 　필숙이천지 　군사생

必畜之. 侍食於君, 君祭, 先飯. 疾, 君視之, 東首, 加朝服,
필휵지 　시식어군 　군제 　선반 　질 　군시지 　동수 　가조복

拖紳. 君命召, 不俟駕行矣.
타신 　군명소 　불사가행의

10-13. 군주가 음식을 내려주면, 반드시 자리를 바르게 하고 먼저 맛보았다. 군주가 날고기를 내려 주면, 반드시 익혀서 조상에게 바쳤다. 군주가 산 짐승을 내려주면, 반드시 길렀다. 군주를 모시고 식사할 때는 군주가 제를 올리면, 먼저 음식 맛을 보았다. 공자가 병이 들어 군주가 문병을 오면, 공자는 머리를 동쪽으로 두고, 조복을 몸에 덮고, 그 위에 큰 띠를 걸쳐 놓았다. 군주가 부르는 명을 내리면, 마차를 기다리지 않고 그냥 앞서 걸어갔다.

새김

- 腥(성): 날고기.
- 薦(천): 가묘에 제물로 올리다.
- 畜之(휵지): 짐승을 기르다. 畜은 기를 '휵'. 집에서 기르는 짐승 '축'.
- 祭(제): 식사 전에 올리는 간단한 예식, 고수레.
- 先飯(선반): 먼저 맛보다.
- 君視之(군시지): 군주가 문병하다.
- 加朝服拖紳(가조복타신): 조복을 몸에 덮고, 그 위에 큰 띠를 걸쳐 놓다.
- 不俟(불사): 기다리지 않고.

10-14.
入太廟, 每事問.
입 태 묘 매 사 문

10-14. 공자는 태묘에 들어가서는 매사를 물어가며 진행하였다.

새 김

· 太廟(태묘): 노나라의 태묘는 주공의 사당이다.
· 每事問(매사문): 태묘의 대제조제자(助祭者)로서 매사를 물어가며 절차를 진행하였다.

10-15.
朋友死, 無所歸, 曰: "於我殯." 朋友之饋, 雖車馬, 非祭
붕우사 무소귀 왈   어아빈 붕우지궤 수거마 비제

肉, 不拜.
육 불배

10-15. 벗이 죽었으나, 돌보아줄 사람이 없자, 공자 왈: "우리 집에 빈소를 차리자." 벗들이 주는 물건은 제사에 쓰는 고기 외에는 수레나 말 같은 값나가는 것일지라도 절하며 받지는 않는다.

새 김

· 無所歸(무소귀): 거두어 줄 사람이 없다.
· 殯(빈): 빈소.

寢不尸, 居不容. 見齊衰者, 雖狎, 必變. 見冕者與瞽者, 雖
침불시 거불용 견자최자 수압 필변 견면자여고자 수

褻, 必以貌. 凶服者式之, 式負版者. 有盛饌, 必變色而作.
설 필이모 흉복자식지 식부판자 유성찬 필변색이작

迅雷風烈, 必變.
신뇌풍열 필변

10-16. 시체처럼 반드시 누워 자지 않고, 집에서는 몸가짐을 꾸미지 않았다. 자최 상복을 입은 사람을 보면 아무리 친한 사이라도 엄숙하게 얼굴빛을 고쳤다. 예복을 갖춰 입은 사람이나 장님을 보아도 비록 친한 사이라도 반드시 몸가짐을 가다듬었다. 수레를 타고 갈 때 상복 입은 사람을 보면, 수레 앞에 있는 손잡이를 잡고 허리 굽혀 절했다. 또한 죽은 자의 물건을 지고 가는 사람에게도 식을 잡고 허리굽혀 절했다. 성찬이 나오면 반드시 정색하고 일어났다. 맹렬하게 우레가 치고 바람이 불면 반드시 표정과 몸가짐을 가다듬었다.

새김

· 不尸(불시): 시체처럼 눕지 않는다.

· 不容(불용): 몸가짐을 꾸미지 않는다.

· 齊衰(자최): 상복의 종류. 참최, 자최, 대공, 소공, 시마 등 5등급이 있다.

· 狎, 褻(압, 설): 모두 친밀함을 나타낸다.

· 凶服者(흉복자): 상복을 입은 사람.

· 式之: 거식지車式之로 보아 수레 앞의 손잡이를 잡고 인사하다.

· 負版者(부판자): 죽은 사람의 의물衣物을 짊어진 자.

10-17.
升車, 必正立, 執綏. 車中, 不內顧, 不疾言, 不親指.
승거 필정립 집수 거중 불내고 부질언 불친지

10-17. 수레에 오를 때는 반듯하게 서서 끈을 잡고 올랐다. 수레 안에서는 두리번거리지 않았고, 빠르게 무슨 일이 있는 것처럼 떠들지 않았고, 손가락질하지 않았다.

새 김

· 執綏(집수): 끈을 잡고 오르다.

· 不疾言(부질언): 큰 소리로 빠르게 떠들지 않는다.

· 不親指(불친지): 몸소 손가락질하지 않는다.

10-18.
色斯擧矣, 翔而後集. 曰: "山梁雌雉, 時哉時哉!" 子路共
색사거의 상이후집 왈 산양자치 시재시재 자로공

之, 三嗅而作.
지 삼후이작

10-18. 새들이 깜짝 놀라 날아올라, 허공을 빙 돌다 쏟아지듯 한 곳에 내려앉는다. 공자 왈: "산골짝에 걸린 다리 살살 기는 저 까투리, 좋은 때로다! 좋은 때로다!" 자로가 그곳에 함께 있었는데, 까투리는 세 번 날개를 퍼덕이다 날아가 버렸다.

새 김

· 色斯擧矣(색사거의): '色'은 놀라다. 깜짝 놀라 날아오르다.

· 翔而後集(상이후집): 허공을 빌다 한곳에 내려앉는다.

· 共之(공지): 함께 있다.

· 嗅(후): 격鬩자로 보고 새겼다. 날개 펼 격.

先進 第十一篇
(선진 제십일편)

先進 第十一篇
(선진 제십일편)

이편은 공자 제자들 인물평이 주를 이룬다. 특히 그 유명한 사과십철이 제2장에 등장한다. 전체 등장인물은 사과십철과 자고, 증삼, 자장 그리고 남용과 공서화, 증석등 16명이다.

제일 마지막 장은 「논어」 가운데 가장 긴장으로 315자에 달하는 한 편의 장편소설掌篇小說이다. 일반적으로 이 장은 증삼의 후학들이 증삼을 띄우기 위하여 그의 아버지 증석을 등장 시켜 가장 뛰어난 제자인 것처럼 꾸몄다고 하지만 이 장의 이야기 자체가 모두 증명할 수 없는 허구일 뿐이다. 증석이란 인물이 정말 실재했는지 여부도, 또는 실재했더라도 정말 증삼의 아버지인가를 증명할 방법이 없다. 증석이 증삼의 아버지라는 것은 「맹자」에 처음 나오는 이야기일 뿐 믿을만한 전거가 전혀 없다. 그렇다면 「논어」 편집자들은 「논어」 가운데 다른 자료들을 합성 모작하여 누가 보아도 허구임이 뻔히 드러나는 이야기를 굳이 여기에 삽입시킨 의도는 무엇일까? 그것은 증삼을 띄우기 위한 것이라기보다 그 역시 공자 성인화 작업의 일환일 뿐이다. 즉 공자라는 성인은 평생 오직 권력 행보에만 목을 맨 사람이 아니다. 그것은 도가 무너진 사회를 광정하려는 것일 뿐이며, 원래는 자연을 벗 삼아 유유자적하는 삶을 살고자 꿈을 꾼 사람이다. 그리고 도가사싱까지도 일씨감치 보누 아울러 품은 성인임을 강조하여 더 높이 띄우기 위한 의도에서 편집된 것이라 여겨진다.

11-1.

子曰: "先進於禮樂, 野人也; 後進於禮樂, 君子也. 如用之, 則吾從先進."
자왈   선진어예악 야인야 후진어예악 군자야 여용지,   즉오종선진

11-1. 공자 왈: "먼저 예악을 배우고 (관직에 나가는 사람은) 야인(서민)들이고, (먼저 관직에 나아간) 후 예악을 배우는 사람은 군자(지배계층)들이다. 만약 내게 어느 방법을 쓰겠느냐 하면, 나는 예악을 먼저 배우는 방법을 따르겠다."

새 김

- 先進於禮樂(선진어예악): 예악을 먼저 배우고, (관직에 나아가다.)
- 野人(야인): 천한 신분의 사람들.
- 後進於禮樂(후진어예악): (관직에 나아간 후) 나중에 예악을 배우다.
- 君子(군자): 벼슬아치들의 후손.

11-2.

子曰: "從我於陳·蔡者, 皆不及門也." 德行: 顔淵·閔子騫·
자왈   종아어진채자 개불급문야   덕행 안연 민자건

冉伯牛·仲弓. 言語: 宰我·子貢. 政事: 冉有·季路. 文學: 子
염백우 중궁 언어 재아 자공   정사 염유 계로   문학 자

游·子夏.
유 자하

11-2. 공자 왈: 진나라와 채나라에서 나를 따르던 제자들이 모두 등사

登仕의 기회를 얻지 못했구나. 덕행에는 안연, 민자건, 염백우, 중궁. 언어에는 재아, 자공. 정사에는 염유, 계로. 문학에는 자유, 자하가 뛰어나다.

> **새 김**
> · 陳·蔡(진·채): 나라 이름. 지금 하남성과 안휘성 일대.
> · 不及門(불급문): 등사에 이르지를 못하다.

11-3.
子曰: "回也非助我者也, 於吾言無所不說."
자 왈 회 야 비 조 아 자 야 어 오 언 무 소 불 열

11-3. 공자 왈: "안회는 나를 돕는 사람이 아니다. 내 말에 기뻐하지 않는 것이 없다."

11-4.
子曰: "孝哉閔子騫! 人不間於其父母昆弟之言."
자 왈 효 재 민 자 건 인 불 간 어 기 부 모 곤 제 지 언

11-4. 공자 왈: "정말 효자로다! 민자건. 사람들은 그 부모·형제들이 칭찬하는 말에 아마도 트집을 잡을 수가 없을걸!"

> **새 김**
> · 閔子騫(민자건): 이름은 손損, 子騫은 자다.
> · 間(간): 끼어들어 트집을 잡다. 이의를 제기하다.

11-5.

南容三復白圭, 孔子以其兄之子妻之.
남 용 삼 복 백 규   공 자 이 기 형 지 자 처 지

11-5. 남용이 '백규'라는 시 구절을 하루에도 세 번 반복해서 외거늘, 공자가 그 형의 딸을 그에게 시집보냈다.

새김

· 白圭(백규): 「시경」 대아, 억 편의 싯귀

'白圭之玷(백규지점), 尙可磨也(상가마야), 斯言之玷(사언지점), 不可爲也(불가위야).'

11-6.

季康子問: "弟子孰爲好學?" 孔子對曰: "有顔回者好學,
계 강 자 문   제 자 숙 위 호 학   공 자 대 왈   유 안 회 자 호 학

不幸短命死矣, 今也則亡."
불 행 단 명 사 의   금 야 즉 무

11-6. 계강자가 물었다: "제자 가운데 누가 배우기를 좋아한다고 할까요?" 공자 대왈: "안회라는 제자가 배우기를 무척 좋아했는데 불행히도 명이 짧아 죽었습니다. 지금은 이 세상에 없습니다." 「옹야」 2 참조.

11-7.

顔淵死, 顔路請子之車以爲之槨. 子曰: "才不才, 亦各言
안연사 안로청자지거이위지곽   자왈   재부재 역각언

其子也. 鯉也死, 有棺而無槨, 吾不徒行以爲之槨. 以吾
기자야 이야사   유관이무곽   오부도행이위지곽   이오

從大夫之後, 不可徒行也."
종대부지후 불가도행야

11-7. 안연이 죽자 그의 아버지 안로는 빈소를 차리는 데 수레를 이용하여 곽으로 사용하기를 청하였다. 그러나 공자 가로되: "재주가 있건 없건 말하자면 각자 자기 아들인데, 내 아들 이鯉가 죽었을 때도 관은 있었지만, 곽은 없었다. 내가 곽으로 쓰게 하고 걸어 다닐 수가 없었기 때문이었다. 나는 대부의 뒤를 따라가야 하므로 걸어 다닐 수가 없기 때문이다."

새김

· 顔路(안로): 안회의 아버지, 이름은 무유無繇, 자는 路.
· 槨(곽): 덧널, 외관.
· 鯉(리): 공자 아들, 자는 伯魚.
· 徒行(도행): 걸어가다.
· 大夫之後(대부지후): 대부들의 뒤를 따라가다.

꼽아 봄

일반적인 해석처럼 공자의 수레를 팔아서 곽을 마련해 달라는 이야기는 아닐 것이다. 곽을 마련하는데 수레를 팔아야 할 만큼 가격이 서로 엇비슷한 것도 아니라면, 수레를 팔아서 곽을 마련해 달라는 뜻으로 새기기는 어렵다. 「예기」 단궁상편에 '추도용순이곽菆塗龍輴以槨.'이라는 구절이 있다. '많은 나무

를 쌓아서 용을 그린 상여차 둘레를 곽처럼 둘러싸서 바른다.'는 뜻으로 천자의 빈소를 차리는 장면을 그린 구절이다. 이와 같지는 않겠지만, 마차를 이용하여 무엇인가 비슷한 형태를 구현하려 했다고 보는 것이 맞을 것이다.

그렇다면 적어도 몇 달 동안은 공자의 마차를 사용하겠다는 뜻으로 보아야 의미가 통할 듯하다. 흑자의 해석처럼 상여로 사용한다고 보면 며칠이면 족할 터인데 걸어갈 수가 없어 안 된다고 거절하는 것도 상식적으로 이해가 안 되는 일이다.

11-8.

顔淵死, 子曰: "噫! 天喪予! 天喪予!"
안연사 자왈 희 천상여 천상여

11-8. 안연이 죽자 공자 가로되: "아아! 하늘이 나를 버리셨구나! 하늘이 나를 버리셨구나!"

11-9.

顔淵死, 子哭之慟, 從者曰: "子慟矣." 曰: "有慟乎? 非夫
안연사 자곡지통 종자왈 자통의 왈 유통호 비부

人之爲慟而誰爲?"
인 지 위 통 이 수 위

11-9. 안연이 죽자 공자 큰 소리로 통곡하였다. 시종하던 사람이 "선생님이 너무 크게 통곡하시네." 하였다. 공자 왈: "내가 통곡을 한다고? 저 사람의 죽음에 통곡하지 않는다면 누가 죽었을 때 통곡을 하겠느냐?"

새김

· 哭之慟(곡지통): 서럽게 울다.
· 夫(부): 저 사람 할 때의 '저'와 같이 사물을 가리키는 말. 그러므로 夫人은 안연을 가리킨다.
· 誰爲(수위): 누구를 위하여.

11-10

顔淵死, 門人欲厚葬之, 子曰: "不可." 門人厚葬之, 子曰:
안연사 문인욕후장지 자왈 불가 문인후장지 자왈

"回也視予猶父也, 予不得視猶子也. 非我也, 夫二三子
회야시여유부야 여부득시유자야 비아야 부이삼자

也."
야

11-10. 안연이 죽자, 문인들이 후하게 장사 지내고자 하였다. 공자 왈: "옳지 않다." 그러나 문인들이 후하게 장사 지냈다. 공자 왈: "회는 나를 보기를 마치 아비같이 했는데, 나는 그를 아들과 같이 대해 주지를 못했구나. 그건 내 탓이 아니고, 저 제자들 탓이로다."

11-11

季路問事鬼神, 子曰: "未能事人, 焉能事鬼?" 曰: "敢問
계로문사귀신 자왈 미능사인 언능사귀 왈 감문

死." 曰: "未知生, 焉知死?"
사 왈 미지생 언지사

11-11. 계로가 귀신 섬기는 것에 대하여 여쭙자, 공자 가라사대: "사람을 제대로 섬기지 못하면서, 어찌 귀신을 제대로 섬길 수 있겠느냐?" 자로 왈: "감히 죽음에 대하여 여쭙고자 합니다." 공자 왈: "삶도 아직 제대로 모르는데, 어찌 죽음을 알겠느냐?"

끓아 봄

귀신을 섬기는 일이나 죽음의 의미를 천착하는 것도 중요한 일이기는 하지만, 그보다는 사람을 섬기는 일과 삶의 의미를 깊이 아는 것이 더욱 중요하다고 말하는 것이며, 사귀신과 지사는 차후의 문제라는 뜻이다.

11-12

閔子侍側, 誾誾如也; 子路, 行行如也; 冉有·子貢, 侃侃如
민 자 시 측   은 은 여 야   자 로   행 행 여 야   염 유 자 공   간 간 여

也. 子樂. "若由也, 不得其死然."
야   자 락   약 유 야   부 득 기 사 연

11-12. 민자건이 스승을 옆에서 모시는 태도는 온화하였고, 자로는 씩씩하였으며, 염유와 자공은 화락하였다. 공자는 매우 즐거워했다. 그런데 자로에 대해서 "중유는 아마도 제명에 죽지를 못할 것 같구나!" 하였다.

새 김

· 閔子(민자): 민자 건은 「논어」에 다섯 차례 나오는데, 여기서만 閔子로 되어 있다. 의도대로 閔子로 적은 것인지 혹은 건騫자가 탈락한 것인지는 확실치 않다.

· 行行(행행): 씩씩한 모양.

· 不得其死然(부득기사연): 여기서 '其'는 추측이나 감탄을 나타내는 어기사.

11-13

魯人爲長府, 閔子騫曰: "仍舊貫如之何? 何必改作?"
노인위장부 민자건왈   잉구관여지하   하필개작

子曰: "夫人不言, 言必有中."
자왈   부인불언 언필유중

11-13. 노나라 사람들이 장부를 고쳐 지으니, 민자건이 말하기를: "옛날대로 쓰면 어떻다고? 어째서 꼭 고쳐 짓는가?" 공자 왈: "저 사람은 평소 말을 잘 하지 않지만, 말을 했다하면 꼭 사리에 맞는 말만 한다."

새김

· 爲長府(위장부): 장부라는 건물을 고쳐 짓는다. 「춘추좌씨전」 소공 25년 조에 '공거어장부 公居於長府'라는 구절로 보아, 장부는 노군魯君의 별관이 아닐까 생각한다. 노나라 소공이 계평자를 토벌하고자 거병할 때 거처하던 곳이다. 그러므로 소공의 거병이 실패하자 계평자가 장부를 다른 용도로 쓰기 위하여 개축·수리한 것으로 추측한다.

· 仍舊貫(잉구관): 옛날 용도대로 쓴다. '仍'은 그대로 따르다. '貫'은 '慣'과 통함, 그래서 옛날 용도대로 쓴다.

11-14

子曰: "由之瑟, 奚爲於丘之門?" 門人不敬子路. 子曰: "由
자왈   유지슬 해위어구지문   문인불경자로   자왈   유

也升堂矣, 未入於室也."
야승당의 미입어실야

11-14. 공자 가로되: "유(자로)가 슬을 타는구나, 어찌 내 문안에서 저

런 솜씨로 슬을 탈까?" 문인들이 공자의 말을 듣고 자로를 불경스럽게 대했다. 공자께서 가라사대: "유는 학문이 훌륭하다. 다만 최고의 경지에 못 미칠 뿐이다."

> 새 김

· 瑟(슬): 거문고 혹은 비파.
· 奚(해): 어찌 ~ 하느냐.
· 丘之門(구지문): 공자의 집안에서.
· 升堂(승당): 당에 오르다. 비유적으로 학문이 어느 수준에 이른 것.
· 未入於室(미입어실): 최고의 경지에는 이르지 못함.

11-15

子貢問: "師與商也孰賢?" 子曰: "師也過, 商也不及." 曰:
자공문   사여상야숙현   자왈   사야과 상야불급   왈

"然則師愈與?" 子曰: "過猶不及."
연즉사유여   자왈   과유불급

11-15. 자공이 여쭙기를: "사(자장)와 상(자하) 가운데 누가 더 낫습니까?" 공자 왈: "사는 과하고 상은 불급이다." 그러자 자공 왈: "그렇다면 사가 더 나은 것입니까?" 공자 왈: "넘치는 것이나 모자라는 것이나 같은 것이다."

> 새 김

· 與(여): 歟와 통하는 의문사.
· 猶(유): 같다.

11-16

季氏富於周公, 而求也爲之聚斂而附益之. 子曰: "非吾徒
也. 小子鳴鼓而攻之可也."

11-16. 계씨가 주공보다 부유한데 염구가 세금을 더 걷어 계씨를 보태주었다. 공자 왈: "염구는 이제 내 문도가 아니다. 너희들은 북을 치면서 그를 공격함이 옳도다!"

새김

- 季氏(계씨): 계강자. 삼환 가운데 가장 강력한 세도가로서 재산이 엄청났다고 한다.
- 求(구): 염구冉求.
- 小子(소자): 공자가 제자들을 부르는 호칭.

11-17

柴也愚, 參也魯, 師也辟, 由也喭.

11-17. 시(자고)는 어리석고, 삼(증삼)은 노둔하고, 사(자장)는 치우치고, 유는 거칠다.

새김

- 柴(시): 공자 제자로 성은 고高, 이름은 시柴, 자는 子羔. 「사기」에 의하면, 공자보다 30세 연하,「공자가어」에 의하면 40세 연하. 「논어」 11-25에

의하면, 자로가 시柴를 비의 읍재로 삼았다.
- 辟(벽): 치우치다.
- 喭(안): 상말 '언', 거칠 '안'

子曰:"回也其庶乎, 屢空. 賜不受命而貨殖焉, 億則屢中."
자 왈   회 야 기 서 호   누 공   사 불 수 명 이 화 식 언   억 즉 누 중

11-18. 공자 가로되: "회야 말로 아마 완벽에 가까운 사람일거야! 그러나 그는 자주 쌀독이 비어 끼니를 굶었지. 그런데 사(자공)는 자기의 처지를 받아들이지 않고 돈을 많이 벌었다. 그것은 그의 경제적 예측이 자주 적중했기 때문이다."

새 김

- 庶(서): 거의 완벽에 가깝다.
- 屢空(누공): 쌀궤가 자주 비다.
- 不受命(불수명): 자기의 처지를 받아들이지 않다.
- 貨殖(화식): 재산을 불리다. 돈을 벌다.
- 億(억): 헤아리다, 추측하다.

11-19
子張問善人之道, 子曰: "不踐迹, 亦不入於室."
자 장 문 선 인 지 도   자 왈   불 천 적   역 불 입 어 실

11-19. 자장이 선인지도에 대해 여쭙자, 공자 가라사대: "성인의 발자취를 밟고 따라가지 않으면, 역시 깊은 경지에는 들어갈 수 없지."

새 김

- 善人(선인): 군자와 같은 수준의 사람으로 본다.
- 踐(천): 밟고 따라가다.
- 迹(적): 성인들의 발자취.

11-20
子曰: "論篤是與, 君子者乎, 色莊者乎?"
자 왈   논 독 시 여   군 자 자 호   색 장 자 호

11-20. 공자 가라사대: "논변의 독실함만을 쫓는 사람은 군자 일까? 아니면 겉으로만 위엄있는 사람일까?"

새 김

- 論篤是與(논독시여): 논변의 독실함만을 쫓는, '여논독'의 도치구

11-21

子路問:"聞斯行諸?"子曰:"有父兄在, 如之何其聞斯行之?"冉有問:"聞斯行諸?"子曰:"聞斯行之."公西華曰:"由也問:'聞斯行諸?'子曰:'有父兄在.' 求也問:'聞斯行諸?'子曰:'聞斯行之.' 赤也惑, 敢問."子曰:"求也退, 故進之; 由也兼人, 故退之."

11-21. 자로 여쭙기를: "옳은 말을 들으면 즉시 모두 행하여야 합니까?" 공자 가라사대: "부모·형제가 살아 있는데, 옳은 일이라고 어떻게 모두 실행할 수 있겠느냐?" 염유가 여쭙기를: "옳은 말을 들으면 모두 행하여야 합니까?" 공자 가라사대: "암 그래야지. 모두 실행해야지." 이 이야기를 두 번에 걸쳐 들은 공서화가 여쭙기를: "유(자로)가 '옳은 말을 들으면 모두 행하여야 합니까?'라고 여쭈었을 때는 선생님께서 '부모·형제가 살아계시는데, 어찌 들은 대로 모두 행할 수 있느냐?'고 대답하시고, 구(염유)가 '옳은 말을 들으면 들은 대로 모두 행하여야 합니까?' 하고 여쭈었을 때는 '그래 옳은 말을 들으면 들은 대로 모두 행하여야지.' 하고 대답하시니, 저 적은 의심스러워 감히 여쭙니다." 이에 공자왈: "구(염유)는 너무 물러서니 적극적으로 행하도록 하기 위함이며, 유(자로)는 좋은 일이라면 남의 것까지 하려는 사람이니 한 걸음 물러나서 신중하게 판단하도록 하기 위함이니라."

새김

· 聞斯行諸(문사행제): 일반적으로는 '斯'를 즉則 또는 즉卽으로 해석한다.
· 求也退(구야퇴): 구는 겸손하고 소극적이다.
· 由也兼人(유야겸인): 유는 좋은 일이라면 남의 몫까지 하려고 한다.

11-22.

子畏於匡, 顔淵後. 子曰: "吾以女爲死矣." 曰: "子在, 回
자 외 어 광 안 연 후 자 왈   오 이 여 위 사 의   왈   자 재 회

何敢死?"
하 감 사

11-22. 공자가 광에서 두려운 일을 당한 후 안연이 뒤늦게 도착하였다. 공자 왈: "나는 네가 죽은 줄로 알았다." 안연 왈: "선생님께서 살아계시는데, 제가 감히 어떻게 죽을 수 있겠습니까?"

새김

· 顔淵後(안연후): 안연이 뒤처졌다가 뒤늦게 쫓아왔다.
· 以女爲死矣(이여위사의): 네가 죽었다고 생각하다. '以'는 생각하다. '女'는 '汝'와 통함.

11-23.

季子然問: "仲由·冉求可謂大臣與?" 子曰: "吾以子爲異之
계 자 연 문   중 유 염 구 가 위 대 신 여   자 왈   오 이 자 위 이 지

問, 曾由與求之問. 所謂大臣者, 以道事君, 不可則止. 今
문   증 유 여 구 지 문   소 위 대 신 자   이 도 사 군   불 가 즉 지   금

由與求也, 可謂具臣矣." 曰: "然則從之者與?" 子曰: "弑
유 여 구 야   가 위 구 신 의   왈   연 즉 종 지 자 여   자 왈   시

父與君, 亦不從也."
부 여 군   역 부 종 야

11-23. 계자연이 공자에게 물었다: "중유(자로)와 염구는 뛰어난 신하라고 할 만합니까?" 공자 아뢰기를: "저는 선생께서 다른 것을 물으실 줄 알았는데, 이와 같이 유와 구에 대한 질문이시군요, 이른바 뛰어난 신하란 도로서 임금을 모시다가 그것이 안 되면 모시는 것을 그만두어야 합니다. 지금의 유와 구는 자리만 차지하고 있는 신하라 할 수 있지요." 계자연이 말하기를: "그러면 명령은 잘 따르겠네요?" 공자 왈: "아비와 임금을 죽이는 일에는 역시 따르지 않을 것입니다."

새김

- 季子然(계자연): 삼환의 실력자인 계평자의 아들이며, 계환자의 동생.
- 吾以子爲異之問(오이자위이지문): 여기서 '子'는 계자연을 일컫는다.
- 具臣(구신): 자리만 차지하는 신하, 숫자만 채우는 신하.

11-24

子路使子羔爲費宰, 子曰: "賊夫人之子." 子路曰: "有民人
자로사자고위비재 자왈   적부인지자   자로왈   유민인

焉, 有社稷焉, 何必讀書然後爲學?" 子曰: "是故惡夫佞
언 유사직언 하필독서연후위학   자왈   시고오부영

者."
자

11-24. 자로가 자고를 비읍의 읍재로 삼았다. 공자 왈: "남의 자식을 망치려 하는구나!" 자로 왈: "백성도 있고 사직도 있는데, 어찌 꼭 글공부를 해야 배움을 이룬다고 할 수 있습니까?" 공자 왈: "이러기에 내가 말 잘하는 사람을 미워한다니까."

새 김

· 子羔(자고): 공자 제자로서 성은 고高, 이름은 시柴, 자는 자고.
· 賊(적): 망치다.
· 夫人(부인): 특정한 사람이 아닌 타인.
· 爲學(위학): 배움을 이룬다.
· 夫佞者(부영자): 말 잘하는 사람.

11-25

子路·曾晳·冉有·公西華侍坐, 子曰: "以吾一日長乎爾, 毋
자로 증석 염유 공서화시좌 자왈   이오일일장호이 무

吾以也. 居則曰: '不吾知也,' 如或知爾, 則何以哉?" 子路
오이야 거즉왈 불오지야   여혹지이 즉하이재   자로

率爾而對曰: "千乘之國, 攝乎大國之間, 加之以師旅, 因
솔이이대왈   천승지국 섭호대국지간 가지이사여 인

之以饑饉, 由也爲之, 比及三年, 可使有勇, 且知方也." 夫
지이기근 유야위지 비급삼년 가사유용   차지방야   부

子哂之. "求, 爾何如?" 對曰: "方六七十如五六十, 求也
자신지   구 이하여   대왈   방륙칠십여오륙십   구야

爲之, 比及三年, 可使足民. 如其禮樂, 以俟君子." "赤, 爾
위지 비급삼년 가사족민   여기례악 이사군자   적 이

何如?" 對曰: "非曰能之, 願學焉. 宗廟之事如會同, 端
하여   대왈   비왈능지 원학언   종묘지사여회동   단

章甫, 願爲小相焉." "點, 爾何如?" 鼓瑟希, 鏗爾舍瑟而
장보 원위소상언   점 이하여   고슬희   갱이사슬이

作, 對曰: "異乎三子者之撰." 子曰: "何傷乎? 亦各言其志
작 대왈   이호삼자자지찬   자왈   하상호 역각언기지

也." 曰: "莫春者, 春服旣成, 冠者五六人·童子六七人, 浴
야   왈   모춘자   춘복기성 관자오륙인 동자륙칠인 욕

乎沂, 風乎舞雩, 詠而歸." 夫子喟然嘆曰: "吾與點也!" 三
호기 풍호무우 영이귀   부자위연탄왈   오여점야   삼

子者出, 曾晳後.曾晳曰: "夫三子者之言何如?" 子曰: "亦
자자출 증석후 증석왈   부삼자자지언하여   자왈   역

各言其志也已矣." 曰: "夫子何哂由也?" 曰: "爲國以禮, 其
각언기지야이의   왈   부자하신유야   왈   위국이례 기

言不讓, 是故哂之." "唯求則非邦也與?" "安見方六七十
언불양 시고신지   유구즉비방야여   안견방륙칠십

如五六十而非邦也者?" "唯赤則非邦也與?" "宗廟·會同,
여 오 륙 십 이 비 방 야 자   유 적 즉 비 방 야 여   종 묘 회 동

非諸侯而何? 赤也爲之小, 孰能爲之大?"
비 제 후 이 하   적 야 위 지 소   숙 능 위 지 대

11-25. 자로·증석·염유·공서화가 스승을 모시고 앉아 있었다. 공자 왈: "내가 너희들보다 하루라도 빠른 연장자라고 생각하는데, 나를 그렇게 생각하지 말고(이야기하자.) 너희들은 평소에 말하기를 '나를 알아주지 않는다.' 하는데, 만일 어떤 군주가 너희들을 알아준다면 너희들은 어떻게 하겠느냐?" 자로가 불쑥 나서며 대답했다: "천승의 나라가 큰 나라 틈에 끼어 대군의 침략을 받고, 잇달아 기근까지 겹쳐도, 저, 유가 다스린다면, 약 3년이면 백성들을 용맹스럽게 만들고, 또 바른 도리를 알도록 만들겠습니다." 공자 빙긋이 웃었다. "구(염유)야! 너는 어떠하냐?" 구는 다음과 같이 말했다. "사방 육칠십 리 혹은 오륙십 리 되는 나라를 저, 구가 다스린다면, 약 3년이면 백성들을 풍족하게 만들겠지만, 예악은 저보다 나은 군자를 기다려야 할 것 같습니다." "적(공서화)아! 너는 어떠하냐?" 적은 다음과 같이 말했다. "제가 그것을 능숙하게 잘할 수 있다는 말씀이 아니고, 배우기를 원하는 것입니다. 종묘의 제사나 제후들의 작고 큰 모임에 현단복玄端服을 입고, 장보관章甫冠을 쓰고 작은 집례자가 되기를 바랍니다." "점(증석)아! 너는 어떠하냐?" 증석은 슬을 천천히 타고 있다가 마지막으로 소리를 내며, 슬을 내려놓고 일어나서 대답했다. "저는 세 사람이 말씀드린 내용과는 좀 다릅니다." 공자 왈: "무슨 마음 쓸 게 있느냐? 각자 제 뜻을 말한 것인데." 증석이 말했다: "늦은 봄에 봄 옷을 갖추어 입고, 어른 대여섯 명, 동자 예닐곱 명과 함께 기수에 가서 목욕하고, 기우제를 올리는 무우단에서 바람 쐬고, 노래를 읊으며 돌아오겠습니다." 공자 한숨을 쉬듯 탄식하며 말하기를: "나도 점과 같이하겠노라." 세 사람이 나가고 증석이 뒤처졌다. 증석이 말하기를: "저 세 사

람의 말은 어떠합니까?" 공자 왈: "각자 제 뜻을 말한 것뿐이다." 증석이 또 여쭈었다: "선생님께서는 어찌 유(자로)의 말에 빙긋이 웃으셨습니까?" 공자 왈: "나라를 다스리는 것은 예로써 다스리는 것인데, 그의 말에는 겸손함이 없어 웃었다." 증석이 또 여쭈었다: "예, 그러면 구(염유)는 나라를 다스린 것이 아니지요?" 공자 왈: "땅이 사방 육칠십 리 혹은 오륙십 리가 되는데 나라가 아닌 것을 어디서 보았느냐?" 증석이 또 여쭈었다: "예, 그러면 적(공서화)이 말씀드린 것은 나라 다스리는 일이 아니겠지요?" 공자 왈: "종묘의 제사와 제후들의 작고 큰 모임이 어찌 제후의 일이 아니겠느냐? 적(공서화)이 작은 일을 하는 것이라면, 누가 큰일을 하는 것이겠느냐?"

새 김

- 曾晳(증석): 공자의 제자이며 증삼의 아버지라고 하나 믿을 만한 전거가 없다. 이 장을 만들기 위한 가공의 인물이 아닐까 생각한다.
- 以吾一日長乎爾(이오일일장호이): 내가 너희들보다 하루라도 더 산 연장자로 생각하는데.
- 毋吾以(무오이): 나를 그렇게 생각하지 마라. '以' 다음에 '일일장호이'가 생략되었음.
- 率爾(솔이): 불쑥.
- 攝(섭): 끼다.
- 加之以師旅(가지이사여): 큰 군대로써 침략하다.
- 比及(비급): 미치다.
- 方(방): 바른 도리.
- 哂(신): 방긋 웃다.
- 以俟君子(이사군자): 군자를 기다려야 한다고 생각한다.
- 端章甫(단장보): 현단복玄端服, 장보관章甫冠.
- 小相(소상): 집례인.
- 希(희): 희稀.
- 鏗爾(갱이): 슬이 내는 소리. 연주를 끝마칠 때 마지막으로 나는 소리.

· 舍(사): 捨. 버리다.
· 撰(찬): 내용, 방법.
· 何傷乎(하상호): 무엇을 마음 쓸게 있느냐?
· 莫春(모춘): 늦은 봄. 暮春
· 旣成(기성): 차려입고서, '成'은 성장盛裝의 뜻으로 새긴다.
· 冠者(관자): 어른.
· 沂(기): 기수沂水, 강 이름.
· 舞雩(무우): 기우제를 지내는 제단.
· 安見(안견): 어디서 보았느냐?

顔淵 第十二篇
(안연 제십이편)

顔淵 第十二篇
(안연 제십이편)

　이편의 구성은 공자 단독 어록이 4개 장(12·13·15·16)에 불과하고, 주로 제자들의 물음에 공자가 답을 하는 형식을 취한 것이 전체 24개 장중 12개 장이다. (1·2·3·4·6·7·10·14·20·21·22·23)

　그리고 공자와 정치가의 대화 4개 장(11·17·18·19), 정치가와 공자 제자 간 대화 2개 장(8·9), 공자 제자끼리 대화 1개 장(5), 증자의 말이 1개 장(24)이다. 주제별로는 인仁으로 시작하여(1·2·3) 인仁으로 끝내며(22·24) 그 중간을 군자(4·5), 명석함(明,6), 정政(7·9·11·14·17·19), 숭덕·변혹(10·21), 송訟(12·13), 치도治盜(18), 달達(20), 우友(23) 등으로 채우고 있다.

　이편에 등장하는 제자들은 안연·중궁·사마우·자장·자공·번지·증자 등 7명이다.

12-1.

顔淵問仁, 子曰: "克己復禮爲仁. 一日克己復禮, 天下歸
안연문인 자왈   극기복례위인   일일극기복례 천하귀

仁焉. 爲仁由己, 而由人乎哉?" 顔淵曰: "請問其目." 子曰:
인언 위인유기 이유인호재   안연왈   청문기목   자왈

"非禮勿視, 非禮勿聽, 非禮勿言, 非禮勿動." 顔淵曰: "回
 비례물시 비례물청 비례물언 비례물동   안연왈   회

雖不敏, 請事斯語矣."
수불민 청사사어의

12-1. 안연이 인에 대하여 여쭙자, 공자 가라사대: "교화되지 않은 자기를 극복하고 공동체 사회의 예를 실천하는 것이 인을 실천하는 방법이다. 세상 사람들이 하루라도 자기를 극복하고 예를 실천한다면, 천하가 모두 인한 세상이 될 것이다. 인은 오직 자기를 통해서 실천할 수 있으니, 어찌 남을 통해서 실천할 수 있겠느냐?" 안연 왈: "그 세목을 여쭙고자 합니다." 공자 가라사대: "예가 아니면 보지를 말고, 예가 아니면 듣지도 말고, 예가 아니면 말하지도 마라, 그리고 예가 아니면 움직이지 마라." 안연 왈: "제가 비록 불민하지만, 바라옵기는 이 말씀을 잘 받들어 실천하고자 합니다."

새 김

· 克己(극기): 욕구를 공동체 생활에 맞게 잘 조절하여 행동규범을 지키도록 하는 것.

· 復禮(복례): 예를 잘 실천하는 것, '復'은 '실천하다'로 새겨야 한다.

· 天下歸仁(천하귀인): 천하가 모두 인한 세상이 된다.

· 敏(민): 여기서는 영민英敏하다.

· 請事斯語矣(청사사어의): 여기서 '請'은 바란다, 기원한다는 뜻이다.

12-2.

仲弓問仁, 子曰:"出門如見大賓, 使民如承大祭. 己所不
중궁문인 자왈   출문여견대빈   사민여승대제   기소불

欲, 勿施於人. 在邦無怨, 在家無怨." 仲弓曰:"雍雖不敏,
욕   물시어인   재방무원   재가무원   중궁왈   옹수불민

請事斯語矣."
청 사 사 어 의

12-2. 중궁이 인에 대하여 여쭙자, 공자 가라사대: "집 문을 나서면 누구를 보든지 큰 손님을 뵙는 듯하고, 백성을 부릴 때는 큰제사를 지내듯이 신중하고 엄숙히 대하라. 그리고 (남이) 나에게 아니하기를 바라는 것은 (나도) 남에게 하지 마라. 또한, 제후국에서 일하든 대부가에서 일하든 원망 사는 일이 없도록 하라." 중궁 가로되: "저, 옹이 비록 영민하지 못하지만, 바라옵기는 이 말씀을 잘 받들어 실천하고자 합니다."

새김

· 大賓(대빈): 큰 손님, 지위가 높은 손님. 공경스러운 마음을 가지라는 뜻.
· 大祭(대제): 큰 제사, 이 구절은 신중하고 엄숙하게 대하라는 뜻.
· 在邦(재방): 제후국에 벼슬하다.
· 在家(재가): 대부가에 벼슬하다.
· 雍(옹): 중궁의 이름.

12-3

司馬牛問仁, 子曰:"仁者, 其言也訒." 曰:"其言也訒, 斯
사 마 우 문 인 자 왈 인 자 기 언 야 인 왈 기 언 야 인 사

謂之仁矣乎?" 子曰:"爲之難, 言之得無訒乎?"
위 지 인 의 호 자 왈 위 지 난 언 지 득 무 인 호

12-3. 사마우가 인에 대하여 여쭙자, 공자 가라사대:"인이란 할 말을 많이 참고 신중하게 하는 것이다." 사마우 가로되:"할 말을 많이 참고 신중하게 하기만 하면, 바로 인하다고 할 수 있습니까?" 공자 가라사대: "자기가 한 말을 모두 실천한다는 건 정말 어려운 일인데, 할 말을 많이 참고 신중히 하지 않을 수 있겠느냐?"

새 김

· 司馬牛(사마우): 성은 사마司馬, 이름은 경耕, 자는 자우子牛로서 송宋나라 사람이라고 일컫는다.
· 訒(인): 할 말을 참고 신중히 하다.
· 爲之難(위지난): 자기가 한 말을 실천하기가 힘들다.

12-4

司馬牛問君子, 子曰:"君子不憂不懼." 曰:"不憂不懼, 斯
사 마 우 문 군 자 자 왈 군 자 불 우 불 구 왈 불 우 불 구 사

謂之君子矣乎?" 子曰:"內省不疚, 夫何憂何懼?"
위 지 군 자 의 호 자 왈 내 성 불 구 부 하 우 하 구

12-4. 사마우 군자에 대하여 여쭙자, 공자 가라사대:"군자란 걱정하지도, 두려워하지도 않는다." 사마우 가로되:"걱정하지도 않고, 두려워

하지도 않으면, 그것을 바로 군자라고 할 수 있습니까?" 공자 가라사대: "마음속으로 아무리 살펴봐도 꺼릴 것이 없으니 대체 무엇을 걱정하고 무엇을 두려워하겠느냐?"

새 김

· 疚(구): 꺼림직하다.

12-5.

司馬牛憂曰: "人皆有兄弟, 我獨亡." 子夏曰: "商聞之矣:
사마우우왈   인개유형제 아독무   자하왈   상문지의

死生有命, 富貴在天. 君子敬而無失, 與人恭而有禮, 四海
사생유명 부귀재천 군자경이무실 여인공이유례 사해

之內, 皆兄弟也. 君子何患乎無兄弟也."
지 내 개형제야 군자하환호무형제야

12-5. 사마우가 시름에 겨워 말하기를: "남들은 다 형제가 있는데, 나만 홀로 아무도 없구나." 자하가 말하기를: "저, 상(자하)이 들으니 '죽고 사는 것은 정해진 운명이 있는 것이요, 부귀는 하늘의 뜻에 달린 것이다.' 군자는 경건하며 실수가 없고, 남에게 공손하고 예를 지키면 세상 사람 모두가 형제니, 군자가 어찌 형제 없음을 걱정하십니까?"

12-6.

子張問明, 子曰: "浸潤之讒, 膚受之愬, 不行焉, 可謂明
자장문명 자왈   침윤지참   부수지소   불행언   가위명

也已矣. 浸潤之讒, 膚受之愬, 不行焉, 可謂遠也已矣."
야 이 의   침윤지참 부수지소 불행언 가위원야이의

12-6. 자장이 명석함에 대하여 여쭙자, 공자 가라사대: "물과 같이 서서히 스며드는 참언과 피부에 와 닿는 직접적이고 강한 참소에도 아무런 반응을 하지 않는다면, 충분히 명석하다고 일컬을 수 있겠지! 물과 같이 서서히 스며드는 참언과 피부에 와 닿는 직접적이고 강한 참소에도 아무런 반응을 하지 않는다면, 명석함에 그치지 않고 고원高遠한 인물이라고 해야 할 것이다."

새김

· 明(명): 명석함, 현명함.
· 不行焉(불행언): 아무런 반응도 하지 않는다.

12-7.

子貢問政, 子曰: "足食, 足兵, 民信之矣." 子貢曰: "必不得
자공문정 자왈 족식 족병 민신지의 자공왈 필부득

已而去, 於斯三者何先?" 曰: "去兵." 子貢曰: "必不得已而
이이거 어사삼자하선 왈 거병 자공왈 필부득이이

去, 於斯二者何先?" 曰: "去食. 自古皆有死, 民無信不立."
거 어사이자하선 왈 거식 자고개유사 민무신불립

12-7. 자공이 정정에 대하여 여쭙자, 공자 가라사대: "정정의 요체는 먹을 것을 충분히 확보하고, 군사력을 충분히 확보하고, 백성들에게 믿음을 주는 것이다." 자공 왈: "부득이 그중에서 하나를 버려야 한다면, 셋 중에서 무엇을 먼저 버려야 할까요?" 공자 가라사대: "병兵을 버려라." 자공 왈: "부득이 그중에 하나를 또 버려야 한다면, 둘 중에서 무엇을 먼저 버려야 할까요?" 공자 가라사대: "먹을 것을 버려라. 먹을 것이 없으면 자고로 모두 죽을 수밖에 없다. 그러나 먹을 것이 남아 있더라도,

백성들에게 믿음이 없으면 나라자체가 존립할 수 없는 것이다."

새 김

· 自古皆有死, 民無信不立(자고개유사, 민무신불립): 먹을거리를 버린다면, 예나 지금이나 백성들이 살아남을 수 없다. 그러나 먹을거리가 아무리 충분하더라도 백성들에게 믿음을 줄 수 없다면 나라 자체가 존립할 수 없다. 최후까지 나라가 존립하기 위해서는 백성들의 믿음을 잃지 않아야 한다는 뜻이다.

12-8

棘子成曰:"君子質而已矣, 何以文爲?"子貢曰:"惜乎夫
극 자 성 왈　　군 자 질 이 이 의　　하 이 문 위　　　자 공 왈　　석 호 부

子之說君子也! 駟不及舌. 文猶質也, 質猶文也, 虎豹之
자 지 설 군 자 야　　사 불 급 설　　문 유 질 야　　질 유 문 야　　호 표 지

鞹猶犬羊之鞹."
곽 유 견 양 지 곽

12-8. 위나라 대부 극자성이 가로되: "군자는 질을 갖추면 되지, 문으로 무엇을 하려고?" 자공 전해 듣고 가로되: "안타깝도다! 그분의 군자에 대한 언급이. 그 언급은 사두마차도 따를 수 없을 만큼 빨리 퍼질 텐데. 문도 질만큼 중요하고, 질도 문만큼 중요한 것이다. 호랑이나 표범의 가죽도 털을 뽑아버리면 개나 양가죽과 같을 뿐이다."

새 김

· 質(질): 바탕, 내용, 준법의식, 법.
· 文(문): 무늬, 형식, 윤리의식, 예의.
· 鞹(곽): 털을 뽑은 가죽.

12-9.

哀公問於有若曰:"年饑, 用不足, 如之何?" 有若對曰:"盍
애공문어유약왈   년기 용부족 여지하   유약대왈   합

徹乎?" 曰:"二, 吾猶不足, 如之何其徹也?" 對曰:"百姓
철호   왈   이 오유부족 여지하기철야   대왈   백성

足, 君孰與不足? 百姓不足, 君孰與足?"
족 군숙여부족   백성부족 군숙여족

12-9. 노나라 군주 애공이 유약에게 물었다: "올해도 기근이 심하여 나라 재정이 부족하니 어쩌면 좋겠는가?" 유약 대답하여 아뢰기를: "왜 십 분의 일 세법稅法인 철徹을 쓰지 않으십니까?" 애공이 말하기를: "십 분의 이로도 오히려 부족한데 어찌 십 분의 일 세법인 철을 쓰라는 말이요?" 유약이 대답하기를: "백성이 풍족하면 군주께서 혼자 부족할 리가 있겠습니까? 백성이 부족하면 군주께서 혼자 풍족할 수 있겠습니까?"

새 김

· 有若(유약): 공자의 제자로서 성은 유有, 이름은 약若.
· 盍(합): 어찌 ~ 하지 않는가?

12-10

子張問崇德·辨惑, 子曰:"主忠信, 徙義, 崇德也. 愛之欲
자장문숭덕변혹   자왈   주충신 사의 숭덕야   애지욕

其生, 惡之欲其死. 旣欲其生又欲其死, 是惑也.'誠不以
기생 오지욕기사 기욕기생우욕기사 시혹야   성불이

富, 亦祇以異.'"
부 역지이이

12-10. 자장이 덕을 높이고 미혹함을 변별하는 방법에 대하여 여쭙자, 공자 가라사대: "충과 신을 위주로 하면서 의로워지는 것이 덕을 높이는 것이다. 아끼면 살리려고 하고, 미우면 죽이려고 한다. 이미 살리려고 했다가, 다시 죽이려고 하는 것. 그것이 바로 미혹이니라. (「시경」에서 발췌한 이런 노래가 있다.) '진실로 그 여자가 젊고 예쁘기 때문이 아니고, 다만 그 여자 역시 내가 아닌 다른 여자이기 때문이다.' (바람난 남자들이 새 여자를 찾는 마음을 그린 것인데 미혹의 한 예로 든 것이다.)"

새 김

· 德(덕): 남을 먼저 배려하고, 베풀고, 도와주는 것. 다른 사람과의 관계에서 남에게 이익이 되도록 하는 것.

· 惑(혹): 공동체 사회의 행동규범을 벗어나 정당한 방법으로는 충족시킬 수 없는 욕구가 생겨나는 것, 더 나아가 그 욕구를 충족시키고자 자연 상태에서나 가능한 욕구충족 방법을 선택하고 싶은 유혹에 빠지는 것.

· 忠(충): 자기의 최선을 다하는 것.

· 信(신): 다른 사람이 나를 신뢰할 수 있도록 행동하는 것.

· 義(의): 공동체 사회의 행동규범(도)을 벗어나 타인의 생명·신체·재산 그리고 감정을 해치거나 빼앗는 행위를 의롭지 못하다고 할 수 있다. (불의) 그래도 행동규범을 잘 지키는 행위는 소극적인 의로움일 뿐, 적극적으로 의로운 행위라고 하지는 않는다. 적극적으로 의로운 행위라고 하려면, 적어도 정신적·육체적으로 약한 사람이 강한 자의 의롭지 못한 행위나 인위적·자연적 재해에 자기 힘만으로 벗어날 수 없는 경우에 나에게 닥칠 희생을 감수하고 적극적으로 막아주고 구해주는 행위를 의로운 행위라고 할 수 있다.

· 誠不以富, 亦祇以異(성불이부, 역지이이): 「시경」 소아小雅편 '아행기야我行其野'라는 노래의 마지막 두 구절이다. 소박맞은 여인이 친정으로 돌아가기 위하여 들판을 지나며 감회를 읊은 시다. 그런데 이 구절 해석이 완전치 못하다 보니 「논어」 해석도 엉망이 되고 말았다. 오죽하면 송나라의 주희가 돛

대처럼 떠받드는 정이천 같은 이는 이 구절을 착각이라고 우기며 「논어」 계씨 편 12장 '기사지위여 其斯之謂與?'의 앞에 와야 한다고 엉뚱한 소리를 했겠는가? 우선 '아행기야'의 마지막 네 구절을 살펴보면,

不思舊姻(불사구인) 옛날 혼인한 건 생각지도 않고,
求爾新特(구이신특) 새로운 짝을 다시 구했는데,
成不以富(성불이부) 진실로 그 여자가 젊고 예쁘기 때문이 아니고,
亦祇以異(역지이이) 그 여자 역시, 다만 나 아닌 딴 여자이기 때문이다.

공자께서 미혹의 예로서 가장 유효적절하게 이 구절을 발췌 인용하였는데, 그 후로는 동서고금을 통하여 한 사람도 공자의 의도를 제대로 이해한 사람이 없다.

다음에 몇몇 해석들을 살펴보면,

주희 「논어집주」
'부족이치부이적족이취이야不足以致富而適足以取異也.
부를 이루지도 못하면서, 다만 괴이함을 취할 뿐.'

조명화 「논어 역평」
'진정 재산때문에 다른 여자를 찾는 것이 아니라, 단지 새여자이기 때문.'

김용옥 「논어 한글 역주」
'진실로 내면의 풍요로움을 구하지 아니하고, 단지 외면의 색다름만을 구해 떠도는 너 인간이여!'

김학주 「논어」
'진실로 부하게 하지는 못하고, 오직 기이한 것만 되고 마네.'

김도련 「주주 금석 논어」
'진실로 풍부함 때문이 아니라, 역시 특이함 때문이다.'

이 구절을 제대로 해석하지 못하는 것은 '부富'의 뜻을 제대로 새기지 못하기 때문이다. 이것을 경제적 '부유함'으로 새기면 「시경」은 물론 「논어」 해석도 모두 엉망이 된다. 반드시 '젊음'의 뜻으로 새겨야 한다. 그렇게 새겨야 몇 천 년 동안의 난제가 쉽게 풀릴 것이다.

· 以(이): 원인을 나타내는 관계사로써 '~이기 때문.'
· 祇(지): 땅귀신 '기', 다만 '지' 많은 책에 공경할 '지祗'자를 쓰고 있는데 여기서는 공경할 지祗'자를 쓰지 않아야 한다.

12-11.

齊景公問政於孔子, 孔子對曰: "君君, 臣臣, 父父, 子子."
제경공문정어공자 공자대왈 군군 신신 부부 자자

公曰: "善哉! 信如君不君, 臣不臣, 父不父, 子不子, 雖有
공왈 선재 신여군불군 신불신 부불부 자부자 수유

粟, 吾得而食諸?"
속 오득이식제

12-11. 제나라 경공이 공자에게 정政에 대하여 물었다. 공자 가라사대: "임금은 임금답고, 신하는 신하답고, 아비는 아비답고, 자식은 자식다워야 합니다." 경공이 말했다: "훌륭한 말이로다. 진실로 임금이 임금답지 못하고, 신하가 신하답지 못하고, 아비가 아비답지 못하고, 자식이 자식답지 못하면, 비록 곡식이 있다 한들 내 어찌 그것을 먹을 수 있겠는가?"

새 김

· 景公(경공): 제나라 경공 재위 B. C.547-490, 이름은 저구杵臼.
· 信如(신여): 진실로.

子曰: "片言可以折獄者, 其由也與!" 子路無宿諾.
자왈 편언가이절옥자 기유야여   자로무숙낙

12-12. 공자 가라사대: "짧은 말로 옥사(송사)를 판결할 수 있는 사람은 아마도 유(자로)뿐이겠지!" 자로는 언제나 바로바로 일 처리를 한다.

새 김

· 片言(편언): 짧은 말.
· 折獄(절옥): 송사를 판결하다.

子曰: "聽訟, 吾猶人也. 必也使無訟乎!"
자왈   청송 오유인야   필야사무송호

12-13. 공자 가라사대: "송사를 처리하는 것은 나도 남만큼은 할 것이다. 그러나 나는 송사가 없도록 반드시 만들겠다."

새 김

· 聽訟(청송): 송사를 듣고 처리함.
· 吾猶人(오유인): 나와 다른 사람이 비슷하다.
· 使無訟(사무송): 송사가 없도록 만들다.

12-14.
子張問政. 子曰: "居之無倦, 行之以忠."
_{자 장 문 정   자 왈   거 지 무 권   행 지 이 충}

12-14. 자장이 정政에 대하여 여쭙자, 공자 가라사대: "정政에 몸담았으면 평소에도 게을리하지 말고 꾸준히 노력하며, 정사를 수행할 때는 자기의 최선을 다해야 한다."

새김

- 居之(거지): 정치에 몸을 담고 있는 동안에는 평소에도.
- 無倦(무권): 게으르지 않고 계속 노력하다.
- 行之(행지): 정사를 수행하다.
- 忠(충): 자기의 최선을 다하다.

12-15.
子曰: "博學於文, 約之以禮, 亦可以弗畔矣夫!"
_{자 왈   박 학 어 문   약 지 이 례   역 가 이 불 반 의 부}

12-15. 공자 가라사대: "군자가 문에서 널리 배우고, 예로써 그것을 묶으면 비로소 도道에 어긋남이 없을 것이다."

12-16

子曰: "君子成人之美, 不成人之惡, 小人反是."
자왈 군자성인지미 불성인지악 소인반시

12-16. 공자 가라사대: "군자는 남이 좋은 일을 하도록 하고, 좋지 않은 일은 못 하게 한다. 소인은 이와 반대다."

12-17

季康子問政於孔子, 孔子對曰: "政者, 正也. 子帥以正,
계강자문정어공자 공자대왈   정자 정야 자솔이정

孰敢不正?"
숙감부정

12-17. 계강자가 정치에 대하여 공자에게 물었다. 공자 대왈: "정치라는 것은 바르다는 뜻입니다. 공자公子께서(계강자) 올바름으로 이끄신다면 누가 감히 바르지 않을 수 있겠습니까?"

새 김

· 帥(솔): 이끌다, 솔선수범하다.

12-18.

季康子患盜, 問於孔子, 孔子對曰: "苟子之不欲, 雖賞之
계강자환도 문어공자 공자대왈   구자지불욕   수상지

不竊."
부 절

12-18. 계강자 도적떼가 들끓는 것을 걱정하며, 공자에게 물었다. 공자 대왈: "진실로 공자公子께서 욕심을 부리지 않으시면, 백성들은 비록 상을 주면서 시켜도 도둑질을 하지 않을 것입니다."

12-19.

季康子問政於孔子曰: "如殺無道以就有道, 何如?" 孔子
계강자문정어공자왈   여살무도이취유도   하여   공자

對曰: "子爲政, 焉用殺? 子欲善而民善矣. 君子之德風, 小
대 왈   자위정 언용살   자욕선이민선의   군자지덕풍   소

人之德草. 草上之風, 必偃."
인지덕초   초상지풍   필언

12-19. 계강자가 공자에게 정정에 대하여 물었다: "무도한 자들을 죽여 도를 확립하는 것이 어떻겠습니까?" 공자 대왈: "공자公子께서는 정치를 하시면서 어찌 사람 죽이는 수단을 쓰려 하십니까? 공자公子께서 선 하고자 하면 백성들도 선하게 될 것입니다. 군자의 덕은 바람이고, 소인의 덕은 풀과 같습니다. 그러므로 풀잎(백성) 위에 군자의 덕풍이 불면 풀잎(백성)은 반드시 선善 쪽으로 쓰러질 것입니다."

> **새김**
>
> · 無道(무도): 무도한 사람들.
> · 就有道(취유도): 도가 확립된 세상을 만들다. 1-14 참조.
> · 焉用殺(언용살): 어찌 사람 죽이는 방법을 쓰려고 하느냐?
> · 君子之德風(군자지덕풍): 군자의 덕은 바람처럼 영향력이 크다.
> · 小人之德草(소인지덕초): 소인의 덕은 풀과 같다. 군자가 베푸는 덕의 영향을 크게 받는다.
> · 草上之風(초상지풍): 소인들에게 군자의 덕풍이 불어오면.
> · 偃(언): 쓰러지다.

12-20

子張問: "士何如斯可謂之達矣?" 子曰: "何哉爾所謂達者?" 子張對曰: "在邦必聞, 在家必聞." 子曰: "是聞也, 非達也. 夫達也者, 質直而好義, 察言而觀色, 慮以下人. 在邦必達, 在家必達. 夫聞也者, 色取仁而行違, 居之不疑. 在邦必聞, 在家必聞."

12-20. 자장이 여쭈기를: "선비가 어떻게 하여야 통달했다고 일컬을 수 있을까요?" 자왈: "네가 통달이라고 일컫는 것이 무엇을 말하느냐?" 자장 대왈: "제후국에 출사해서도 소문나고, 대부가에 출사해서도 소문나는 것을 말합니다." 공자 왈: "그것은 소문이 나는 것이지 통달하는 것

이 아니다. 대체로 통달한다는 것은 질박하고, 정직하며 의로운 것을 좋아하며, 남의 말을 잘 헤아리며 기색도 잘 살펴서 사려 깊고 겸손하면, 제후국에서도 통달할 수 있고 대부가에서도 통달할 수 있다. 대체 소문이 난다는 것은 겉으로는 인仁한 척하면서 행동은 다르게 하면서도 평소에 아무런 회의도 느끼지 않고 태연하게 살아가는 사람은 제후국에 출사해서도 소문이 나고 대부가에 출사해서도 소문이 난다."

새 김

· 達(달): 사무처리나 인간관계에 통달하다. 상하좌우 모두에서 잘한다고 칭찬할 만큼 통달한 것.
· 聞(문): 어느 한 편에서만 잘한다고 소문이 남.
· 慮以下人(여이하인): 사려 깊고 겸손 하라고 새겼다.
· 色取仁(색취인): 겉으로만 인仁한 척하다.
· 行違(행위): 행동은 인과 다르다.
· 居之不疑(거지불의): 인과 다른 행동을 조금도 회의하지 않는다.

12-21.

樊遲從遊於舞雩之下, 曰: "敢問崇德·脩慝·辨惑." 子曰:
번지종유어무우지하 왈 감문숭덕수특변혹 자왈

"善哉問! 先事後得, 非崇德與? 攻其惡, 無攻人之惡, 非
선재문 선사후득 비숭덕여 공기악 무공인지악 비

脩慝與? 一朝之忿, 忘其身, 以及其親, 非惑與?"
수특여 일조지분 망기신 이급기친 비혹여

12-21. 번지가 공자 시중을 들며 무우세단 아래를 거닐다가 여쭈기를: "감히 여쭙겠습니다. 덕을 높이는 것, 사특한 생각을 갖지 않도록 수신

하는 것, 미혹함을 변별하는 방법에 대해서." 공자 왈: "좋은 질문이다. 일을 먼저 하고 얻는 것은 나중에 하는 것이 덕을 높이는 방법이 아니겠느냐? 자기의 나쁜 점은 공격하면서 남의 나쁜 점은 공격하지 않는다면 그것이 사특한 마음을 갖지 않도록 수신하는 것이 아니겠느냐? 그리고 하루아침에 일어난 분노로써 자신의 도리를 잊어버리고, 그 재앙이 부모님에게까지 미치게 하는 것, 그것이 미혹함이 아니고 무엇이겠느냐?"

새김

- 舞雩(무우): 지금 산동성 곡부현 남쪽에 있는, 하늘에 제사를 지내고, 기우제를 지내던 장소의 이름이다.
- 從遊(종유): 시종을 들며 따라 거닐다.
- 崇德(숭덕): 자장과 질문은 같지만, 대답은 전혀 다르다.
- 辨惑(변혹): 역시 질문은 같지만, 대답은 다르다.
- 脩慝(수특): 사특한 마음을 갖지 않도록 수신하다.
- 先事後得(선사후득): 6-22의 선난이후획先難而後獲과 같은 뜻으로 보인다.
- 攻(공): 공격하다, 성토하다, 비난하다.
- 一朝之忿(일조지분): 일시적인 그리 대단치 않은 분한 마음.
- 忘其身(망기신): 자신의 도리와 본분을 망각하다.
- 以及其親(이급기친): 자기의 행동으로 그 재앙이 부모님에게까지 미치다.

12-22

樊遲問仁, 子曰: "愛人" 問知, 子曰: "知人" 樊遲未達, 子
번지문인 자왈   애인   문지 자왈   지인   번지미달   자

曰: "擧直錯諸枉, 能使枉者直." 樊遲退, 見子夏, 曰: "鄕
왈   거직조제왕   능사왕자직   번지퇴   견자하 왈   향

也吾見於夫子而問知, 子曰: '擧直錯諸枉, 能使枉者直,'
야오현어부자이문지   자왈   거직조제왕   능사왕자직

何謂也?" 子夏曰: "富哉言乎! 舜有天下, 選於衆, 擧皐陶,
하위야   자하왈   부재언호   순유천하   선어중   거고요

不仁者遠矣. 湯有天下, 選於衆, 擧伊尹, 不仁者遠矣."
불인자원의   탕유천하   선어중   거이윤   불인자원의

12-22. 번지가 인에 대하여 여쭙자, 공자 가라사대: "사람을 아끼는 것이다." 다시 지에 대하여 여쭙자, 공자 가라사대: "사람을 볼 줄 아는 것이다." 번지가 이 말을 이해하지 못하자, 공자 왈: "곧은 사람을 굽은 사람 위에 앉히면, 굽은 사람을 곧게 만들 수 있다." 번지가 물러나 자하를 만나 물었다. "얼마 전에 내가 부자를 뵈었을 때 지知에 대하여 여쭈었는데, 공자께서 '곧은 사람을 굽은 사람 위에 앉히면 굽은 사람이 곧게 된다' 라고 하셨는데 무슨 뜻일까요?" 자하 왈: "많은 뜻을 담고 있는 말씀이군요! 순임금이 세상을 얻은 다음 여러 사람 가운데 고요를 등용해 쓰시니 어질지 못한 사람들이 멀리 사라졌고, 탕 임금이 세상을 얻은 다음 여러 사람 가운데 이윤을 등용해 쓰니 어질지 못한 사람들이 멀리 사라졌네."

새 김

· 鄕(향): 접때, 曏과 통함.

· 富哉言乎(부재언호): 많은 뜻을 담고 있는 말이로다.

- 選(선): 선발.
- 擧(거): 등용.
- 皐陶(고요): 순임금의 신하로서 형刑과 법法을 관장했다고 한다.
- 伊尹(이윤): 탕왕을 도와 걸왕을 무너뜨리고, 은왕조를 세우는 데 공을 세운 인물로서, 현신으로 불린다. 성은 이伊, 이름은 지摯.
- 遠(원): 권력에서 멀어진다, 도태된다.

12-23

子貢問友, 子曰: "忠告而善道之, 不可則止, 無自辱焉."
자 공 문 우 자 왈 충 고 이 선 도 지 불 가 즉 지 무 자 욕 언

12-23. 자공이 친구 사귐에 대하여 여쭙자, 공자 가라사대: "충고하여 잘 인도 하여야 한다. 그러나 선도가 되지 않으면, 바로 그치거라. 그것이 욕을 당하지 않는 길이다."

12-24

曾子曰: "君子以文會友, 以友輔仁."
증 자 왈 군 자 이 문 회 우 이 우 보 인

12-24. 증자 가라사대: "군자는 문으로써 친구를 만나고, 친구로서 인을 돕는다."

子路 第十三篇
(자로 제십삼편)

子路 第十三篇
(자로 제십삼편)

　전체 장의 반 이상이 정치라는 주제를 집중적으로 다루고 있다. 정치라는 주제를 제1 주제로 하고 기타 주제를 제2 주제로 나누어 보면, 제1 주제는 사제 간 문답(1-4), 공자 어록(5-13), 그리고 다시 사제 간 문답 및 정공·섭공과 공자 간 문답(14-18)으로 구성되어 있고, 제2 주제는 인仁과 군자등으로 다양하며 사제 간 문답(19, 20, 24, 28)과 공자어록(21, 22, 23, 25, 26, 27, 29, 30)으로 구성되어 있다.

　등장하는 인물은 자로·중궁·번지·염유·자하·자공등 공자 제자 6명과 위 공자 형 그리고 섭공·정공 등이 출연하고 있다.

13-1.
子路問政, 子曰:"先之勞之." 請益, 曰:"無倦."
자 로 문 정 자 왈   선 지 로 지   청 익 왈   무 권

13-1. 자로 정치에 관해 여쭙자, 공자 가라사대: "솔선수범하고, 꾸준히 노력하라." 더 말씀해 주시기를 청하자, 가라사대: "솔선수범하고 노력하는데 게으르지 않아야 한다."

13-2.
仲弓爲季氏宰, 問政, 子曰:"先有司, 赦小過, 擧賢才." 曰:
중궁위이씨신 문정 자왈 선유사 사소과 거현재   왈

"焉知賢才而擧之?" 子曰:"擧爾所知. 爾所不知, 人其舍
 언지현재이거지   자왈   거이소지   이소부지   인기사

諸?"
제

13-2. 중궁이 계씨의 재가 되자, 공자께 정치에 대하여 여쭙자, 공자 가라사대: "먼저 담당자에게 처리하도록 하고, 작은 잘못은 용서하고, 재능 있는 사람을 등용해라." 다시 여쭙기를: "어떻게 현명한 재사인지를 알고 등용해서 씁니까?" 공자 가라사대: "네가 알고 있는 현재를 등용해 쓴다면, 네가 모르는 현재라도 다른 사람들이 어찌 그대로 내버려 두겠느냐?"

> **새김**
> · 焉知(언지): 어떻게 알고.
> · 擧之(거지): 들어서 쓰다, 등용해서 쓰다.
> · 舍(사): 捨와 통함.

13-3.

子路曰:"衛君待子而爲政, 子將奚先?" 子曰:"必也正名乎!" 子路曰:"有是哉, 子之迂也! 奚其正?" 子曰:"野哉由也! 君子於其所不知, 蓋闕如也. 名不正, 則言不順; 言不順, 則事不成; 事不成, 則禮樂不興; 禮樂不興, 則刑罰不中; 刑罰不中, 則民無所措手足. 故君子名之必可言也, 言之必可行也. 君子於其言, 無所苟已矣."

13-3. 자로 가로되: "위나라 군주가 선생님을 모셔다가 정치를 맡긴다면, 선생님께서는 무엇부터 하시겠습니까?" 공자 왈: "반드시 이름부터 바르게 잡을 것이다." 자로 왈: "그런 것이 있구나! 선생님의 우원하심이여! 어째서 그런 것부터 바로 잡습니까?" 공자 왈: "그래서 너는 촌스러운 거야! 군자란 자기가 잘 모르는 것은 입 다물고 빠지는 거야. 명부터 바로 잡아야 하는 이유는, 이름이 바르지 않으면 그 이름에 맞는 도리를 말하는 것이 순리적이지 못하고, 순리적이지 못하면 모든 일이 제대로 이루어질 수가 없고, 모든 일이 제대로 이루어지지 않으면 국가와 사회에 예악이 흥성할 수가 없고, 예악이 흥성할 수 없으면 백성들이 손발을 마음 놓고 둘 곳이 없다. (어떻게 행동해야 할지 혼란스러워한다) 군자는 이름이 지어지면, 반드시 그 이름에 맞는 도리를 말해야 하고, 말을 했으면 그 도리를 반드시 실행해야 한다. 군자는 어떤 이름에 맞는 도리를 말하는데 조금도 구차스러움이 없어야 한다."

> **새 김**

- 衛君(위군): 출공 첩輒이다. 당시 위나라 군주인 첩은 망명 중이던 친부 괴외蒯聵의 귀국을 막으며 왕위를 다투고 있었다.
- 待子(대자): 선생님을 모셔다가.
- 正名(정명): 이름을 바르게 하다.
- 有是哉(유시재): 그런 것이 있구나!
- 迂(우): 우원하다, 돌아가다. 답답하다. 물정에 어둡다.
- 野(야): 촌스럽다, 세련되지 않았다.
- 無所苟(무소구): 구차스러운 점이 없다.

13-4

樊遲請學稼, 子曰: "吾不如老農." 請學爲圃, 曰: "吾不如老圃." 樊遲出, 子曰: "小人哉樊須也! 上好禮, 則民莫敢不敬; 上好義, 則民莫敢不服; 上好信, 則民莫敢不用情. 夫如是, 則四方之民襁負其子而至矣, 焉用稼?"

13-4. 번지가 농사짓는 법 배우기를 청했다. 공자 왈: "나는 늙은 농부만 못하다." 그러자 또 채마밭 가꾸는 법을 가르쳐 달라고 청했다. 공자 왈: "나는 늙은 채마지기만 못하다." 번지가 나가자, 공자 왈: "번수는 소인이로다! 윗사람이 예를 좋아하면 백성들이 감히 공경하지 않을 리 없고, 윗사람이 의를 좋아하면 백성들이 감히 복종하지 않을 리 없고, 윗사람이 신의를 좋아하면 백성들이 감히 진정을 다 하지 않을 리 없다.

대체로 이렇게 되면 사방의 백성들이 어린 자식들을 강보에 싸 업고 올 터인데, 농사짓는 법을 어디에 쓰려는가?"

> **새 김**
> · 稼(가): 농사짓는 것.
> · 爲圃(위포): 채소밭 가꾸는 것.
> · 須(수): 번지의 이름.
> · 不用情(불용정): 진정을 다하지 않다.
> · 夫如是(부여시): 대체로 이러하면.
> · 襁負(강부): 포대기로 업다.
> · 至矣(지의): ~에 이르다.
> · 焉用稼(언용가): 농사짓는 법을 어디에 쓰려는가?

13-5.

子曰: "誦詩三百, 授之以政, 不達; 使於四方, 不能專對,
자왈   송시삼백   수지이정   부달   시어사방   불능전대

雖多亦奚以爲?"
수 다 역 해 이 위

13-5. 공자 가라사대: "「시경」의 시 삼백 편을 모두 외더라도, 정치를 맡겼을 때 제대로 처리하지도 못하고, 사방에 사신으로 나가 전담해서 대응도 못 한다면 비록 많은 시를 외운들 다 어디에 쓰겠느냐?"

> **새 김**
> · 授之以政(수지이정): 정치를 맡기다.
> · 不達(부달): 제대로 하지 못하다.

· 專對(전대): 전담해서 외교적 대응을 하다.

13-6.

子曰: "其身正, 不令而行; 其身不正, 雖令不從."
자 왈　기 신 정　불 령 이 행　기 신 부 정　수 령 부 종

13-6. 공자 가라사대: "다스리는 사람 자신이 올바르면 명령하지 않아도 스스로 행하고, 다스리는 사람 자신이 올바르지 않으면 비록 명령해도 따르지 않는다."

13-7.

子曰: "魯衛之政, 兄弟也."
자 왈　노 위 지 정　형 제 야

13-7. 공자 가로되: "노나라와 위나라는 정치가 형제처럼 같구나."

13-8.

子謂衛公子荊: "善居室. 始有, 曰: '苟合矣.' 少有, 曰:
자위위공자형　선거실　시유　왈　구합의　소유 왈

'苟完矣.' 富有, 曰: '苟美矣.'"
구 완 의　부 유 왈　구 미 의

13-8. 공자 위나라 공자 형을 평하여: "그는 가정사 관리를 아주 많이 잘했다. 가산을 처음 소유했을 때는 '정말 다 갖추었네.' 하더니, 가산을 다소 갖게 되었을 때는 '정말로 완벽하구나.' 하더니, 풍족하게 되었을 때

는 '정말로 화려하구나.' 하였다."

> 새 김

- 荊(형): 위나라의 공자로 헌공獻公(재위, B.C. 576-559)의 아들이다.
- 善居室(선거실): 가정사 관리를 잘한다.
- 苟合矣(구합의): 정말 다 갖추었구나.
- 苟完矣(구완의): 정말 완벽하구나.
- 苟美矣(구미의): 정말 화려하구나. 자기 처지에 지나치다는 뜻을 담은 것으로 해석했다.

13-9.

子適衛, 冉有僕, 子曰: "庶矣哉!" 冉有曰: "既庶矣, 又何
자 적 위 염유복 자 왈   서의재   염유왈   기서의   우하

加焉?" 曰: "富之." 曰: "既富矣, 又何加焉?" 曰: "敎之."
가 언   왈 부지   왈   기부의 우하가언   왈   교지

13-9. 공자 위나라에 갈 때 염유가 수레를 몰았다. 공자 왈: "사람이 많기도 하구나." 염유 왈: "이미 인구가 많아졌다면, 다시 무엇을 더 해야 할까요?" 공자 왈: "부유하게 해야지." 염유 왈: "이미 부유하게 되었다면, 다시 무엇을 더 해야 할까요?" 공자 왈: "가르쳐야지."

> 새 김

- 僕(복): 수레를 몰다.
- 庶矣哉(서의재): 사람이 무척 많구나!
- 富之(부지): 부유하게 만들다.
- 敎之(교지): 가르치다.

13-10

子曰:"苟有用我者, 朞月而已可也, 三年有成."
자왈 구유용아자 기월이이가야 삼년유성

13-10. 공자 가로되: "정말 나를 기용하는 사람이 있다면, 단 일 년뿐이라도 어느 정도는 이룰 수 있지만, 삼 년이면 모두 완성할 수가 있는데."

새 김

· 苟(구): 진실로, 가정문에 사용하는 관용어이다.
· 朞月(기월): 1년.
· 可(가): 어느 정도, 아주 썩 좋지는 않지만, 그런대로 쓸 만한 정도.

13-11

子曰: "'善人爲邦百年, 亦可以勝殘去殺矣,' 誠哉是言
자왈   선인위방백년   역가이승잔거살의   성재시언

也!"
야

13-11. 공자 가로되: "'선인이 백 년 정도 나라를 다스려야 잔학한 일도 일어나지 않게 하고, 사형시킬 일도 없앨 수 있을 것이라'는 말은 정말 옳은 말이로다."

새 김

· 爲邦百年(위방백년): 백 년 정도 나라를 다스림.
· 勝殘(승잔): 잔학한 일이 일어나지 않게 하다.

- 去殺(거살): 살인 사건이 일어나지 않게 되다, 사형시킬 일이 없게 되다.
- 誠(성): 진실로.

13-12.
子曰: "如有王者, 必世而後仁."
자 왈 여 유 왕 자 필 세 이 후 인

13-12. 공자 가로되: "만약 훌륭한 왕이 나타난다면, 틀림없이 30년 후에는 백성들이 인하게 될 것이다."

새 김

- 王者(왕자): 훌륭한 왕, 성인과 같은 왕.
- 世(세): 30년.
- 仁(인): 인도仁道가 이루어지다.

13-13.
子曰: "苟正其身矣, 於從政乎何有? 不能正其身, 如正人何?"
자 왈 구 정 기 신 의 어 종 정 호 하 유 불 능 정 기 신 여 정 인 하

13-13. 공자 가라사대: "정말 자기 자신을 바르게 한다면 정치하는데 무슨 문제가 있겠느냐? 그러나 자기 자신을 바르게 하지 못한다면, 어떻게 다른 사람들을 바르게 할 수 있단 말이냐?"

13-14.

冉子退朝, 子曰: "何晏也?" 對曰: "有政." 子曰: "其事也.
염자퇴조 자왈   하안야   대왈   유정   자왈   기사야

如有政, 雖不吾以, 吾其與聞之."
여유정 수불오이 오기여문지

13-14. 염자가 조정에서 퇴근해 돌아오자, 공자 가로되: "어찌 이리 늦었느냐?" 염자 대왈: "정무가 있어 늦었습니다." 공자 왈: "그건 사사로운 일이었겠지, 만약 중요한 정무가 있었다면 비록 내가 지금 쓰이고 있지는 않지만, 아마 나도 그 같은 것을 들었을 것이다."

새 김

· 冉子(염자): 염구.

· 晏(안): 늦다.

· 以(이): 쓰이다, 기용되다.

· 與聞之(여문지): 아마 같은 것을 들었을 것이다.

13-15.

定公問: "一言而可以興邦, 有諸?" 孔子對曰: "言不可以
정공문   일언이가이흥방   유제   공자대왈   언불가이

若是, 其幾也. 人之言曰: '爲君難, 爲臣不易.' 如知爲君之
약시 기기야 인지언왈   위군난 위신불이   여지위군지

難也, 不幾乎一言而興邦乎?" 曰: "一言而喪邦, 有諸?"
난야 불기호일언이흥방호   왈   일언이상방   유제

孔子對曰: "言不可以若是. 其幾也, 人之言曰: '予無樂乎
공자대왈   언불가이약시 기기야 인지언왈   여무락호

爲君, 唯其言而莫予違也.' 如其善而莫之違也, 不亦善
위 군 유 기 언 이 막 여 위 야   여 기 선 이 막 지 위 야   불 역 선

乎? 如不善而莫之違也, 不幾乎一言而喪邦乎?"
호   여 불 선 이 막 지 위 야   불 기 호 일 언 이 상 방 호

13-15. 정공이 물었다: "한마디 말로 나라를 흥하게 할 수도 있다고 하는데, 그런 말이 정말 있습니까?" 공자 가라사대: "그 말씀 하신 것이 바로 이것이라고 말할 수는 없지만, 아마도 이것이 그 말씀 하신 것에 가깝기는 할 겁니다. 즉 사람들이 하는 말 가운데, 가로되 '임금 노릇 하기 힘들고 신하 노릇 하기 쉽지 않다.' 만일 이처럼 임금 노릇 하기가 어려운 줄 안다면, 그것이 바로 나라를 흥하게 할 수 있는 한마디 말에 가깝지 않겠습니까?" 정공이 다시 물었다: "한마디 말로 나라를 망하게 할 수 있다고 하는데, 그런 말이 정말로 있습니까?" 공자 가라사대: "그 말씀 하신 것이 바로 이것이라고 말할 수는 없지만, 아마도 이것이 그 말씀 하신 것에 가깝기는 할 겁니다. 즉 사람들이 하는 말 가운데, 가로되 '나는 임금 노릇보다 더 즐거운 것이 없다. 내가 말만 하면 거스르는 사람이 없다.' 만약 그 말이 선하여 거스르는 사람이 없다면, 그것은 참으로 좋은 일이 아니겠습니까? 그러나 그 말이 선하지 않은 데도 거스르는 사람이 없다면, 그것이 바로 나라를 망하게 하는 한마디 말에 가깝지 않겠습니까?"

새 김

· 定公(정공): 노나라 군주, B. C.509-494년 재위.

· 言不可以若是 其幾也(언불가이약시 기기야): 몇천 년 동안 오역으로 뒤범벅이 된 구절이다. 이 구절은 '言不可以其若是也'와 '言可以其幾是也' 두 문장을 한 문상으로 합쳐놓은 것으로 보아야 해석이 쉽고 자연스럽다. 즉 사람들이 하는 말이 바로 나라를 흥(망)하게 하는 한마디 말이라고 말할 수는 없지만,

사람들이 하는 말이 나라를 흥(망)하게 하는 한마디 말에 가깝다고는 할 수 있다는 뜻이다. 여기서 '약若'은 같다는 뜻, '시是'는 '인지언왈人之言曰'을 가리킨다. '기其'는 '일언이가이흥(상)방一言而可以興(喪)邦'을 가리킨다. '기幾'는 가깝다는 뜻이다.

・予無樂乎爲君(여무락호위군): 주희의 주석과는 달리 본문과 같이 새겼다. 주희는 '임금이 되어도 즐거움이 없다.'로 새긴다.

13-16.
葉公問政, 子曰: "近者說, 遠者來."
섭공문정 자왈 근자열 원자래

13-16. 섭공이 정政에 대해 묻자, 공자 가라사대: "가까이 있는 사람이 기뻐하면, 멀리 있는 사람들이 모여들 것입니다."

13-17.
子夏爲莒父宰, 問政, 子曰: "無欲速, 無見小利. 欲速, 則
자하위거보재 문정 자왈 무욕속 무견소리 욕속 즉

不達; 見小利, 則大事不成."
부달 견소리 즉대사불성

13-17. 자하가 거보의 읍재가 되어 공자에게 정政에 대하여 여쭙자, 공자 가라사대: "급히 이루려고 서둘지 말고, 작은 이익은 보지도 마라. 빨리 이루려고 하면, 오히려 이루지 못하고, 작은 이익을 보면 큰일을 이루지 못한다."

13-18.

葉公語孔子曰:"吾黨有直躬者, 其父攘羊, 而子證之."
섭공어공자왈   오당유직궁자 기부양양   이자증지

孔子曰:"吾黨之直者異於是. 父爲子隱, 子爲父隱, 直在
공자왈   오당지직자이어시   부위자은   자위부은   직재

其中矣."
기중의

13-18. 섭공이 공자에 말했다:"우리 고을에 곧은 사람이 있습니다. 그 아버지가 양을 훔쳤는데 아들이 먼저 그것을 고발했습니다." 공자 가로되:"우리 고을의 곧은 사람은 그와 다릅니다. 아버지는 아들을 위하여 숨겨주고, 아들은 아버지를 위하여 숨겨줍니다. 곧다는 것은 그런 가운데 있는 것입니다."

새 김

· 攘(양): 훔치다.
· 隱(은): 숨기다.

13-19.

樊遲問仁, 子曰:"居處恭, 執事敬, 與人忠. 雖之夷狄, 不
번지문인 자왈   거처공   집사경   여인충   수지이적 불

可棄也."
가기야

13-19. 번지가 인에 대해 여쭙자, 공자 가라사대:"평소에 언제나 공손하게, 윗사람을 모실 때는 경건하게, 남을 대할 때는 자기의 최선을 다하고, 비록 이적의 나라에 가서도 버려서는 아니 된다."

새 김

· 居處(거처): 평소에는.
· 執事(집사): 윗사람을 모심.

13-20.

子貢問曰: "何如斯可謂之士矣?" 子曰: "行己有恥, 使於四
자공문왈 하여사가위지사의   자왈   행기유치 사어사

方, 不辱君命, 可謂士矣." 曰: "敢問其次." 曰: "宗族稱孝焉,
방 불욕군명 가위사의 왈   감문기차 왈 종족칭효언

鄕黨稱弟焉." 曰: "敢問其次." 曰: "言必信, 行必果, 硜硜
향당칭제언   왈   감문기차   왈   언필신 행필과 갱갱

然小人哉! 抑亦可以爲次矣." 曰: "今之從政者何如?" 子曰:
연소인재 억역가이위차의   왈 금지종정자하여   자왈

"噫! 斗筲之人, 何足算也?"
 희 두소지인 하족산야

13-20. 자공이 여쭈어 말하기를: "어떻게 하여야 이런 사람을 선비라고 일컬을 수 있을까요?" 공자 가라사대: "자기 행동에 염치를 차릴 줄 알고, 여러 나라에 사신으로 나아가서는 임금의 명을 욕되게 하지 않아야 선비라고 일컬을만하다." 자공 왈: "그다음으로 어떠해야 할지 감히 여쭙니다." 공자 왈: "종족에게는 효성스럽다고 칭찬을 받고, 마을 사람들에게는 윗사람에게 공경스럽다고 칭찬을 들어야 할 것이다." 자공 왈: "그다음은 어떠해야 할지 감히 여쭙니다." 공자 왈: "말은 반드시 신뢰감을 줄 수 있도록 하고, 의로운 것은 과단성 있게 행하여야 한다. 그러면 깐깐한 소인배라고 하겠지. 그러나 역시 그다음 차례는 될 것이다." 자공 왈: "요즘 정무에 종사하는 사람들은 어떻습니까?" 공자 왈: "아! 한 말 또는 한 말 두 됫박 짜리 인간들, 어떻게 따져 볼 수나 있겠느냐?"

새 김

· 行己有恥(행기유치): 자기 행동에 염치를 차릴 줄 안다.

· 使於四方(사어사방): 여러 나라에 사신으로 나아가다.

· 行必果(행필과): 의로운 것은 과단성 있게 행한다.

· 斗筲之人(두소지인): 한 말 또는 한 말 두 됫박 짜리 인간, 자질구레한 인간들.

· 何足算也(하족산야): 어떻게 따져볼 수나 있겠느냐? '족足'은 이루다. '산算'은 따지다.

13-21

子曰: "不得中行而與之, 必也狂狷乎! 狂者進取, 狷者有所不爲也."
자왈 부득중행이여지 필야광견호 광자진취 견자유소불위야

13-21. 공자 가라사대: "중행 하는 사람과 함께 하지 못할 바에는 광견한 사람과 함께 하리라. 광자는 진취적이고, 견자는 해서는 안될 짓은 절대 하지 않는다."

새 김

· 中行(중행): 중용中庸을 생활화하는 사람.

· 狂者(광자): 자유분방한 사람.

· 狷者(견자): 편협하지만 지조가 굳은 사람.

· 有所不爲(유소불위): 해서는 안될 짓은 절대 하지 않는다.

13-22

子曰: "南人有言: '人而無恆, 不可以作巫醫.' 善夫! '不恆
자왈 남인유언 인이무항 불가이작무의 선부 불항

其德, 或承之羞.'" 子曰: "不占而已矣."
기덕 혹승지수   자왈 부점이이의

13-22. 공자 가라사대: "남쪽 사람들에게 이런 말이 있다: '사람에게 항심이 없다고 무당과 의사를 탓할 수 없다.' 좋은 말이다. 역易에도 '덕을 꾸준히 지키지 않으면 언제라도 수치를 당할 수 있다.'" 공자 왈: "(그런 사람이 수치를 당하는 것은) 점을 치지 않아도 뻔한 노릇이다."

새 김

· 不可以作巫醫(불가이작무의): 정현과 형병은 '무항한 사람은 무의도 고칠 수 없다.'고 새겼으며, 황간과 주희는 '무항한 사람은 무의도 될 수 없다.'고 새겼다. 그 이후에 「논어」를 해석하는 사람은 모두 이 두 가지 중에서 하나를 택하여 따른다. 그러나 나는 본문과 같이 새겼다. 올바른 마음과 태도를 꾸준히 갖는 것은 오직 자기 결정이지 무당이나 의사를 탓할 수는 없다는 뜻이다.

13-23

子曰: "君子和而不同, 小人同而不和."
자왈 군자화이부동 소인동이불화

13-23. 공자 가라사대: "군자는 화목하게 지내지만 휩쓸리지는 않는다. 그러나 소인은 휩쓸리면서도 화목하지 않다."

13-24.

子貢問曰: "鄕人皆好之, 何如?" 子曰: "未可也." "鄕人皆
자공문왈 향인개호지 하여 자왈 미가야 향인개

惡之, 何如?" 子曰: "未可也. 不如鄕人之善者好之, 其不
오지 하여 자왈 미가야 불여향인지선자호지 기불

善者惡之."
선자오지

13-24. 자공이 여쭈어 가로되: "고을 사람 모두가 좋아한다면, 어떻습니까?" 공자 왈: "그것만으로는 부족하지." 자공 가로되: "고을 사람 모두가 미워한다면, 어떻습니까?" 공자 왈: "그것만으로는 부족하지. 마을 사람 중 좋은 사람들만 좋아하고, 좋지 않은 사람들이 미워하는 그런 사람만은 못하지."

13-25.

子曰: "君子易事而難說也. 說之不以道, 不說也. 及其使
자왈 군자이사이난열야 열지불이도 불열야 급기사

人也, 器之. 小人難事而易說也. 說之雖不以道, 說也, 及其
인야 기지 소인난사이이열야 열지수불이도 열야 급기

使人也, 求備焉."
사인야 구비언

13-25. 공자 가라사대: "군자는 모시기는 쉬워도 기쁘게 하기는 어렵다. 바른 도리가 아닌 방법으로 기쁘게 하려 해도, 절대 기뻐하지 않는다. 아랫사람을 부리는 데는 각자의 역량에 맞추어 쓴다. 소인은 모시기는 어려워도 기쁘게 하기는 쉽다. 비록 바른 도리가 아닌 방법으로 기쁘게 하려 해도, 무척 기뻐한다. 아랫사람을 부리는데도 모든 역량을 다

갖추기를 바란다."

13-26

子曰: "君子泰而不驕, 小人驕而不泰."
자왈 선인교민칠년 역가이즉융의

13-26. 공자 가라사대: "군자는 너그럽고, 침착하지만 교만하지 않으나, 소인은 교만하지만 너그럽고, 침착하지는 못하다."

13-27

子曰: "剛毅木訥, 近仁."
자왈 강의목눌 근인

13-27. 공자 가라사대: "강직하고, 굳세고, 질박하고, 말이 적으면 인에 가깝다."

13-28

子路問曰: "何如斯可謂之士矣?" 子曰: "切切偲偲, 怡怡
자로문왈   하여사가위지사의   자왈   절절시시 이이

如也, 可謂士矣. 朋友切切偲偲, 兄弟怡怡."
여야 가위사의 붕우절절시시 형제이이

13-28. 자로 여쭈어 가로되: "어떻게 하여야 선비라고 일컬을 수 있을까요?" 공자 가라사대: "아주 정성스럽게 서로 권선 하고, 화락하면 선비

라 일컬을 만하다. 친구 사이에는 절절 시시하고, 형제간에는 화락해야 한다."

새 김
- 切切(절절): 아주 정성스럽게.
- 偲偲(시시): 서로 권선하다.
- 怡怡(이이): 화락하다.

13-29.
子曰: "善人敎民七年, 亦可以卽戎矣."
자 왈 선 인 교 민 칠 년 역 가 이 즉 융 의

13-29. 공자 가라사대: 선인이 백성을 7년동안 잘 가르쳐야 전쟁을 할 수 있다.

13-30.
子曰: "以不敎民戰, 是謂棄之."
자 왈 이 불 교 민 전 시 위 기 지

13-30. 공자 가라사대: "교육하지 않은 백성을 데리고 전쟁을 하는 것은 백성을 버리는 것이라 말할 수 있다."

憲問 第十四篇
(헌문 제십사편)

憲問 第十四篇
(헌문 제십사편)

 이편은 총 46개 장으로 구성되어 있어 「논어」 가운데 가장 많은 장수를 기록한다. 그 주제는 너무 잡다하여 성격 규정이 어렵다. 그러나 그 구성은 간단히 구별된다. 공자 어록이 20개 장 (3·4·5·7·8·9·11·12·15·16·21·24·25·27·29·32·33·35·39·43) 공자가 제자 및 타인과 문답한 형식이 22개 장 (1·2·6·10·13·14·17·18·19·20·22·23·26·30·31·36·37·38·41·42·44·46) 그리고 증자 어록(28) 미생무가 공자를 일컫는 말(34) 자로와 신문의 대화록(40) 원양에 대한 공자의 질책 (45) 등으로 구성되어 있다.

14-1.

憲問恥. 子曰:"邦有道, 穀. 邦無道, 穀, 恥也."
헌문치 자왈 방유도 곡 방무도 곡 치야

14-1. 헌이 부끄러운 일에 대하여 여쭙자, 공자 가라사대: "나라에 도가 확립되었을 때 녹을 먹는 것은 떳떳하지만, 나라에 도가 무너졌을 때도 계속해서 녹을 받아먹는 것은 부끄러운 일이니라."

새 김

- 憲(헌): 공자의 제자, 원헌原憲, 공자보다 36세 연하.
- 穀(곡): 녹祿. 15-6참조.

꿇아 봄

신주는 나라에 도가 있을 때는 일도 제대로 하지 못하면서 녹만 받아먹고, 나라에 도가 없을 때는 깨끗하지 못하면서 녹만 받아먹는 것 모두가 부끄러운 일이라고 해석한다. 고주는 나라에 도가 있을 때는 녹을 받아먹는 것이 떳떳한 일이지만, 나라에 도가 없을 때 녹을 받아먹는 것은 부끄러운 일이라고 해석한다. 나는 본문과 같이 새겼다.

14-2.

"克伐怨欲不行焉, 可以爲仁矣." 子曰: "可以爲難矣, 仁
극벌원욕불행언 가이위인의 자왈 가이위난의 인

則吾不知也."
즉오부지야

14-2. "남 이기기를 좋아하고, 공을 자랑하고, 남을 원망하고, 탐욕을

부리는 것이 네 가지를 하지 않으면 인하다고 말할 수 있겠습니까?"
공자 가로되: "실천하기가 매우 어렵다고 할 수 있겠지만, 인한지 나는 잘
모르겠다."

14-3.
子曰: "士而懷居, 不足以爲士矣."
자왈 사이회거 부족이위사의

14-3. 공자 가라사대: "선비라는 사람이 기거가 편안하기만을 바라면,
선비라기에는 부족하다."

14-4.
子曰: "邦有道, 危言危行; 邦無道, 危行言孫."
자왈 방유도 위언위행 방무도 위행언손

14-4. 공자 가라사대: "나라에 도가 있을 때는 높고 바르게 말하고 행
동하지만, 나라에 도가 없을 때는 행동은 높고 바르게 하더라도 말은 공
손하게 하라."

새 김
· 危(위): 높고 바르다.
· 孫(손): 손遜과 통함.

14-5.

子曰: "有德者必有言, 有言者不必有德. 仁者必有勇, 勇者不必有仁."

14-5. 공자 가라사대: "덕이 있는 사람은 말도 훌륭하게 잘하지만, 훌륭한 말을 한다고 반드시 덕이 있는 사람은 아니다. 인자는 반드시 용기가 있지만, 용기가 있다고 반드시 인자는 아니다."

새김

· 有言者(유언자): 말을 훌륭하게 잘하는 사람.

· 勇(용): 勇의 뜻은 이중적이다. 용자필유용인자필유용에서 '勇'은 정신적·도덕적인 勇이며, 용자불필유인용자불필유인에서 '勇'은 육체적·무술적인 勇이다.

14-6.

南宮适問於孔子曰: "羿善射, 奡盪舟, 俱不得其死然. 禹稷躬稼而有天下." 夫子不答. 南宮适出, 子曰: "君子哉若人! 尚德哉若人!"

14-6. 남궁괄이 공자께 여쭈어 가로되: "예는 활을 잘 쏘았고, 오는 힘이 좋아 배를 땅에서도 끌고 다녔지만, 모두 제 명에 죽지를 못하였습니

다. 그러나 우와 직은 몸소 농사를 지었는데도 천하를 얻었습니다." 공자 묵묵부답, 남궁괄이 밖으로 나가자, 공자 가로되: "군자로구나! 이 사람은. 덕을 숭상하는구나! 이 사람은."

> **새 김**

· 羿(예): 활을 잘 쏘았다는 신화적인 인물.

· 奡(오): 힘이 장사로서 배를 땅에서도 끌고 다녔다고 한다.

· 稷(직): 후직后稷을 말한다. 백곡을 재배한 농사의 시조이며, 그의 15세 손인 무왕이 주나라를 건국하였다.

· 躬稼(궁가): 몸소 농사를 짓다.

14-7.

子曰: "君子而不仁者, 有矣夫! 未有小人而仁者也."
자왈 군자이불인자 유의부 미유소인이인자야

14-7. 공자 가라사대: "군자이면서 어질지 못한 사람은 있을 수 있지만, 소인으로서 어진 사람은 없다."

14-8.

子曰: "愛之, 能勿勞乎? 忠焉, 能勿誨乎?"
자왈 애지 능물노호 충언 능물회호

14-8. 공자 가라사대: "백성을 아낀다고 놀리기만 하고 일은 하지 말라고 할 수 있겠는가? 임금에게 충성한다고 중요한 정보를 보고하지 않을 수 있겠는가?"

새 김

- 勞(노): 노동, 근로.
- 誨(회): 내가 알고 있는 것을 알리다.

14-9.

子曰: "爲命, 裨諶草創之, 世叔討論之, 行人子羽修飾之,
자 왈 위명 비심초창지   세숙토론지   행인자우수식지

東里子産潤色之."
동 리 자 산 윤 색 지

14-9. 공자 가로되: "정나라에서는 군주 명의로 중요 문서를 작성할 때 비심이 초안을 잡아 작성하고, 세숙이 내용을 검토하여 의견을 제시하면, 외교담당관인 자우가 교정을 보고, 동리 자산이 최종적으로 문체를 아름답게 가다듬는다."

새 김

- 爲命(위명): 국가 중요 문서.
- 裨諶(비심): 정나라의 대부. 이름은 조竈, 자는 심諶.
- 草創(초창): 초안을 잡아 지어내다.
- 世叔(세숙): 정나라의 대부. 이름은 유길游吉.
- 行人子羽(행인자우): 행인은 외교담당관, 자우는 공손휘公孫揮의 자.
- 東里子産(동리자산): 동리는 지명, 자산은 정나라대부 공손교公孫僑의 자.

14-10.

或問子産, 子曰: "惠人也." 問子西, 曰: "彼哉! 彼哉!" 問管
혹 문 자 산　자 왈　혜 인 야　문 자 서　왈　피 재　피 재　문 관

仲, 曰: "人也. 奪伯氏騈邑三百, 飯疏食, 沒齒無怨言."
중　왈　인 야　탈 백 씨 병 읍 삼 백　반 소 사　몰 치 무 원 언

14-10. 어떤 사람이 공자에게 자산에 대하여 물었다. 공자 왈: "은혜로운 사람이었지요." 자서에 대해 물었다. 공자 왈: "그저 그만한 사람이지요." 관중에 관해 물었다. 공자 왈: "인물이지요. 관중은 백씨가 잘못을 저지르자 병읍에 있는 삼백 호를 빼앗았는데, 거친 밥을 먹으면서도 죽을 때까지 원망하는 말을 하지 않았습니다."

새김

· 子産(자산): 성은 公孫, 이름은 교僑, 자가 자산이다. 정나라 재상으로서 국내는 물론 국제적으로도 탁월한 능력을 발휘한 사람이다. 그의 죽음을 듣고 공자가 눈물을 흘릴 정도로 존경한 인물.

· 子西(자서): 초나라 소왕昭王의 동생인 공자신公子申이다. 소왕이 죽기 전에 자서에게 왕위를 물려주려고 하지만 사양하고, 형의 아들 혜왕惠王을 세워 끝까지 보필한다. 소왕이 공자를 초빙해 중용코자 하였으나 자서에 의해 좌절되었다.

14-11.

子曰: "貧而無怨難, 富而無驕易."
자 왈　빈 이 무 원 난　부 이 무 교 이

14-11. 공자 가로되: "(소인이)가난하면서 원망하지 않기는 어렵고, (군자는) 부유하면서도 교만하지 않기가 쉽다."

14-12.

子曰: "孟公綽爲趙·魏老則優, 不可以爲滕·薛大夫."
자왈 맹공작위조 위로즉우 불가이위등설대부

14-12. 공자 가로되: "맹공작은 강대국인 조나라나 위나라의 가노가 되면 뛰어나겠지만, 등 나라나 설 나라 같은 빈소국의 대부가 되어서는 아니 된다."

새김

· 孟公綽(맹공작): 노나라의 대부, 침착하며 욕심이 적었던 사람으로 알려졌다.

14-13.

子路問成人, 子曰: "若臧武仲之知, 公綽之不欲, 卞莊子
자로문성인 자왈 약장무중지지 공작지불욕 변장자

之勇, 冉求之藝, 文之以禮樂, 亦可以爲成人矣." 曰: "今
지용 염구지예 문지이례악 역가이위성인의 왈 금

之成人者, 何必然? 見利思義, 見危授命, 久要不忘平生
지성인자 하필연 견리사의 견위수명 구요불망평생

之言, 亦可以爲成人矣."
지언 역가이위성인의

14-13. 자로가 완성된 인간에 대하여 여쭙자, 공자 가라사대: "만약 장무중의 지혜와 맹공작의 불욕과 변卞고을의 장자의 용기와 염구의 재예를 갖추고, 그 위에 예악으로써 아름다운 무늬를 더한다면 역시 완성된 인간이라 말할 수 있을 것이다." 다시 쉽게 풀어 가라사대: "오늘날 완성

된 인간이란 어찌 꼭 그렇겠느냐? 이로움을 보면 의로움을 생각하고, 공동체의 의로움이 위태롭게 되면 목숨을 던질 수도 있으며, 오래된 중요한 원칙을 평생 지킬 가르침으로 잊지 않는다면 역시 완성된 인간이라고 말할 수 있을 것이다."

새김

· 成人(성인): 인격이 완성된 인간.
· 臧武仲(장무중): 노나라 대부 장손흘臧孫紇. 무武는 시호, 중仲은 항열. 공자는 여기서와는 달리 14-15에서는 좋지 않게 평하고 있다.
· 卞莊子(변장자): 莊子는 노나라 변卞읍을 지키던 대부로 두 마리 범을 잡았을 만큼 용맹스러웠다고 한다.
· 文(문): 무늬.
· 久要(구요): 공안국은 '오래된 약속.' 양백준은 '요要'를 '약約'의 차자借字로 보아 곤궁한 세월로 새겨서 어려운 세월을 오래 견디라고 새겼다. 나는 '오래 지켜져 온 중요한 근본(원칙)'으로 새겼다.
· 平生之言(평생지언): '평생 지킬 가르침'으로 새겼다.

14-14

子問公叔文子於公明賈曰: "信乎? 夫子不言, 不笑, 不取
자문공숙문자어공명가왈   신호 부자불언 불소 불취

乎?" 公明賈對曰: "以告者過也. 夫子時然後言, 人不厭
호   공명가대왈   이고자과야 부자시연후언 인불염

其言; 樂然後笑, 人不厭其笑; 義然後取, 人不厭其取."
기언 락연후소 인불염기소 의연후취 인불염기취

子曰: "其然? 豈其然乎?"
자왈 기연 기기연호

14-14. 공자가 위나라 대부 공숙문자에 대하여 위나라 사람 공명가에게 물어 가로되: "정말입니까? 공숙문자께서는 말씀도 하지 않으시고, 웃지도 않으시고, 아무것도 받지 않으신다는 것이?" 공명가 대답해 가로되: "말씀드린 사람이 조금 과장해서 말한 것 같습니다. 대부께서는 말할 때가 되어야 말씀을 하므로 사람들이 그 말을 싫어하지 않았고, 즐거울 때만 웃으시니 남들이 그 웃음에 싫증 내지 않았고, 의로운 것이 확인된 후에 취하므로 사람들이 그가 취하는 것을 싫어하지 않습니다." 공자 왈: "그렇습니까? 어떻게 그렇게까지 할 수 있을까요?"

새 김

- 公叔文子(공숙문자): 위나라 대부로서 성은 공손公孫, 이름은 발拔, 시호가 문이다. 위나라 헌공의 손자며, 위령공의 4촌이다. 당대 위나라 사람들의 존경을 받던 인물이다.
- 公明賈(공명가): 공숙문자의 측근으로 추측됨.
- 豈其然(기기연): 공숙문자의 품성에 감탄하는 감탄문으로 새겼다.

子曰: "臧武仲以防求爲後於魯, 雖曰不要君, 吾不信也."
자 왈   장 무 중 이 방 구 위 후 어 로 수 왈 불 요 군 오 불 신 야

14-15. 공자 가로되: "장무중은 주邾나라에 망명중에도 방읍을 거점으로 삼아 자신이 떠난 후에도 자기 후계자 세워줄 것을 요구하여 관철시켰다. 비록 임금을 강요하지 않았다고 하나, 나는 그것을 믿을 수가 없다."

> **새 김**
> ・防(방): 장무중의 봉읍.
> ・爲後(위후): 후사後嗣를 세우다.
> ・要(요): 강요하다.

14-16.

子曰: "晉文公譎而不正, 齊桓公正而不譎."
자 왈 진문공휼이부정 제환공정이불휼

14-16. 공자 가로되: "진문공은 속임수에 능하고 바르지 않았다. 제환공은 바르고 속임수가 없었다."

14-17

子路曰: "桓公殺公子糾, 召忽死之, 管仲不死. 曰未仁
자로왈   환공살공자규 소홀사지 관중불사 왈미인

乎?" 子曰: "桓公九合諸侯, 不以兵車, 管仲之力也. 如其
호   자왈 환공구합제후 불이병거 관중지력야   여기

仁, 如其仁."
인 여기인

14-17. 자로 가로되: "제나라 환공이 공자규를 죽이자, 그를 모시던 소홀은 자결했는데 관중은 살아남았으니 인하지 못하다고 말해야겠지요?" 공자 가라사대: "환공이 제후들을 아홉 번이나 불러 회합을 하면서도 무력을 쓰지 않은 것은 순전히 관중의 힘이었으니, 그분만큼 인하다면! 그분만큼 인하다면!"

새 김

· 公子糾(공자규): 공자 소백(환공)과 함께 제나라 희공의 아들로서 양공의 아우다. 양공이 무도하여 이들은 모두 국외로 망명했는데, 포숙아鮑叔牙는 공자소백을 보필하고, 관중과 소홀은 공자규를 보필하였다. 뒤에 공손무지가 양공을 죽이고 왕위에 올랐는데, 제나라 사람들이 다시 무지를 죽였다. 이때 노나라에 망명해 있던 공자규보다 가까운 거莒에 망명해 있던 공자소백이 먼저 돌아가 왕위를 차지했다. 노나라 군사들과 함께 제나라에 돌아온 공자규는 결국 공자소백과 싸워 패하고 노나라로 돌아갔으나 노나라에서는 공자규를 죽이고 소홀과 관중을 잡아서 제나라로 보냈다. 소홀은 중도에 자결하고 관중은 제나라에 넘겨졌으나 포숙아의 추천으로 재상에 임명되었다.

· 曰未仁乎(왈미인호): 인하지 못하다고 말해야겠지요?
· 如其仁(여기인): 그만큼만 인하다면. (정말 인하다고 말할 수 있다.)

14-18.

子貢曰: "管仲非仁者與? 桓公殺公子糾, 不能死, 又相
자공왈 관중비인자여 환공살공자규 불능사 우상

之." 子曰: "管仲相桓公霸諸侯, 一匡天下, 民到于今受其
지 자왈 관중상환공패제후 일광천하 민도우금수기

賜. 微管仲, 吾其被髮左衽矣! 豈若匹夫匹婦之爲諒也,
사 미관중 오기피발좌임의 기약필부필부지위양야

自經於溝瀆而莫之知也?"
자경어구독이막지지야

14-18. 자공 가로되: "관중은 인자가 아니지요? 환공이 공자규를 죽일 때 죽지도 못하고, 더구나 환공을 도와 재상까지 지내다니요." 공자 가라사대: "관중이 환공을 도와 제후들의 패자가 되게 하고 천하를 한 번 크

게 바로잡아, 백성들이 지금까지 그의 은혜를 입고 있다. 관중이 없었더라면, 우리는 아마 머리도 풀어 헤치고 옷깃도 왼쪽으로 하는 좌임을 하고 있을 것이야! 그러니 관중의 선택이 어찌 필부필부들이 (하찮은) 믿음을 지킨다고 목을 매 죽어서 도랑에 처박혀도 아무도 알아주지 않는 그런 선택과 같겠느냐?"

새김

- 相(상): 돕다, 재상이 되다.
- 覇(패): 패권을 잡다.
- 一匡(일광): 한번 크게 바로잡다.
- 微(미): ~이 없었더라면.
- 諒(양): 믿음, 신의.
- 自經(자경): 스스로 목을 매다.
- 溝瀆(구독): 도랑.

公叔文子之臣大夫僎, 與文子同升諸公, 子聞之曰: "可以爲文矣."

14-19. 공숙문자의 가신인 대부선이 공숙문자와 함께 공공의 반열에 올랐다. 공자 그 말을 듣고 가로되: "문이라는 시호를 받을 만하구나."

14-20.

子言衛靈公之無道也, 康子曰: "夫如是, 奚而不喪?"
자 언 위 령 공 지 무 도 야 강 자 왈   부 여 시 해 이 불 상

孔子曰: "仲叔圉治賓客, 祝鮀治宗廟, 王孫賈治軍旅. 夫
공 자 왈   중 숙 어 치 빈 객 축 타 치 종 묘 왕 손 가 치 군 려 부

如是, 奚其喪?"
여 시 해 기 상

14-20. 공자가 위나라 영공의 무도함을 이야기하자, 계강자가 물었다: "대체 그와 같은데 어찌하여 군주 자리를 잃지 않을까요?" 공자 가라사대: "중숙어가 빈객을 접대하고, 축타가 종묘를 관리하고, 왕손가가 군사업무를 맡아 잘 처리하고 있습니다. 대체 이와 같으니 어찌 군주의 자리를 잃겠습니까?"

새 김

· 奚(해): 어찌하여.
· 仲叔圉(중숙어): 위나라 대부 공문자.
· 治(치): 직책을 맡아 일을 처리하다.

14-21.

子曰: "其言之不怍, 則爲之也難."
자 왈   기 언 지 부 작 즉 위 지 야 난

14-21. 공자 가라사대: "자기가 한 그 말이 부끄럽지 않도록 실천한다는 것은 정말 어려운 일이다."

새김

· 其言之不怍, 則爲之也難(기언지부작, 즉위지야난): 고주는 '그 말에 부끄러움이 없는 것은 속에 떳떳함이 있기 때문이다. 그러므로 그렇게 훌륭한 말은 실천하기가 더욱더 어렵다.' 신주는 '부끄럼 없이 큰소리치는 말을 실천하기는 더욱더 어렵다.'고 새기지만, 나는 본문과 같이 새겼다.

14-22.

陳成子弑簡公, 孔子沐浴而朝, 告於哀公曰: "陳恒弑其
진성자시간공   공자목욕이조   고어애공왈   진항시기

君, 請討之." 公曰: "告夫三子!" 孔子曰: "以吾從大夫之後,
군 청토지   공왈 고부삼자   공자왈   이오종대부지후

不敢不告也. 君曰告夫三子者." 之三子告, 不可. 孔子曰:
불감불고야   군왈고부삼자자   지삼자고   불가   공자왈

"以吾從大夫之後, 不敢不告也."
이오종대부지후   불감불고야

14-22. 진성자가 제나라 임금인 간공을 시해하였다. 공자 목욕을 하고 조정에 나아가 애공에게 아뢰었다: "진항이 그 나라 임금을 시해하였습니다. 그를 토벌하기를 청합니다." 애공이 말했다: "저 삼자에게 고하시게!" 공자 혼잣말로 중얼거리기를: "나는 대부의 뒤를 따를 정도의 위치에 있다고 생각하므로 감히 말씀드리지 않을 수가 없었다. 그러나 임금께서는 '저 삼자에게 고하라.' 고만 하시는군." 삼자에게 가서 고하였으나, 역시 안 된다고 하자, 공자 왈: "나는 대부의 뒤를 따를 정도의 위치에 있다고 생각하므로 감히 말씀드리지 않을 수가 없었다."

> **새 김**

· 陳成子(진성자): 제나라 대부로서 이름은 항恒. 노나라 애공 14년(B.C.481. 공자 71세)에 임금인 간공을 죽였다. 전성자田成子라는 별성으로도 부른다.

· 簡公(간공): 제나라 임금으로 이름은 임壬.

· 三子(삼자): 노나라의 세도가인 삼환三桓.

· 之三子告(지삼자고): 삼자에게 가서 고하다.

· 以吾從大夫之後(이오종대부지후): 공자 귀국 후 국노國老로 대우했으므로 이렇게 말한 것으로 생각한다.

14-23.
子路問事君, 子曰: "勿欺也, 而犯之."
자로문사군 자왈 물기야 이범지

14-23. 자로가 임금 섬기는 것에 대하여 여쭙자, 공자 가라사대: "예쁘게 보이려고 속이지 말고, 거스르더라도 간쟁諫爭하라."

14-24.
子曰: "君子上達, 小人下達."
자왈 군자상달 소인하달

14-24. 공자 가라사대: "군자는 윗것까지 다 갖추려 하고, 소인은 아랫것까지만 갖추고자 한다."

새김

· 上(상): 인간 공동체를 좀 더 살기 좋은 사회로 만들기 위하여 꼭 필요한 도덕과 인 같은 도덕 규범.

· 下(하): 자연 상태에서 인간의 생존에 필요했던 생존수단과 같은 것.

· 達(달): 갖추다.

14-25.

子曰: "古之學者爲己, 今之學者爲人."
자 왈   고 지 학 자 위 기   금 지 학 자 위 인

14-25. 공자 가로되: "옛날에 배우는 사람들은 자기 인격도야를 위해 배웠지만, 요즘에 배우는 사람들은 남에게 내보이기 위해서 배운다."

14-26.

蘧伯玉使人於孔子. 孔子與之坐而問焉, 曰: "夫子何爲?"
거 백 옥 사 인 어 공 자   공 자 여 지 좌 이 문 언   왈   부 자 하 위

對曰: "夫子欲寡其過而未能也." 使者出, 子曰: "使乎! 使乎!"
대 왈   부 자 욕 과 기 과 이 미 능 야   사 자 출   자 왈   사 호   사 호

14-26. 거백옥이 공자에게 사람을 보냈다. 공자는 그 사람과 같이 자리에 앉으며, 거백옥의 안부를 물었다: "선생님께서는 요즘 어떻게 지내십니까?" 사자가 대답해 가로되: "선생님께서는 잘못을 줄이려고 애쓰시는데 잘 안 되는 듯합니다." 사자가 나가자, 공자 왈: "참 훌륭한 사자로디! 정밀 훌륭한 사자로디!"

새김

· 蘧伯玉(거백옥): 위나라 대부로서 성은 거, 이름은 원瑗, 자는 자옥子玉, 伯은 항열이다. 헌공, 상공, 영공 3대에 걸쳐 현대부로 이름이 나 있다.

· 使乎(사호): 사자답구나.

14-27.

子曰:"不在其位, 不謀其政."
자 왈   부 재 기 위   불 모 기 정

14-27. 공자 가라사대: "그 일을 해야 하는 자리에 있지 않으면, 그 자리의 정무를 가로채서 처리하려고 하지 마라."

새김

「태백」 14장 기출

14-28.

曾子曰:"君子思不出其位."
증 자 왈   군 자 사 불 출 기 위

14-28. 증자 가로되: "군자는 생각이 자기의 지위를 벗어나지 않아야 한다."

새김

「주역」 간괘에 있는 말이다.

14-29.

子曰: "君子恥其言而過其行."
자왈 군자치기언이과기행

14-29. 공자 가라사대: "군자는 그 말이 행동보다 과장된 것을 부끄럽게 생각한다."

14-30.

子曰: "君子道者三, 我無能焉: 仁者不憂, 知者不惑, 勇
자왈 군자도자삼 아무능언 인자불우 지자불혹 용

者不懼." 子貢曰: "夫子自道也."
자불구 자공왈 부자자도야

14-30. 공자 가라사대: "군자의 도에 세 가지가 있다. 그런데 나는 다음과 같은 세 가지 가운데 아무것도 할 수가 없다. 어질어 걱정할 게 없고, 알아서 헷갈릴 것이 없고, 씩씩해서 두려운 것이 없다." 자공 가로되: "그것이 선생께서 따르는 도입니다."

새 김

· 인자불우仁者不憂, 지자불혹知者不惑, 용자불구勇者不懼에 대한 새김은 9-28 참조

· 自道(자도): '자自'는 따른다는 동사, '도道'는 명사로 새겼다.

14-31.
子貢方人, 子曰:"賜也賢乎哉! 夫我則不暇."
자공방인 자왈 사야현호재 부아즉불가

14-31. 자공은 사람을 비교해서 품평했다. 공자 가로되: "사는 정말 현명한가 보지! 대체로 나는 겨를이 없던데."

새 김

· 方人(방인): 사람을 비교하여 품평하다.

14-32.
子曰:"不患人之不己知, 患其不能也."
자왈 불환인지불기지 환기불능야

14-32. 공자 가라사대: "남이 나를 알아주지 않음을 걱정하지 말고, 그와 같이 내 능력이 부족한 것을 걱정하라."

새 김

· 患其不能也(환기불능야): '기其'는 '인지불기지人之不己知'의 뜻으로 새겨야 한다.

14-33.
子曰:"不逆詐, 不億不信, 抑亦先覺者, 是賢乎?"
자왈 불역사 불억불신 억역선각자 시현호

14-33. 공자 가라사대: "남이 나를 속일 것이라고 미리 넘겨짚지 말고, 남을 믿지 못할 사람이라고 미리 억측하지도 말아라. 그래도 역시 그런 것을 미리 알아차릴 수 있다면 현명하다고 할 수 있겠지?"

새 김

· 逆(역): 짐작하다, 넘겨짚다.

· 億(억): 억측.

· 不億不信(불억불신): 상대편을 믿을 수 없는 사람이라고 억측하지 말아라.

· 先覺(선각): 미리 알아차리다.

14-34.

微生畝謂孔子曰: "丘何爲是栖栖者與? 無乃爲佞乎?"
미 생 무 위 공 자 왈   구 하 위 시 서 서 자 여   무 내 위 녕 호

孔子曰: "非敢爲佞也. 疾固也."
공 자 왈   비 감 위 녕 야   질 고 야

14-34. 미생무가 공자를 일컬어 말했다: "구 자네는 어째서 그리 바삐 쏘다니는가? 말재주나 피우는 것이 아닌가?" 공자 왈: "감히 말씀드리자면 말재주 피우는 것이 아닙니다. 고루함을 미워할 뿐입니다."

새 김

· 微生畝(미생무): 자세한 신상이 전혀 전해지지 않는 사람이다. 주희는 공자의 이름을 부르는 것으로 보아 나이와 덕이 많은 사람일 것이라 하였다.

· 是(시): 여기서는 부사로서 '이처럼'라는 뜻이다.

· 栖栖(서서): 바삐 돌아다니는 모습.

· 疾固(질고): 고루한 세상을 미워하다.

14-35.
子曰:"驥不稱其力, 稱其德也."
자왈 기불칭기력 칭기덕야

14-35. 공자 가로되: "하루에 천 리를 달리는 천리마는 그 힘을 칭찬하는 것이 아니고, 힘들지만 주인을 위하여 참고 달리는 마음의 덕을 기리는 것이다."

14-36.
或曰:"以德報怨, 何如?" 子曰:"何以報德? 以直報怨, 以
혹왈 이덕보원 하여 자왈 하이보덕 이직보원 이

德報德."
덕보덕

14-36. 어떤 사람이 여쭙기를: "원한을 은덕으로써 갚으면 어떻겠습니까?" 공자 가라사대: "그러면 은덕에는 무엇으로 갚을까요? 원한에는 직으로 갚고, 은덕에는 은덕으로 갚아야 하겠지요."

새 김
· 直(직): 상대편도 공동체 사회의 구성원이므로, 공동체 사회를 지속적으로 영위하는 데 도움이 되도록 바로 잡는다는 뜻이다.

14-37.

子曰:"莫我知也夫!" 子貢曰:"何爲其莫知子也?"
자왈   막아지야부   자공왈   하위기막지자야

子曰:"不怨天, 不尤人; 下學而上達, 知我者其天乎!"
자왈 불원천 불우인 하학이상달 지아자기천호

14-37. 공자 말하기를: "나를 알아주지 않는구나!" 자공 왈: "어찌 선생님을 알아주지 않는다고 하십니까?" 공자 왈: "하늘을 원망하지도 남을 탓하지도 않았다. 하학으로 상달하였으니, 나를 알아주는 것은 아마 하늘뿐이겠지!"

새김

· 下學而上達(하학이상달): '下하'는 도덕적 가치판단이 필요 없는 것, 즉 옳고 그름을 따질 일이 없는 일상적인 잡다한 기예技藝 등을 말한다. '上상'은 가치판단이 필요한 것으로 옳고 그름의 문제인 도덕적 행위를 말한다.

14-38

公伯寮愬子路於季孫, 子服景伯以告, 曰:"夫子固有惑志
공백료소자로어계손 자복경백이고   왈   부자고유혹지

於公伯寮, 吾力猶能肆諸市朝." 子曰:"道之將行也與, 命
어공백료 오력유능사제시조   자왈   도지장행야여   명

也; 道之將廢也與, 命也. 公伯寮其如命何?"
야 도지장폐야여 명야   공백료기여명하

14-38. 공백료가 계손에게 자로를 참수했다. 이에 노나라 대부인 자복경백이 공자에게 알리기를: "계손 대부께서 공백료의 모함 때문에 자로

에 대한 의심하는 마음이 생긴 것이 확실합니다. 내 힘이 아직은 공백료를 사형에 처하여 그 시신을 시장 거리나 조정 앞거리에 걸어 놓을 수 있습니다." 공자 왈: "도가 장차 행해지는 것도 천명이요, 도가 장차 행해지지 못하고 폐하여지는 것도 천명인데, 공백료 그깟 놈이 천명을 어찌하겠습니까?"

새 김

· 公伯寮(공백료):「공자가어」에는 제자로 거명되고 있지 않다. 「사기·중니 제자열전」에는 공자의 제자로 성은 공백이고, 자는 자주子周라고 했다. 당나라때 임백任伯으로 봉해졌고, 송나라때 수장후壽張侯로 봉해졌으나, 명나라 가정嘉靖 9년에 공묘에서 파출되어 현재는 제사를 지내지 않는다.

· 愬(소): 참소讒訴. 夫子(부자): 여기서는 계손씨.

· 子服景伯(자복경백): 노나라 대부, 성은 자복, 경은 시호, 백은 자라고 한다. 공자와 공문에 호의적인 사람으로 보인다.

· 於公伯寮(어공백료): 공백료(참소)에 의하여.

· 肆(사): 사체를 여러 사람이 볼 수 있도록 공개된 장소에 버려두다.

· 道之將行也與, 命也(도지장행야여, 명야): 여기서 '여與'는 둘 이상의 대상이나 사태를 똑같이 아우름을 나타내는 보조사. 그러니까 함께 라는 뜻의 '도'로 해석하는 것이 좋을 것이다.

14-39.

子曰: "賢者辟世, 其次辟地, 其次辟色, 其次辟言."
자왈 현자벽세 기차벽지 기차벽색 기차벽언

子曰: "作者七人矣."
자왈 작자칠인의

14-39. 공자 가라사대: "가장 현명한 사람은 세상을 새롭게 계발하고, 그다음으로 현명한 사람은 자기 나라만이라도 새롭게 계발한다. 그다음으로 현명한 사람은 자기 용색容色만이라도 새롭게 계발하고, 그다음으로 현명한 사람은 자기의 말이라도 새롭게 계발한다."

새 김

· 辟(벽): 지금까지 한 사람의 예외도 없이 '피避'자로 읽고 뜻을 새겼다. '피세避世'나 '피인避人'은 18-6에서 장저·걸익등 은자들이 즐겨 쓰는 말이지 공자와는 어울리지 않는 말이다. 18-6에서 자로가 아뢰는 은자들의 말을 듣고 공자는 "새나 짐승들과 더불어 무리지어 살 수는 없는데, 인간의 무리와 더불어 살지 않는다면, 과연 누구와 더불어 살겠느냐? 천하에 도가 있다면, 나도 너희들과 함께 세상을 바꾸려 하지 않을 것이다." 이렇게 말하는 공자에게 '피세避世·피지避地·피색避色·피언避言'은 어울리지 않는다. '벽辟'은 '피避'보다는 오히려 '벽闢'에 가깝게 새겨야 바르다고 본다. 그래야 '작자칠인의作者七人矣.'의 '작作'과도 뜻이 통한다.

· 色(색): 다른 사람을 대하는 容色.

· 言(언): 다른 사람에게 하는 말.

· 作者(작자): 새로운 것을 창조·창작하여 새로운 세상을 연 사람들.

· 七人(칠인): 송나라 사람인 장횡거는 복희·신농·황제·요·순·우·탕이라고 했다. 공자는 칠인에 대하여 말하지 않았지만, 선왕지도에서 거론하는 요·순·우·탕·문·무·주공을 생각하지 않았을까?

14-40.

子路宿於石門, 晨門曰: "奚自?" 子路曰: "自孔氏."
자로숙어석문 신문왈 해자   자로왈 자공씨

曰: "是知其不可而爲之者與?"
왈 시지기불가이위지자여

14-40. 자로가 석문 근처에서 잤는데, 아침에 석문 문지기가 물었다: "어디서 오는 것이요?" 자로 왈: "공씨가에서 옵니다." 신문 왈: "그 사람 그것이 불가능한 줄 알면서도 해보려는 사람이지요?"

새 김

· 石門(석문): 노나라 성남 쪽의 바깥 문.
· 晨門(신문): 새벽 성문을 여는 문지기.
· 奚自(해자): 어디에서.

14-41.

子擊磬於衛, 有荷蕢而過孔氏之門者, 曰: "有心哉, 擊磬
자격경어위 유하궤이과공씨지문자 왈   유심재 격경

乎!" 旣而曰: "鄙哉, 硜硜乎! 莫己知也, 斯己而已矣. 深則
호   기이왈   비재 갱갱호   막기지야   사기이이의   심즉

厲, 淺則揭." 子曰: "果哉! 末之難矣."
여 천즉게   자왈   과재 말지난의

14-41. 공자 위나라에 있을 때 경磬이라는 악기를 치고 있었다. 그때 삼태기를 메고 공자가 묵던 집 앞을 지나던 사람이 있었는데 가로되: "마음을 담아서, 경을 두드리는구나!" 다 마치고 나서 말하기를: "그렇

게 깽깽거리면, 천박스럽지! 아무도 나를 알아주지 않는 것은 나를 다스려야 할 일일 뿐인데. 그러니까 「시경」 가사에도 이런 말이 있지, '물이 깊으면 옷을 높게 걷어들고 건너고, 물이 얕으면 살짝 걷어들고 건너라.' 하였거늘." 이에 공자 왈: "과연 그렇게만 할 수 있다면 어려움은 없겠지."

새 김

· 磬(경): 돌이나 옥으로 만든 타악기.

· 荷蕢(하궤): 삼태기를 짊어지다.

· 旣而(기이): 다 마치고.

· 斯己而已矣(사기이이의): 이 구를 '사이이이의. 斯已而已矣'로 쓰고 읽기 시작한 것은 주희의 「논어 집주」 이후인 것으로 보인다. 앞으로는 주희 이전과 같이 '사기이이의.斯己而已矣'로 쓰고 뜻도 새겨야 할 것이다. 주희 이후와 같이 새기면 '막기지야. 莫己知也.'는 전혀 신경 쓸 만한 가치조차 없으니 '그것으로 그만인 것을'이라는 뜻이 된다. 주희를 비롯한 송유들이야 공자를 최고의 성인으로 추앙하다 보니, 세상 사람들이 알아주고, 안 알아주고는 신경 쓰지 않으면 될 일일 뿐이라는 것이다. 그러나 '사기이이의'는 나를 알아주지 않는 세상 사람들의 뜻을 받아들여 거기에 맞게 처신해야 한다는 뜻이 된다. 그러니까 내가 깊으면 가슴까지 높게 걷어들고 건너고, 얕은 내는 살짝 걷어들고 건너는 것과 같이해야 한다는 것이다.

· 揭(게): 옷을 걷어 올리다.「시경」 패풍邶風, 포유고엽匏有苦葉편에 있다.

· 厲(여): 옷을 가슴까지 높게 걷어들고 물을 건너다.

· 末之難(말지난): 어렵지는 않다, 쉽다.

14-42

子張曰: "書云: '高宗諒陰, 三年不言.' 何謂也?"
자장왈　　서운　　고종양암　　삼년불언　　하위야

子曰: "何必高宗? 古之人皆然. 君薨, 百官總己以聽於冢
자왈　　하필고종　　고지인개연　　군훙　　백관총기이청어총

宰三年."
재 삼 년

  14-42. 자장 가로되: "「서경」에 말하기를: '은나라 고종은 묘막에서 복상服喪하는 동안, 삼 년 간 말씀을 하시지 않았다.'고 했는데 도대체 이것이 무엇을 말하는 것입니까?" 공자 왈: "어찌 고종뿐이겠느냐? 옛사람들은 다 그러했느니라. 임금이 돌아가시면, 다음 대를 이을 임금도 삼 년 동안 말을 하지 않기 때문에 삼 년 동안 총재의 지휘에 따라 백관이 모두 자기의 직무를 총괄하여 책임지고 수행한다."

새 김

- 書云(서운): 「서경」무일無逸편에 이르기를.
- 高宗(고종): 은나라를 중흥시킨 무정武丁.
- 諒陰(양암): 묘막에서 복상하는 것. 여기서 '陰'은 여막 '암'자로 읽고 새긴다.
- 薨(훙): 임금이 죽는 것.
- 總己(총기): 자기의 직무를 총괄하여 책임지고 수행함.
- 聽(청): 따르다, 복종하다.
- 冢宰(총재): 재상과 같은 지위.

14-43.

子曰: "上好禮, 則民易使也."
자 왈 상 호 례 즉 민 이 사 야

14-43. 공자 가라사대: 윗사람이 예를 좋아하면, 백성을 부리기 쉽다.

14-44.

子路問君子, 子曰: "脩己以敬." 曰: "如斯而已乎?"
자로문군자 자왈 수기이경 왈 여사이이호

曰: "脩己以安人." 曰: "如斯而已乎?" 曰: "脩己以安百姓.
왈 수기이안인 왈 여사이이호 왈 수기이안백성

脩己以安百姓, 堯舜其猶病諸!"
수 기 이 안 백 성 요 순 기 유 병 제

14-44. 자로가 군자에 대하여 여쭙자, 공자 가라사대: "남을 공경함으로써 자기를 새롭게 만들어야 한다." 자로 다시 여쭙기를: "그렇게만 하면 됩니까?" 다시 공자 왈: "남을 편안케 해줌으로써 자기를 새롭게 만들어야 한다." 자로 다시 여쭙기를: "그렇게만 하면 끝입니까?" 이에 다시 공자 왈: "백성을 편안하게 함으로써 나를 새롭게 만들어야 한다. 백성을 편안하게 하여 자기를 새롭게 만드는 것은 요순 임금께서도 정말 어렵게 여겼느니라!"

새 김

· 以敬(이경): 남을 공경함으로써.

· 如斯而已(여사이이): 그렇게 하면 다 되는 것이다.

· 病(병): 고심하다, 어려워하다.

14-45.

原壤夷俟. 子曰:"幼而不孫弟, 長而無述焉, 老而不死,
원양이사   자왈   유이불손제 장이무술언   노이불사

是爲賊." 以杖叩其脛.
시위적   이장고기경

14-45. 원양이 다리를 쭉 펴고 앉아서 기다리고 있었다. 공자 가로되: "어려서는 버르장머리 없고, 커서도 이렇다 할만한 짓도 못 하고, 늙어서 죽지도 못하니 그게 바로 도적이야." 그러고는 지팡이로 그의 정강이를 툭툭 쳤다.

새 김

· 原壤(원양): 공자의 어릴 적 친구.
· 夷俟(이사): 다리를 쭉 펴고 앉아 기다리는 것으로 새겼다.
· 孫弟(손제): 손제遜悌와 같은 뜻.

꿇아 봄

공자 성인화 작업에 큰 도움이 될 소재는 아닌 듯한데, 편집자는 아마 공자의 다양한 인품을 부각해 딱딱하기만 한 성인의 이미지를 희석함으로써, 좋은 평을 받을 수 있는 소재로 여긴 듯하다.

14-46.

闕黨童子將命. 或問之曰: "益者與?" 子曰: "吾見其居於
궐 당 동 자 장 명   혹 문 지 왈   익 자 여   자 왈   오 견 기 거 어

位也, 見其與先生幷行也. 非求益者也, 欲速成者也."
위 야 견 기 여 선 생 병 행 야   비 구 익 자 야 욕 속 성 자 야

14-46. 공자의 고향인 궐당에서 데려온 동자 한 명이 손님맞이 일을 하게 되었다. 어떤 사람이 공자에게 묻기를: "발전성이 있는 아이겠지요?" 공자 왈: "내가 보았는데 저 아이는 어른들 자리에 앉아 있기도 하고, 또 선생과 나란히 서서 걷기도 하는 것을 보았습니다. 배움이 발전하기를 바라는 것이 아니고, 절차를 무시해서라도 빨리 이루고자 하는 시건방진 녀석입니다."

새 김

- 闕黨(궐당): 일반적으로 공자가 살던 곡부궐리로 본다.
- 將命(장명): 주인과 손님 사이에 말 심부름을 하는 사람.
- 益者(익자): 발전 가능성이 있는 사람.
- 居於位(거어위): 어른들 자리에 함부로 앉는다.
- 先生(선생): 손윗사람.
- 速成(속성): 절차를 무시하고 일을 빨리 이루려고만 한다.

衛靈公 第十五篇
(위령공 제십오편)

衛靈公 第十五篇
(위령공 제십오편)

대체로 수신과 처세에 관한 기록들로 구성되어 있다. 자왈로 시작되는 경구적 성격의 단문(34 개장)이 대화록 7 개장 (1·2·5·9·10·23·41) 사이에 배치되어 전체를 구성하고 있다.

15-1.

衛靈公問陳於孔子, 孔子對曰:"俎豆之事, 則嘗聞之矣;
위령공문진어공자 공자대왈   조두지사 즉상문지의

軍旅之事, 未之學也."明日遂行. 在陳絶糧, 從者病, 莫能
군려지사 미지학야   명일수행 재진절량 종자병 막능

興. 子路慍見曰:"君子亦有窮乎?"子曰:"君子固窮, 小人
흥 자로온현왈   군자역유궁호   자왈   군자고궁 소인

窮斯濫矣."
궁사람의

15-1. 위나라 영공이 공자에게 진법陳法에 대하여 물으니, 공자 대답해 가로되: "제사에 관한 일은 일찍이 들어 알고 있으나 군사에 관한 일은 배우지를 못했습니다." 다음날 위나라를 떠났다. 진나라 있을 때 양식이 떨어져 종자들이 병이 나서 일어서지조차 못하였다. 자로가 성이 나서 공자를 보고 말했다: "군자라는 사람들도 이렇게 곤궁할 때가 있는 것입니까?" 공자 왈: "군자는 곤궁하더라도 변함이 없지만, 소인은 곤궁하면 넘치는 행동을 하느니라."

새김

· 問陳(문진): 진법陣法을 묻다.
· 俎豆(조두): 제기.
· 莫能興(막능흥): 일어나지 못하다.
· 慍見(온현): 화가 나서 찾아뵙다.
· 斯(사): 즉.
· 濫(람): 도덕에 어긋나다, 함부로 하다.

15-2.

子曰:"賜也, 女以予爲多學而識之者與?"對曰:"然, 非
　　자왈　사야　여이여위다학이식지자여　　　대왈　연 비

與?"曰:"非也. 予一以貫之."
여　왈　비야　여일이관지

15-2. 공자 가라사대: "사(자공의 이름)야! 너는 내가 많은 것을 배워서 많이 알고 있는 사람 이라고생각하느냐?" 자공이 대답해 가로되: "그렇습니다. 안 그렇습니까?" 이에 공자 가라사대: "그렇지 않다. 나는 하나로서 모든 것을 꿰느니라."

새 김

- 女(여): 여汝.
- 以~爲~(이~위~): ~을 ~이라고 생각한다.
- 一以貫之(일이관지): 하나(仁)로 모든 가치판단의 기준으로 삼는다. 그러므로 많이 배우지 않아도 많은 것을 알 수가 있다.

바로 이 15-2와 15-23이 4-15의 원형이라고 주장하는 사람들도 있다.

15-3.

子曰:"由, 知德者鮮矣!"
자왈　유　지덕자선의

15-3. 공자 가라사대: "유(자로의 이름)야! 덕의 중요성을 아는 사람이 너무 드물구나!"

새김
- 德(덕): 남을 배려하고, 베풀며, 도와주는 것. 7-6참조.
- 鮮(선): 드물다. 거의 없다.

15-4.
子曰: "無爲而治者, 其舜也與! 夫何爲哉? 恭己正南面而
자 왈   무 위 이 치 자   기 순 야 여   부 하 위 재   공 기 정 남 면 이

已矣."
이 의

15-4. 공자 가로되: "무위로 나라를 잘 다스린 사람은 아마도 순임금이 아니겠느냐? 대체 어떻게 하셨을까? 자신을 공손히 하고 남면하셨을 뿐이다."

새김
- 無爲(무위): 무위는 아무것도 하지 않는 부작위가 아니다. 오직 백성만을 위하고, 나 개인을 위함이 전혀 없는 것. 그리고 인위적으로 자연을 거스름이 없는 것을 말한다.
- 其~也與(기~야여): 가벼운 감탄성 추측을 나타낸다.
- 夫(부): '대체'라는 부사로 보고 새겼다.
- 南面(남면): 임금이 조정에서 남쪽을 향한 자리에 앉는 것을 말한다.

15-5.

子張問行, 子曰: "言忠信, 行篤敬, 雖蠻貊之邦, 行矣. 言不忠信, 行不篤敬, 雖州里, 行乎哉? 立則見其參於前也, 在輿則見其倚於衡也. 夫然後行." 子張書諸紳.

15-5. 자장이 바른 행위에 대하여 여쭙자, 공자 가라사대: "하는 말이 충신하고, 그 행동이 독경하면 비록 만맥의 나라에서도 바르게 행동할 수 있으며, 하는 말이 충신 하지 못하고, 그 행동이 독경스럽지 못하면 비록 자기가 사는 마을에서라고 바르게 행동할 수 있겠느냐? 수레를 타려고 서 있으면 그것(충신·독경)이 마차 앞의 말들처럼 나란히 보이고, 수레에 타면 그것(충신·독경)이 수레 채 끝에 댄 가로대에 기대어 있는 것처럼 보이면, 대체로 그런 다음에는 바르게 행동할 수 있을 것이다." 자장이 그 말씀을 허리띠에 적었다.

새김

· 行(행): 바른 행위, 도를 행함.
· 蠻貊(만맥): 주변의 이민족異民族.
· 州里(주리): 자기가 사는 마을.
· 參(참): 수레 앞에서 끄는 네마리 말 중에 양쪽가의 말驂.
· 倚於衡(의어형): 가로대에 기대어 있다.
· 紳(신): 허리에 두루는 넓은 띠.

15-6.

子曰: "直哉史魚! 邦有道, 如矢; 邦無道, 如矢. 君子哉蘧
자왈 직재사어   방유도 여시 방무도 여시 군자재거

伯玉! 邦有道, 則仕; 邦無道, 則可卷而懷之."
백옥 방유도 즉사 방무도 즉가권이회지

15-6. 공자 가라사대: "곧도다! 사어는. 나라에 도가 있어도 화살처럼 곧고, 나라에 도가 없어도 화살처럼 곧다. 군자로다! 거백옥은. 나라에 도가 있으면 벼슬하고, 나라에 도가 없으면, 물러나 모든 것을 거두어 가슴에 묻어둔다."

새김

· 史魚(사어): 위나라 대부, 성은 사, 이름은 추鰌, 자는 자어子魚이기 때문에 史魚라고 한다. 「공자가어」에는 '사어의 시간屍諫'이라는 고사가 실려있고, 「천자문」에는 '사어병직史魚秉直'이라는 구가 있다.

· 卷(권): 捲권과 통함.

15-7.

子曰: "可與言而不與之言, 失人; 不可與言而與之言, 失
자왈   가여언이불여지언   실인 불가여언이여지언   실

言. 知者, 不失人, 亦不失言."
언 지자 불실인 역불실언

15-7. 공자 가라사대: "더불어 말할 만한 사람과 말을 하지 않으면, 사람을 잃는 것이요, 더불어 말할 만한 사람이 아닌데도 말을 하면 말을 잃는 것이다. 지혜로운 사람은 사람을 잃지도 않고, 또한 말을 잃지도 않는다."

15-8.

子曰: "志士仁人, 無求生以害仁, 有殺身以成仁."
자왈　지사인인　무구생이해인　유살신이성인

15-8. 공자 가라사대: "지사와 인인은 삶을 구하여 인을 해치는 일이 없고, 오히려 그 몸을 죽여 인을 이룬다."

15-9.

子貢問爲仁, 子曰: "工欲善其事, 必先利其器. 居是邦也,
자공문위인　자왈　공욕선기사　필선리기기　거시방야

事其大夫之賢者, 友其士之仁者."
사기대부지현자　우기사지인자

15-9. 자공이 인을 이루는 방법에 대하여 여쭙자, 공자 가라사대: "장인이 일을 잘하려면 먼저 연장부터 예리하게 벼린다. 어떤 나라에 있던지, 그 나라 대부 중에서 어진 사람을 찾아 섬겨야 하고, 선비 가운데서는 인한 사람을 찾아 벗 삼아야 한다."

15-10.

顔淵問爲邦, 子曰: "行夏之時, 乘殷之輅, 服周之冕, 樂則
안연문위방　자왈　행하지시　승은지로　복주지면　악즉

韶舞, 放鄭聲, 遠佞人. 鄭聲淫, 佞人殆."
소무　방정성　원녕인　정성음　영인태

15-10. 안연이 나라 다스림에 대하여 여쭙자, 공자 가로되: "하나라 역법을 시행하고, 은나라의 수레를 타며, 주나라의 관을 쓰고, 음악은 순

임금의 소무를 써라. 정나라의 음악은 추방하고, 아첨을 일삼는 사람은 멀리하라. 정나라 음악은 음탕하고, 아첨을 일삼는 사람은 나라를 위태롭게 만들기 때문이다."

· 夏之時(하지시): 하나라의 책력冊曆, 역법曆法. 하나라의 역법은 음력 1월을 일 년의 첫째 달로 삼는다. 은나라는 섣달(음력 12월)을 일 년의 첫째 달로 삼고, 주나라는 동짓달(음력 11월)을 일 년의 첫째 달로 삼는다.
· 殷之輅(은지로): 은나라에서 천자가 타던 수레는 소박하면서도 견고하였다고 한다.
· 周之冕(주지면): 관冠이 주나라에 와서 제대로 갖추어졌다고 한다.
· 韶(소): 순임금의 악곡.
· 放(방): 추방하다.
· 鄭聲(정성): 정나라 음악.
· 淫(음): 음란, 음탕.
· 佞人(영인): 아첨을 일삼는 사람.

15-11.

子曰: "人無遠慮, 必有近憂."
자 왈   인 무 원 려   필 유 근 우

15-11. 공자 가라사대: "사람이 멀리 보고 대비하지 않으면, 반드시 가까이에 근심거리가 다가와 있을 것이다."

15-12.

子曰: "已矣乎! 吾未見好德如好色者也."
자왈   이의호 오미견호덕여호색자야

15-12. 공자 가로되: "말세로구나! 나는 아직 덕을 좋아하기를 여색을 좋아하듯 하는 사람을 보지 못했다."

15-13.

子曰: "臧文仲, 其竊位者與! 知柳下惠之賢, 而不與立也."
자왈   장문중 기절위자여 지유하혜지현 이불여립야

15-13. 공자 가로되: "장문중은 아마도 지위를 훔친 자라 해야겠지? 유하혜의 현명함은 알면서도 함께 조정에 서지를 않았다."

새 김

· 臧文仲(장문중): 노나라 대부로서 명재상. 장손진 臧孫辰(공야장 18 참조)
· 不與立(불여립): 천거하여 조정에 함께 서지 않았다.

15-14.

子曰: "躬自厚, 而薄責於人, 則遠怨矣."
자왈   궁자후 이박책어인   즉원원의

15-14. 공자 가라사대: "자기를 책망함은 두텁게 하고, 남을 책망하기를 얇게 하면 원망이 멀어질 것이다."

15-15.

子曰: "不曰 '如之何如之何' 者, 吾末如之何也已矣."
자왈 불왈 여지하여지하 자 오말여지하야이의

15-15. 공자 가라사대: "어찌할까? 어찌할까? 하며 고민하지 않는 사람은 나도 어찌할 수가 없을 뿐이다."

15-16.

子曰: "群居終日, 言不及義, 好行小慧, 難矣哉!"
자왈 군거종일 언불급의 호행소혜 난의재

15-16. 공자 가로되: "여럿이 온종일 모여 있으면서도 하는 말들이 의로움에 미치지 못하고, 잔재주나 부리며 노닥거리기를 좋아한다면 잘 되기는 어렵도다!"

15-17.

子曰: "君子義以爲質, 禮以行之, 孫以出之, 信以成之, 君子哉!"
자왈 군자의이위질 예이행지 손이출지 신이성지 군자재

15-17. 공자 가라사대: "군자는 의로움으로 바탕으로 삼는다. 그리고 예로서 의로움을 행하며, 겸손함으로 의로움을 나타내고, 믿을 수 있는 언행으로 의로움을 완성한다. 그래야 참다운 군자일 것이다!"

15-18.

子曰: "君子病無能焉, 不病人之不己知也."
_{자 왈   군 자 병 무 능 언   불 병 인 지 불 기 지 야}

15-18. 공자 가라사대: "군자는 자기 능력 없음을 걱정하고, 남이 자기 알아주지 않음을 걱정하지 않는다."

15-19.

子曰: "君子疾沒世而名不稱焉."
_{자 왈   군 자 질 몰 세 이 명 불 칭 언}

15-19. 공자 가라사대: "군자는 죽은 다음에 그 이름이 일컬어지지 않는 것을 걱정해야 한다."

15-20.

子曰: "君子求諸己, 小人求諸人."
_{자 왈   군 자 구 제 기   소 인 구 제 인}

15-20. 공자 가라사대: "군자는 잘못의 원인을 자기에게서 찾고, 소인은 남에게서 찾는다."

15-21.

子曰: "君子矜而不爭, 群而不黨."
_{자 왈   군 자 긍 이 부 쟁   군 이 부 당}

15-21. 공자 가라사대: "군자는 긍지를 갖되 다투지 아니하고, 어울려도 패거리를 짓지 않는다."

15-22.

子曰: "君子不以言擧人, 不以人廢言."
자왈 군자불이언거인 불이인폐언

15-22. 공자 가라사대: "군자는 말만으로 사람을 들어 쓰지 않으며, 사람의 외형만을 보고 그의 좋은 말을 버리지 않는다."

15-23

子貢問曰: "有一言而可以終身行之者乎?"
자공문왈 유일언이가이종신행지자호

子曰: "其恕乎! 己所不欲, 勿施於人."
자왈 기서호 기소불욕 물시어인

15-23. 자공이 여쭈어 가로되: "종신토록 행할만한 한마디 말이 있을까요?" 공자 가라사대: "아마도 서恕가 아니겠느냐? (남이) 나에게 아니하기를 바라는 것은 (나도) 남에게 하지 마라."

새김

「논어」 가운데 가장 유명한 구절은 누가 뭐래도 '기소불욕, 물시어언'일 것이다. 그러나 기존의 해석들은 보면, 그 명확한 의미를 놓친 듯싶다. 수천 년 동안 그대로 답습해 온 해석을 간단히 일별해 보면,

① 자신이 하고 싶지 않은 것을 남에게 요구하지 마라.

② 내가 원하지 않는 것은 남에게도 시키지 마라.
③ 내가 바라지 않는 것을 남에게 강요하지 마라

　기존의 이와 같은 해석들은 대부분이 엉터리 수준을 벗어나지 못하고 있는 것 같다. 한 마디로 전혀 문장의 맥을 짚지 못하고 있다고 해야 할 것이다.
　이 구절의 뜻은 본문에 밝혔듯이 '(남이)나에게 아니하기를 바라는 것은 (나도) 남에게 하지 마라'는 뜻이다. 지금까지의 해석들이 놓친 맥점은 첫째: '기소불욕'에서 '기'에는 어떤 행동이 미치는 대상을 나타내는 격조사 '에게'를 붙여 '나에게'로 해석해야 할 것인데 '기'를 주격으로 보고 '내가' 또는 '자신이'라고 새긴 것이 가장 큰 오역이다. 기를 주격으로 쓰는 경우는 거의 없고, 목적격 등 기타 격으로 쓰는 것이 일반적이다. 둘째: '불욕'을 '하고 싶지 않은' 또는 '원하지 않는'이라고 새기는데, 이것은 '불'을 '욕'의 보조동사로 보기 때문이다. 그러나 '불'은 '욕'의 보조동사가 아니라 구절에 명시되어 있지는 않지만 남이 나에게 하는 행동(결국 '소')의 보조동사로 보는 것이 합리적이라고 생각한다. 그러므로 '욕'은 '불'과 분리하여 '바란다'로 새기면 전체적으로 명료하게 해석이 될 것이다.

15-24.

子曰: "吾之於人也, 誰毀誰譽? 如有所譽者, 其有所
자왈　　오지어인야　　수훼수예　　여유소예자　　기유소

試矣! 斯民也, 三代之所以直道而行也."
시의　사민야　삼대지소이직도이행야

　15-24. 공자 가로되: "내가 다른 사람을 대하면서 폄훼하는 것이 누구며 칭찬하는 것이 누구더냐? 만약 내가 누구를 칭찬했다면, 아마도 그 사람을 시험한 바가 있어서가 아니겠느냐? 그런데 지금 이 백성들은 하·은·주 삼대를 서지면서 바른 도를 행하며 살아 온 사람들이다.

새김

· 吾之於人也(오지어인야): 내가 다른 사람을 대하면서. 지之는 주격조사.

· 誰毀誰譽(수훼수예): 내가 폄훼하는 것이 누군지 칭찬하는 것이 누군지를 너희는 보아서 알 것이라는 뜻.

· 如有所譽者, 其有所試矣(여유소예자, 기유소시의): 내가 누군가를 칭찬한다면, 그것은 이미 시험해 본 결과 칭찬할 만해서 칭찬하는 것이다.

· 斯民也, 三代之所以直道而行也(사민야, 삼대지소이직도이행야): 하·은·주 삼대를 바른 도를 행하며 살아온 이 백성들은 바탕이 일등 국민이므로 칭찬할 만하다. 그러므로 그들을 잘 다스리고 잘못 다스리고는 지도자에게 달렸다.

15-25

子曰: "吾猶及史之闕文也, 有馬者借人乘之, 今亡矣夫!"
자왈   오유급사지궐문야   유마자차입승지 금무의부

15-25. 공자 가로되: "사관들이 의심스러운 것은 함부로 적지 않고 차라리 비워두는 정의로움과 말 있는 자에게 말을 빌려 타는 정겨운 풍습을 내가 보고들을수도 있었는데, 지금은 그러한 것들이 조금도 남아 있지 아니하구나!"

새김

· 猶及(유급): 유급청견지猶及聽見之로 새겼다.

· 史之闕文(사지궐문): 사관이 의심스러운 것은 비워둔다는 뜻으로 새겼다.

· 有馬者借人乘之(유마자차입승지): 말 있는 사람에게 빌려 탄다는 뜻으로 새겼다.

· 今亡矣夫(금무의부): 지금은 전혀 없구나! 로 새겼다.

15-26
子曰: "巧言亂德, 小不忍則亂大謀."
자왈 교언란덕 소불인즉란대모

15-26. 공자 가로되: "교언으로 덕을 어지럽히고 조그만 것을 참지 못하면 커다란 계획을 그르친다."

15-27.
子曰: "衆惡之, 必察焉; 衆好之, 必察焉."
자왈 중오지 필찰언 중호지 필찰언

15-27. 공자 가라사대: "여러 사람이 그를 싫어하더라도 반드시 잘 살펴보아야 하고, 여러 사람이 그를 좋아하더라도 반드시 잘 살펴보아야 한다."

15-28
子曰: "人能弘道, 非道弘人."
자왈 인능홍도 비도홍인

15-28. 공자 가라사대: "사람은 능히 도를 넓힐 수 있지만, 도가 사람을 넓히는 것은 아니다."

새 김

· 人能弘道(인능홍도): 사람은 능히 기본적인 행동규범에서 한 걸음 더 나아가 덕과 군자 지도 그리고 성인지도로 넓혀서 행동할 수 있다.

・非道弘人(비도홍인): 도와 덕 그리고 군자 지도와 성인지도가 있다고 사람을 넓게 행동하도록 할 수 있는 것은 아니다.

15-29.

子曰: "過而不改, 是謂過矣."
자 왈　과 이 불 개　시 위 과 의

15-29. 공자 가라사대: "잘못을 저지르고도 고치지 않는 것, 그것이 바로 잘못이니라."

15-30.

子曰: "吾嘗終日不食, 終夜不寢以思, 無益, 不如學也."
자 왈　오 상 종 일 불 식　종 야 불 침 이 사　무 익　불 여 학 야

15-30. 공자 가로되: "내가 일찍이 종일 먹지도 않고, 밤새 자지도 않고 생각만 한 적이 있는데 별로 도움이 안 되더라. 역시 배우는 것만 못하더라."

15-31.

子曰: "君子謀道不謀食. 耕也, 餒在其中矣; 學也, 祿在其
자 왈　군 자 모 도 불 모 식　경 야　뇌 재 기 중 의　학 야　록 재 기

中矣. 君子憂道不憂貧."
중 의　군 자 우 도 불 우 빈

15-31. 공자 가로되: "군자는 도를 도모할 뿐, 밥을 도모하지 않는다. 농사를 짓더라도 굶주릴 수 있지만, 도를 도모하여 공부하면 녹봉을 받는 일이 그 가운데 있다. 군자는 도를 걱정해야지 가난을 걱정하지 않아야 한다."

15-32

子曰: "知及之, 仁不能守之, 雖得之, 必失之. 知及之, 仁能守之, 不莊以涖之, 則民不敬. 知及之, 仁能守之, 莊以涖之, 動之不以禮, 未善也."

15-32. 공자 가로되: "지적으로는 뒷받침이 되더라도 인으로 지켜낼 수 없으면, 비록 벼슬자리를 얻더라도 반드시 잃게 된다. 지적으로 뒷받침이 되고, 인으로 지켜낼 수 있어도 엄정함으로 임하지 않으면 백성들이 공경치 않을 것이요, 지적으로 뒷받침이 되고 인으로 지켜낼 수 있고 엄정하게 임할 수 있어도 예로써 처신하지 않으면 훌륭하다고는 할 수 없다."

15-33

子曰: "君子不可小知, 而可大受也; 小人不可大受, 而可小知也."

15-33. 공자 가라사대: "군자는 자잘한 것은 잘 몰라도 커다란 일은 맡을 수 있고, 소인은 큰일은 맡을 수 없어도 자잘한 것은 잘 안다."

15-34

子曰: "民之於仁也, 甚於水火. 水火, 吾見蹈而死者矣, 未
자왈   민지어인야   심어수화   수화 오견도이사자의   미

見蹈仁而死者也."
견도인이사자야

15-34. 공자 가로되: "백성들이 인에 의존함은 물과 불에 의존함보다 더 두텁다고 할 것이다. 그런데 나는 물과 불을 이용하다. 죽는 것은 보았으나, 아직 인을 실천하다 죽은 사람은 못 봤다."

새 김

· 民之於仁(민지어인): 백성들이 인에 의존함은.
· 甚於水火(심어수화): 물과 불에 의존함보다 더 두텁다.
· 蹈水火(도수화): 물과 불을 이용하다.
· 蹈仁(도인): 인을 실천하다.

15-35

子曰: "當仁, 不讓於師."
자왈 당인 불양어사

15-35. 공자 가라사대: "인을 실천하는 일에 당해서는 스승에게도 양보하지 마라."

15-36.

子曰: "君子貞而不諒."
자왈 군자정이불량

15-36. 공자 가로되: "군자는 정도를 걸을 뿐 고집스럽지 않아야 한다."

15-37.

子曰: "事君, 敬其事而後其食."
자왈 사군 경기사이후기식

15-37. 공자 가로되: "임금을 섬김에 그 섬기는 일을 공경스럽게 하고, 녹을 받는 일은 뒤로한다."

15-38.

子曰: "有敎無類."
자왈 유교무류

15-38. 공자 가라사대: "가르침만 있을 뿐, 부류에 따른 차별은 없어야 한다."

15-39.

子曰: "道不同, 不相爲謀."
자왈 도부동 불상위모

15-39. 공자 가라사대: "가는 길이 다르면, 그런 사람과는 서로 도모할 수 없다."

15-40.

子曰:"辭, 達而已矣."
자왈 사 달이이의

15-40. 공자 가로되: "말이란 뜻을 전달하는 것일 뿐이다."

15-41.

師冕見, 及階, 子曰:"階也." 及席, 子曰:"席也." 皆坐, 子
사면현 급계 자왈 계야 급석 자왈 석야 개좌 자

告之曰:"某在斯, 某在斯." 師冕出, 子張問曰:"與師言之
고지왈 모재사 모재사 사면출 자장문왈 여사언지

道與?" 子曰:"然. 固相師之道也."
도여 자왈 연 고상사지도야

15-41. 장님 악사면이 공자를 뵈러 와서 계단에 이르자, 공자 왈: "계단입니다." 앉을 자리에 이르면, 공자 왈: "앉을 자리입니다." 모두 자리에 앉자, 공자 면에게 알려 가로되: "아무개는 여기에 있고, 아무개는 여기에 있습니다." 악사면이 나가자 자장이 공자께 물어 가로되: "장님 악사에게 말하는 방법입니까?" 공자 왈: "그렇다. 원래 장님 악사를 돕는 방법이니라."

새 김

· 師冕見(사면현): 장님 악사면이 공자를 뵙다.
· 固(고): 원래, 본래.
· 相(상): 돕다.

季氏 第十六篇
(계씨 제십육편)

季氏 第十六篇
(계씨 제십육편)

「계씨」편은 다른 편들과는 달리 독특한 점이 많다. 먼저 앞에서는 공자 어록을 '자왈'로 시작하는 데 반해 본 편에서는 '공자 왈'로 시작한다. 그래서 '자왈'로 시작하는 자료는 공문 내 것으로, 이 '공자 왈'로 시작하는 자료는 공문 밖의 자료라고 추측하기도 한다. 그다음은 유독 숫자를 사용하여 설명하는 방식이 많다. 즉, 익자삼우, 손자삼우. 익자삼요, 손자삼요. 군자 유삼건. 군자 유삼계 등이 있다.

　이편의 주제는 다양하지만 제1-3장까지는 「팔일」편과 같이 삼환 특히 계씨의 참월과 비례를 질타하는 내용이 확실하다. 그 외의 장들은 다양한 주제로 구성되어 있다.

16-1.

季氏將伐顓臾. 冉有·季路見於孔子 曰: "季氏將有事於顓
계씨장벌전유   염유계로현어공자왈   계씨장유사어전

臾." 孔子曰: "求! 無乃爾是過與? 夫顓臾, 昔者先王以爲
유   공자왈   구 무내이시과여   부전유 석자선왕이위

東蒙主, 且在邦域之中矣, 是社稷之臣也. 何以伐爲?" 冉
동몽주 차재방역지중의   시사직지신야   하이벌위   염

有曰: "夫子欲之, 吾二臣者皆不欲也." 孔子曰: "求! 周任
유왈   부자욕지 오이신자개불욕야   공자왈   구 주임

有言曰: '陳力就列, 不能者止.' 危而不持, 顚而不扶, 則
유언왈   진력취열 불능자지   위이부지 전이불부 즉

將焉用彼相矣? 且爾言過矣. 虎兕出於柙, 龜玉毀於櫝
장언용피상의 차이언과의 호시출어합 귀옥훼어독

中, 是誰之過與?" 冉有曰: "今夫顓臾, 固而近於費. 今不
중 시수지과여   염유왈 금부전유 고이근어비 금불

取, 後世必爲子孫憂." 孔子曰: "求! 君子疾夫舍曰欲之 而
취 후세필위자손우   공자왈 구 군자질부사왈욕지 이

必爲之辭. 丘也聞有國有家者, 不患寡而患不均, 不患貧
필위지사 구야문유국유가자 불환과이환불균 불환빈

而患不安. 蓋均無貧, 和無寡, 安無傾. 夫如是, 故遠人不
이환불안 개균무빈 화무과 안무경 부여시 고원인불

服, 則脩文德以來之, 旣來之, 則安之. 今由與求也, 相夫
복 즉수문덕이래지 기래지 즉안지 금유여구야 상부

子, 遠人不服而不能來也, 邦分崩離析而不能守也, 而謀
자 원인불복이불능래야 방분붕리석이불능수야 이모

動干戈於邦內. 吾恐季孫之憂, 不在顓臾, 而在蕭牆之內
동간과어방내 오공계손지우 부재전유 이재소장지내

也."
야

16-1. 계씨가 전유국을 정벌하려고 했다. 염유와 계로가 공자를 뵙고 가로되: "계씨가 전유에서 장차 일을 벌이려고 합니다." 공자 왈: "구야! 그것은 너의 잘못이 아니냐? 저 전유는 옛날에 선왕(무왕,주공)께서 동몽산 산제의 제주로 삼으셨고, 또한 노나라의 영역안에 있으니, 그는 바로 우리 사직의 신하인데, 무엇 때문에 정벌하려 하느냐?" 염유 왈: "그분(계강자)께서 그렇게 하고자 하는 것이지, 저희 두 가신은 모두 그 일을 원치 않습니다." 공자 왈: "구야! 옛 사관인 주임이 한 말 중에 다음과 같은 말이 있다. '능력을 발휘하여 어떤 대열에 끼어도 잘할 수 없으면 그 일을 그만두어야 한다.' 위태로워도 받쳐 주지도 못하고 넘어지려는데 부축도 못 한다면, 그런 신하를 장차 어디에 쓰겠느냐? 또한 네 말이 잘못되었다. 호랑이와 코뿔소가 우리에서 뛰쳐나와 궤짝 안에 있던 거북껍질과 보옥을 부쉈다면 이것이 누구의 잘못이겠느냐?" 염유 왈: "지금 저 전유는 견고하고 비땅에서 가까우니, 지금 취하지 않는다면 훗날 반드시 자손의 근심거리가 될 것입니다." 공자 왈: "구야! 군자는 내가 하고 싶다고 솔직히 말하지 않고, 구태여 핑곗거리 만들려고 하는 것을 미워한다. 내가 듣기로는 나라를 가지거나(제후) 가家를 가진 자(대부)는 백성이 적은 것을 걱정하지 않고 분배가 고르지 않는 것을 걱정하며, 백성이 가난함을 걱정하지 않고 백성이 평안치 못한 것을 걱정한다. 대체로 균등하면 가난함이 없고, 화평하면 백성이 적지 않고, 평안하면 나라가 기우는 일이 없다. 대체로 이와 같으니, 먼 지방 사람들이 복속하지 않으면 스스로 문과 덕으로 수양해서 오도록 하고, 이미 왔으면 그 다음은 평안하게 해주어야 한다. 지금 유由와 구求는 계씨를 돕고 있으면서, 먼데 사람들이 복속하지 않아도 오게 하지 못하며, 나라가 갈라져 무너지고 흩어지고 깨져도 이를 지키지 못한다. 그러면서 나라 안에서 전쟁이나 일으키려고 하고 있으니. 나는 계손씨의 걱정거리가 전유에 있시 않고 계손씨의 담장 안에 있는 것이 아닌가 두렵다."

새 김

· 季氏(계씨): 계강자.
· 顓臾(전유): 노나라 안에 있던 부용국附庸國의 이름. 복희씨의 후예인 풍風씨의 나라라고 한다. 현재 산동성비현 서북쪽 80리 부근에 있는 전유촌顓臾村이 당시의 위치라고 한다. 부용국이란 사방 오십 리가 되지 못하는 작은 나라로서 천자의 조회에도 참석하지 못한다.
· 有事(유사): 전쟁을 일으키다.
· 東蒙主(동몽주): 동몽산의 제주祭主.
· 周任(주임): 옛날 유명했던 사관史官의 이름. 주왕조 대부의 이름이라는 설도 있다.
· 陳(진): 능력을 발휘하다, 펼치다.
· 列(열): 벼슬하는 사람들의 대열.
· 柙(합): 짐승을 가두는 우리.
· 櫝(독): 궤.
· 舍曰欲之(사왈욕지): 하고 싶다고 말하지 않는다.
· 必爲之辭(필위지사): 반드시 핑곗거리를 만들다.
· 謀動干戈(모동간과): 병력을 동원하여 전쟁을 일으키려고 꾸미다.
· 蕭牆之內(소장지내): 울타리 안, 집 안.

16-2.

孔子曰: "天下有道, 則禮樂征伐自天子出; 天下無道, 則禮樂征伐自諸侯出. 自諸侯出, 蓋十世希不失矣. 自大夫出, 五世希不失矣; 陪臣執國命, 三世希不失矣. 天下有道, 則政不在大夫; 天下有道, 則庶人不議."

16-2. 공자 왈: "천하에 도가 있으면 예악과 정벌에 관한 명령이 천자로부터 나오고, 천하에 도가 없으면 예악과 정벌에 관한 명이 제후에게서 나온다. 그 명이 제후에게서 나오면 대개 십 대 안에 망하지 않는 나라가 드물고, 대부로부터 나오면 다섯 세대 안에 망하지 않는 나라가 드물다. 배신이 정권을 행사하면 삼 세대 안에 망하지 않는 나라가 드물다. 천하에 도가 있으면 정치 권력이 대부에게 있지 않고, 천하에 도가 있으면 일반 서인들이 정치에 대하여 논란치 않는다."

새 김

- 禮樂征伐(예악정벌): 문화적·정치적·군사적 통치권
- 蓋(개): 대체로.
- 希不失(희불실): 지위를 잃지 않는 일이 드물다. '希'는 '稀'와 통함.
- 陪臣(배신): 가신.
- 國命(국명): 정권政權.

16-3.

孔子曰: "祿之去公室五世矣; 政逮於大夫四世矣. 故夫三桓之子孫微矣."

16-3. 공자 왈: "작록에 대한 권한이 공실을 떠난 지가 다섯 세대가 되었다. 정치 권력이 대부의 손아귀에 들어간 것이 네 세대가 되었다. 그러므로 삼환의 자손이 쇠미해질 것이다."

새김

- 公室(공실): 노나라 조정.
- 逮於大夫(체어대부): 대부에게 잡히다.

16-4.

孔子曰: "益者三友, 損者三友: 友直, 友諒, 友多聞, 益矣; 友便辟, 友善柔, 友便佞, 損矣."

16-4. 공자 왈: "유익한 세 종류 벗이 있고, 해로운 세 종류 벗이 있다. 바른 사람을 벗하고, 참된 사람을 벗하고, 견문이 넓은 사람을 벗하면 유익할 것이다. 그리고 치우치는 편인 사람을 벗하고, 줏대가 없는 사람을 벗하고, 말만 잘하는 편인 사람을 벗하면 손해가 된다."

16-5.

孔子曰: "益者三樂, 損者三樂: 樂節禮樂, 樂道人之善, 樂
공자왈　　익자삼요　손자삼요　요절예악　요도인지선　요

多賢友, 益矣; 樂驕樂, 樂佚遊, 樂宴樂, 損矣."
다현우　익의　요교락　요일유　요연락　손의

16-5. 공자 왈: "유익한 세 가지 즐김이 있고, 해가 되는 세 가지 즐김이 있다. 예악으로 절제함을 즐기고, 다른 사람 좋은 점을 칭찬하기를 즐기고, 현명한 벗이 많은 것을 즐기는 것은 유익하다. 방자한 환락을 즐기고, 흐리멍덩하게 허송세월 하는 것을 즐기고, 일신의 안락함만을 즐기는 것은 손해가 된다."

16-6.

孔子曰: "侍於君子有三愆: 言未及之而言, 謂之躁; 言及
공자왈　　시어군자유삼건　언미급지이언　위지조　언급

之而不言, 謂之隱; 未見顔色而言, 謂之瞽."
지이불언　위지은　미견안색이언　위지고

16-6. 공자 왈: "군주를 모시는 군자에게 세 가지 허물은 첫째 군주가 말하라 말씀하시기 전에 말하는 것은 조급하다고 일컫고, 둘째 군주가 말하라고 하는데도 말하지 않는 것은 감추는 것이라 일컫고, 셋째 군주의 안색을 살피지도 않고 마구 지껄이는 것은 눈뜬장님이라고 일컫는다."

새김

· 愆(건): 허물.

- 言未及之(언미급지): 군주가 한 말이 그것에 미치지 않다. 말하라고 말씀하시기 전에.
- 躁(조): 조급함.
- 瞽(고): 장님, 시각장애인.

16-7.

孔子曰: "君子有三戒: 少之時, 血氣未定, 戒之在色; 及其
공자왈   군자유삼계 소지시 혈기미정 계지재색 급기

壯也, 血氣方剛, 戒之在鬪; 及其老也, 血氣旣衰, 戒之在
장야 혈기방강 계지재투 급기로야 혈기기쇠 계지재

得."
득

16-7. 공자 왈: "군자에게는 세 가지 경계해야 할 것이 있다. 어릴 적에는 혈기가 아직 안정되지 않았으니 색을 경계해야 하며, 장년기가 되면 혈기가 바야흐로 굳세게 되어 싸움질을 경계해야 하며, 노년기가 되면 혈기가 쇠진하였으니 무엇을 얻고자 하는 욕심을 경계해야 한다."

16-8.

孔子曰: "君子有三畏: 畏天命, 畏大人, 畏聖人之言. 小人
공자왈   군자유삼외 외천명 외대인 외성인지언 소인

不知天命而不畏也, 狎大人, 侮聖人之言."
부지천명이불외야 압대인 모성인지언

16-8. 공자 왈: "군자에게는 경외해야 할 세 가지가 있다. 천명을 경외하고, 대인을 경외하고, 성인의 말씀을 경외한다. 소인은 천명을 알지 못

하니 경외하지 않고, 대인을 깔보며 성인의 말씀을 업신여긴다."

새김

· 天命(천명): 하늘의 명, 신의 명이라고 보아야겠지만, 현대적으로는 법을 말하는 것이리라.

· 大人(대인): 현대적으로는 직속 상사를 뜻할 것이다.

16-9.

孔子曰: "生而知之者上也, 學而知之者次也, 困而學之又
공자왈   생이지지자상야   학이지지자차야   곤이학지우

其次也; 困而不學, 民斯爲下矣."
기차야 곤이불학 민사위하의

16-9. 공자 왈: "자라면서 주위 사람을 보고 스스로 행동규범을 깨우치는 사람이 으뜸이고, 배워서 행동규범을 깨우치는 자가 버금간다. 곤경을 치르고 배워서 행동규범을 깨우치는 자가 다시 그다음 간다. 곤경을 치르고도 배워서 행동규범을 깨우치지 못하면, 그러한 백성은 최하등이 될 것이다."

새김

· 生而知之者(생이지지자): 자라면서 주위 사람을 보고 스스로 행동규범을 깨우치다.

· 民斯爲下矣(민사위하의): 백성이 이와 같으면 최하등급이 된다.

16-10.

孔子曰: "君子有九思: 視思明, 聽思聰, 色思溫, 貌思恭,
공자왈　　군자유구사　시사명　청사총　색사온　모사공

言思忠, 事思敬, 疑思問, 忿思難, 見得思義."
언사충　사사경　의사문　분사난　견득사의

16-10. 공자 왈: "군자는 아홉 가지를 생각해야 한다. 무엇을 볼 때는 분명하게 보려고 생각하고, 무엇을 들을 때는 똑똑하게 들으려고 생각하고, 얼굴빛은 항상 온화하게 하고자 생각하고, 외모는 항상 공경스럽게 하려고 생각하고, 말을 할 때는 충실하게 하고자 생각하고, 윗분을 모실 때는 항상 공경스럽게 하고자 생각하고, 의문이 생기면 누구에겐가 물어서 의문을 해소할 생각을 하고, 분노가 일면 닥치게 될 곤란한 사태를 생각하고, 이득이 생기면 의롭지 못한 것이 아닌가 생각하라."

16-11.

孔子曰: "見善如不及, 見不善如探湯, 吾見其人矣, 吾聞
공자왈　　견선여불급　　견불선여탐탕　　오견기인의　　오문

其語矣; 隱居以求其志, 行義以達其道, 吾聞其語矣, 未
기어의　 은거이구기지　 행의이달기도　　오문기어의　 미

見其人也."
견기인야

16-11. 공자 왈: "선을 보면 따라잡지 못할 것처럼, 불선을 보면 열탕에 손을 넣어 보듯 한다. 나는 그런 사람을 보기도 했고, 그런 사람이 있다는 것도 들었다. 은거함으로써 자기의 뜻을 고하였고, 의를 행함으로써 도를 통달한 사람이 있었다는 말은 들은 적이 있으나, 아직 보지는 못했다."

> **새 김**
>
> · 如探湯(여탐탕): 얼마나 뜨거운가 확인하기 위하여 손을 담가보다.

16-12.

齊景公有馬千駟, 死之日, 民無德而稱焉. 伯夷叔齊餓于
제경공유마천사 사지일 민무덕이칭언 백이숙제아우

首陽之下, 民到于今稱之. 其斯之謂與!
수양지하 민도우금칭지 기사지위여

16-12. 제나라 경공은 천대의 사두마차를 끄는 사천 마리의 말이 있었으나 죽는 날 사람들이 아무도 그의 덕을 칭송하지 않았다. 백이와 숙제는 수양산 아래서 굶어 죽었으나 사람들이 지금까지도 그들을 칭송한다. 아마도 그것(은거이구기지, 행의이달기도隱居以求其志, 行義以達其道)은 이것(백이숙제아우수양지하伯夷叔齊餓于首陽之下)을 일컫는 것이겠지?

16-13.

陳亢問於伯魚曰: "子亦有異聞乎?" 對曰: "未也. 嘗獨立,
진항문어백어왈 자역유이문호 대왈 미야 상독립

鯉趨而過庭. 曰: '學詩乎?' 對曰: '未也.' 不學詩, 無以言.'
이추이과정 왈 학시호 대왈 미야 불학시 무이언

鯉退而學詩. 他日又獨立, 鯉趨而過庭. 曰: '學禮乎?' 對
이퇴이학시 타일우독립 이추이과정 왈 학례호 대

曰: '未也.' '不學禮, 無以立.' 鯉退而學禮. 聞斯二者." 陳亢
왈 미야 불학례 무이립 리퇴이학례 문사이자 진항

退而喜曰: "問一得三. 聞詩, 聞禮, 又聞君子之遠其子也."
퇴이희왈 문일득삼 문시 문례 우문군자지원기자야

16-13. 진항이 공자의 아들 백어에게 물어 가로되: "선생께서는 역시 좀 특별한 것을 배우셨겠죠?" 대답해 가로되: "그런 것은 없었고요, 아버지께서 일찍이 홀로 서 계실 때 내가 빠른 걸음으로 뜰 앞을 지나가는데 말씀하시기를 '시를 배웠느냐?' 그래서 내가 대답하기를 '아직 못 배웠습니다.' 그러자 아버지께서 '시를 배우지 않으면, 말을 제대로 할 수가 없다.'고 하셨습니다. 나 이鯉는 물러가 시를 배웠습니다.' 다른 날 또 홀로 서 계실 때, 내가 빠른 걸음으로 뜰 앞을 지나가는데 말씀하시기를 '예를 배웠느냐?' 하시기에 내가 '아직 못 배웠습니다.' 하고 대답을 드리자, '예를 배우지 않으면 사회에 나아가도 설 방법이 없느니라.' 말씀하시기에 나 이는 물러가 예를 배웠습니다. 이 두 가지를 들었을 뿐입니다." 진항이 물러 나와 기뻐하면서 말하기를 "하나를 물었는데 세 가지를 들었다. 시가 중요하다는 것을 들었고, 예가 중요하다는 것을 들었으며, 또한 군자는 아들이라고 특별히 대하지 않는다는 것을 들었다."

새 김

- 陳亢(진항): 공자의 제자로서 자는 자금子禽. 자공의 제자라는 설도 있다.
- 伯魚(백어): 공자의 아들로서 이름은 이鯉.

16-14.

邦君之妻, 君稱之曰夫人, 夫人自稱曰小童; 邦人稱之曰
방 군 지 처 군 칭 지 왈 부 인 부 인 자 칭 왈 소 동   방 인 칭 지 왈

君夫人, 稱諸異邦曰寡小君; 異邦人稱之, 亦曰君夫人.
군 부 인 칭 제 이 방 왈 과 소 군   이 방 인 칭 지 역 왈 군 부 인

16-14. 나라 군주의 처를 군주가 부를 때는 부인이라고 하고, 부인이 스스로 칭할 때는 소동이라 한다. 그 나라 사람들이 칭할 때는 군부인,

그리고 다른 나라 사람들에게 자기 나라 군부인을 칭할 때는 과소군이라 한다. 다른 나라 사람들이 칭할 때는 역시 군부인이라고 한다.

陽貨 第十七篇
(양화 제십칠편)

陽貨 第十七篇
(양화 제십칠편)

「양화」라는 편명이 말해주듯 양화를 비롯한 공산불요와 필힐등 모반의 정치가들이 함께하고자 공자를 초빙하는데, 처음에는 가려는 듯했으나 결국 원래 뜻한 것이 아니므로 가지 않았다는 변명을 위한 만화 같은 사건들이 중심에 있고, 그 외에 잡다한 주제의 공자어록과 사제 간 문답들로 구성되어 있다.

17-1.

陽貨欲見孔子, 孔子不見, 歸孔子豚. 孔子時其亡也, 而往
양화욕견공자 공자불견 귀공자돈 공자시기무야 이왕

拜之, 遇諸塗. 謂孔子曰: "來! 予與爾言." 曰: "懷其寶而
배지 우제도 위공자왈 래 여여이언 왈 회기보이

迷其邦, 可謂仁乎?" 曰: "不可." "好從事而亟失時, 可謂
미기방 가위인호 왈 불가 호종사이기실시 가위

知乎?" 曰: "不可." "日月逝矣, 歲不我與." 孔子曰: "諾. 吾
지호 왈 불가 일월서의 세불아여 공자왈 낙 오

將仕矣."
장사의

17-1. 양화가 공자를 보고자 했으나, 공자가 찾아 가보지 않자, 양화는 공자가 집에 없는 때를 맞추어 삶은 돼지 한 마리를 보냈다. 공자는 이에 대한 답례 인사를 하지 않을 수 없는 처지라 역시 양화가 집에 없을 때를 맞추어 답례 인사를 하러 가다가 길에서 양화를 만났다. 양화는 공자를 향해 말했다: "어서 오시오, 내 그대와 이야기 좀 하려 하오." 그리고 묻기를: "보배 같은 재능을 가지고 있으면서 나라를 어지럽게 버려두는 것을 인하다고 일컬을 수 있겠소?" 이에 공자 왈: "그렇지 않습니다." "종사하고자 하면서도 자꾸 기회를 놓치는 것을 지혜롭다고 할 수 있겠소?" 공자 왈: "그렇지 않습니다." "날이 가고 달이 가면, 세월은 나와 함께 하지 않는다오!" 공자 왈: "알았습니다. 저도 앞으로 벼슬을 하겠습니다."

새 김

· 陽貨(양화): 양호陽虎라고도 부르는 계씨의 가신이었으나, 당시에는 노나라의 실권을 잡은 실권자였다.

- 歸(귀): 선물을 보내다. 궤饋와 통함.
- 時其亡(시기무): 그가 없는 때를 맞추어.
- 往拜之(왕배지): 가서 답례인사하다.
- 塗(도): 길. 도途와 통함.
- 亟(기): 자주.
- 逝(서): 가다.
- 不我與(불아여): 나와 함께 하지 않는다.

17-2.
子曰: "性相近也, 習相遠也."
자왈　성 상 근 야　습 상 원 야

17-2. 공자 가라사대: "사람이 타고 난 본성은 비슷하지만, 후천적 학습에 의하여 서로가 아주 멀어지게 된다."

17-3.
子曰: "唯上知與下愚不移."
자왈　유 상 지 여 하 우 불 이

17-3. 공자 가라사대: "오직 상지와 하우만은 쉽게 옮겨가지 않는다."

새 김
- 上知, 不移(상지, 불이): 아주 슬기로운 사람은 쉽게 반사회인이 되지 않는다.
- 下愚, 不移(하우, 불이): 아주 미련한 사람은 정상적인 사회인이 되기 어렵다.

17-4.

子之武城, 聞弦歌之聲. 夫子莞爾而 笑曰:"割雞焉用牛
자지무성 문현가지성 부자완이이 소왈 할계언용우

刀?"子游對曰:"昔者偃也聞諸夫子曰:'君子學道則愛
도   자유대왈   석자언야문제부자왈   군자학도즉애

人, 小人學道則易使也.'"子曰:"二三子! 偃之言是也. 前
인   소인학도즉이사야   자왈   이삼자 언지언시야   전

言戱之耳."
언희지이

17-4. 공자 무성에 가서, 현악기를 타고 노래 부르는 소리를 들었다. 공자는 빙그레 웃으며 말했다: "닭을 잡는데 어찌 소 잡는 칼을 쓰느냐?" 자유가 대답해 가로되: "예전에 언偃 제가 선생님께서, '군자는 도를 배우면 사람을 사랑하게 되고, 소인이 도를 배우면 부리기 쉽게 된다.'고 말씀하시는 것을 들었습니다." 공자 왈: "얘들아! 언의 말이 옳다. 조금 전에 내가 한 말은 농담이었을 뿐이다."

새 김

· 子游(자유): 공자의 제자로 성은 언言, 이름은 偃이며 자가 자유이다. 이때, 무성의 읍재로 있었다.

· 子之武城(자지무성): '之'는 가다. '무성武城'은 노나라 변경의 읍명.

· 莞爾(완이): 빙그레 웃는 모습.

· 戱之耳(희지이): 여기서 '이耳'는 '이이而已'와 통함. ~일 뿐이다.

17-5.

公山弗擾以費畔, 召, 子欲往. 子路不說, 曰:"末之也, 已, 何必公山氏之之也?" 子曰:"夫召我者, 而豈徒哉? 如有用我者, 吾其爲東周乎!"
공산불요이비반 소 자욕왕 자로불열 왈 말지야 이 하필공산씨지지야 자왈 부소아자 이기도재 여유 용아자 오기위동주호

17-5. 공산 불요가 비읍을 거점으로 모반하여 공자를 부르자, 공자는 공산불요에게 가담하고자 했다. 자로가 언짢아하면서 말했다: "갈 곳이 없으면 그만이지, 하필 공산씨에게 가려고 하십니까?" 공자 가로되: "대체 나를 부르는 자가 어찌 쓸데없이 그러겠느냐? 나를 써주는 사람이 있다면, 나는 정말 그 나라를 동쪽의 주나라로 만들 수 있을 텐데!"

새 김

· 公山弗擾(공산불요): 공산公山은 성이고 불요弗擾는 이름이다. 불뉴不狃라고도 한다. 계씨의 가신으로 비읍의 읍재이며, 양호와 함께 계환자를 잡아 가두기도했다.

· 畔(반): 반란을 일으키다. 반叛과 통함.

· 末之(말지): '말末'은 '무無'의 뜻, '지之'는 가다.

· 何必公山氏之之(하필공산씨지지): 하필지공산씨何必之公山氏의 도치문이다. 앞에 있는 '지之'는 구문이 도치되었을 때 쓰인 구조 조사, 뒤에 있는 '지之'는 '간다'는 뜻이다.

· 徒(도): 쓸데없다.

17-6.

子張問仁於孔子, 孔子曰:"能行五者於天下爲仁矣." "請
자장문인어공자 공자왈   능행오자어천하위인의   청

問之." 曰:"恭寬信敏惠. 恭則不侮, 寬則得衆, 信則人任
문지 왈   공관신민혜 공즉불모 관즉득중 신즉인임

焉, 敏則有功, 惠則足以使人."
언 민즉유공 혜즉족이사인

17-6. 자장이 공자에게 인에 대하여 물었다. 공자 왈: "천하에 능히 다섯 가지를 행할 수 있으면 인하게 된다." "그 다섯 가지를 청하여 묻습니다." 공자 왈: "공손·관대·신뢰·영민·은혜다. 공손하면 모욕당하지 않고, 관대하면 많은 사람을 얻고, 신뢰할 수 있으면 신임을 얻고, 영민하면 공적을 쌓고, 은혜로우면 족히 사람을 부릴 수 있다."

17-7.

佛肸召, 子欲往. 子路曰:"昔者, 由也聞諸夫子曰:'親於
필힐소 자욕왕 자로왈   석자 유야문제부자왈   친어

其身爲不善者, 君子不入也.' 佛肸以中牟畔, 子之往也如
기신위불선자 군자불입야   필힐이중모반 자지왕야여

之何?" 子曰:"然. 有是言也. 不曰:'堅乎磨而不磷'? 不
지하   자왈 연 유시언야 불왈   견호마이불린   불

曰:'白乎涅而不緇'? 吾豈匏瓜也哉! 焉能繫而不食?"
왈   백호날이불치   오기포과야재   언능계이불식

17-7. 진나라 중모 땅을 거점으로 모반한 필힐이 유랑 중이던 공자를 불렀다. 이에 공자는 가담하러 가려고 했다. 그러자 자로가 가로되: "예전에 저 유由가 선생님께서 '그 자신이 친히 불선을 행한 자들 틈에는 군

자가 들어가지 않는 법이다.' 고 말씀하시는 것을 들었는데, 부자께서는 중모읍을 거점삼아 모반을 한 필힐에게 가려 하시니 어찌 된 일입니까?" 공자 왈: "그렇다, 그렇게 말한 적이 있다. 그러나 갈아도 얇아지지 않는다면 단단하다고 하지 않겠느냐? 검은 물을 들여도 검어지지 않는다면 희다고 하지 않겠느냐? 그런데 나는 어찌 매달려만 있어 먹지도 못하는 그러한 바가지여야 하느냐?"

새김

· 佛肸(필힐): 진나라 대부 조간자의 식읍인 중모의 읍재, 조간자가 범范씨와 중행中行씨를 공격했을 때, 필힐은 중모를 거점으로 조간자에게 반기를 들었다.

· 親於其身(친어기신): 그 자신이 손수.

· 中牟(중모): 진나라 고을 이름.

· 磷(린): 얇아지다.

· 涅(날): 검은 물을 들이다. 본음은 '열'.

· 緇(치): 검은색.

· 匏瓜(포과): 바가지.

17-8.

子曰: "由也! 女聞六言六蔽矣乎?" 對曰: "未也." "居! 吾語女. 好仁不好學, 其蔽也愚; 好知不好學, 其蔽也蕩; 好信不好學, 其蔽也賊; 好直不好學, 其蔽也絞; 好勇不好學, 其蔽也亂; 好剛不好學, 其蔽也狂."

17-8. 공자 왈: "유(자로)야! 너는 육언과 육폐에 대하여 들은 적이 있느냐?" 자로 가로되: "아직 듣지 못했습니다." "거기 앉거라! 내 너에게 말해주겠다. 인을 좋아한다며 배우기를 좋아하지 않으면 어리석게 되는 폐단이 있고, 지를 좋아한다며 배우기를 좋아하지 않으면 제멋대로 하는 폐단이 있고, 신을 좋아한다며 배우기를 좋아하지 않으면 남을 해치게 되는 폐단이 있고, 직을 좋아한다며 배우기를 좋아하지 않으면 남을 숨 막히게 하는 폐단이 있고, 용을 좋아한다며 배우기를 좋아하지 않으면 그 행동에 일관성이 없는 폐단이 있고, 강을 좋아한다며 배우기를 좋아하지 않으면 경망스럽게 자기 목숨까지 거는 폐단이 있다."

새김

· 蔽(폐): 폐弊와 통함, 폐단.

· 好仁不好學(호인불호학): 인을 베풀 상대를 합리적으로 선별하지 못할 만큼 어리석게 된다.

· 好知不好學(호지불호학): 앎을 혼자 터득하였다고 헛된 자만심에 들떠 제멋대로 하게 된다.

· 好信不好學(호신불호학): 믿지 말아야 할 것을 믿어 남을 해치게 된다.

· 好直不好學(호직불호학): 남에게 지나친 올바름을 요구하여 남을 숨 막히게 한다.

· 好勇不好學(호용불호학): 용기 있게 불의를 광정하려 하지만 불의에 대한 판단이 일관성이 없어 무질서하게 된다.

· 好剛不好學(호강불호학): 지조를 지켜야 할 곳과 휠 곳을 제대로 분간치 못해 경망스럽게 자기 목숨까지 걸게 된다.

17-9.

子曰: "小子! 何莫學夫詩? 詩可以興, 可以觀, 可以群, 可
자왈   소자하막학부시   시가이흥   가이관   가이군 가

以怨. 邇之事父, 遠之事君; 多識於鳥獸草木之名."
이원   이지사부   원지사군   다식어조수초목지명

17-9. 공자 가라사대: "애들아! 너희들은 어째서 시를 배우고자 하지 않느냐? 시는 인간에 대한 관심을 흥기 시키고, 인간들이 사는 모습을 볼 수 있게 하며, 무리 지어 사는 법을 보여주고, 은유로 원망을 풀 수 있게 한다. 가까이는 어버이를 섬기는 도리를 알게 하며, 멀리는 임금을 섬기는 도리를 알게 하며, 새와 짐승 그리고 각종 풀과 나무의 이름도 많이 알게 한다."

17-10.

子謂伯魚曰: "女爲周南召南矣乎? 人而不爲周南召南, 其
자위백어왈   여위주남소남의호   인이불위주남소남   기

猶正牆面而立也與!"
유정장면이립야여

17-10. 공자가 아들 백어에게 일러 가로되: "너는 주남과 소남을 배우느냐? 사람이 주남과 소남을 배우지 않으면, 마치 담벼락을 마주 대하고 섰는 것과 같을 것이니라!"

새 김

· 伯魚(백어): 공자의 아들 리鯉의 자다.   · 爲(위): 배우다.

· 周南 · 召南(주남 · 소남): 「시경」 국풍의 앞머리 두 편의 편명. 주남은 11수, 소남은 14수.

17-11.

子曰: "禮云禮云, 玉帛云乎哉? 樂云樂云, 鐘鼓云乎哉?"
자왈   예운예운   옥백운호재   악운악운   종고운호재

17-11. 공자 왈: "예란 이러이러하다 또는 예란 이러이러하다 하더라도, 옥이나 비단과 같은 예물을 이르는 것이겠느냐? 악이란 이러이러하다 또는 악이란 이러이러하다고 하더라도, 그것이 어찌 종과 북 같은 악기를 이르는 것이겠느냐?"

새김

· 云(운): 이렇다 저렇다 말하는 것.
· 玉帛(옥백): 규장圭璋과 속백束帛. 의식의 예물로 쓴다.
· 鐘鼓(종고): 종과 북. 악기를 전반적으로 대표한다.

17-12.

子曰: "色厲而內荏, 譬諸小人, 其猶穿窬之盜也與!"
자왈   색려이내임 비제소인   기유천유지도야여

17-12. 공자 가로되: "겉으로는 근엄한 척하지만 속은 깨알 같은 사람을 소인에 비유해서, 아마도 벽을 뚫고 담을 넘는 도둑이라 해야겠지!"

새김

· 其(기): '기其~여與'는 '아마도~이겠지'라는 뜻이다.

17-13.
子曰: "鄉原德之賊也."
자 왈   향 원 덕 지 적 야

17-13. 공자 가로되: "향원은 덕의 적이다."

새 김

· 鄉原(향원): 한 지방의 터줏대감으로 소위 유지有志라는 사람들이다. 이들은 평소 두터운 인망으로 지방 사람들의 존경을 한 몸에 받는다. 그러나 그러한 향원들 가운데는 현재 상황에 만족하며 이를 계속 유지하고자, 어떠한 개선과 개혁도 적극적으로 막으며 더 나아가 이를 방해까지 하는 사람들이 있다. 「논어」에서 말하는 향원은 특히 이 같은 사람들을 가리킨다고 보아야 한다.

· 德之賊(덕지적): 진정한 베풂을 가로막는 적대 세력이다.

17-14.
子曰: "道聽而塗說, 德之棄也."
자 왈   도 청 이 도 설   덕 지 기 야

17-14. 공자 가라사대: "길에서 (덕에 대하여) 듣고, 길에서 그것을 떠드는 것은 덕행(베풂)을 포기하는 행동이다."

새 김

· 塗(도): 도途와 통함.

17-15.

子曰: "鄙夫, 可與事君也與哉? 其未得之也, 患得之; 既
자왈   비부 가여사군야여재   기미득지야   환득지 기

得之, 患失之. 苟患失之, 無所不至矣."
득지 환실지 구환실지   무소부지의

17-15. 공자 왈: "비열한 사람과 더불어 임금을 모실 수 있겠는가? 그런 사람은 그것을 얻지 못하였을 적에는 그것을 얻으려고 안달하고, 얻고 나면 잃을까 걱정한다. 진짜 잃을까 걱정하면 그때는 못 할 짓이 없게 된다."

새 김

· 鄙夫(비부): 비열한 사람.
· 可與(가여): '여與'는 함께하다.
· 與哉(여재): '여與'는 '여歟'와 통함.

17-16.

子曰: "古者, 民有三疾, 今也或是之亡也. 古之狂也肆, 今
자왈   고자 민유삼질 금야혹시지무야   고지광야사 금

之狂也蕩. 古之矜也廉, 今之矜也忿戾. 古之愚也直, 今
지광야탕 고지긍야렴 금지긍야분려   고지우야직 금

之愚也詐而已矣."
지우야사이이의

17-16. 공자 가라사대: "옛날 사람들은 세 가지 멋이라도 있었는데, 지금은 어쩌다 그런 것마저 없어져 버렸다. 옛날에 분방하고 호탕하다는 사람들은 강한 사람에게도 해야 할 말은 거리낌 없이 하였는데, 지금 분

방하고 호탕하다는 사람들은 누구에게나 무례하고 건방지기만 하다. 옛날에 자긍심이 강하다는 사람들은 검소하고 바르기도 했는데, 지금 자긍심이 강하다는 사람들은 화를 잘 내고 싸움질만 한다. 옛날에 어리석은 사람은 고지식하기라도 했는데, 지금 어리석은 사람은 남을 속이려고만 한다."

새 김

· 疾(질): 본 장에서 '질疾'에 대한 새김은 오랫동안 예외 없이 병폐, 폐단, 결점 등을 벗어나지 못하고 있다. 그와 같이 부정적으로 새겨서는 전체적으로 뜻이 통하지 않는다. 빠르다는 긍정적인 뜻이 있기는 하지만 뜻이 통하지 않기는 마찬가지다.

「관자」52편 7신 7주에 '오호미재, 성사질. 嗚呼美哉, 成事疾.'이라는 구절도 '疾'을 이렇게 부정적으로 새기거나 혹은 빠르다는 뜻으로 새기면 해석이 어렵게 된다. 그러니까 사람들이 궁여지책으로 '오호미재, 성사의. 嗚呼美哉, 盛事矣.'로 바꿔 해석하는 실정이다. 그러나 「논어」본장이나 「관자」52편의 '疾'을 아름다움, 훌륭함, 멋 등으로 새기면 오랫동안의 난제가 쉽게 풀릴 것이다.

'疾'의 어원을 살펴보면, 갑골문과 금문에는 (㐺)로 되어 있다. 즉 사람의 왼쪽 가슴에 화살이 빠르게 날아가 박히기 직전의 그림이다. 이것이 소전에는 (疒)로 바뀐다. 사람이 화살에 맞아 병들어 드러누웠다는 뜻의 그림이다. 그러니까 갑골문과 금문에 있는 (㐺)의 뜻에서 '빠르다.' 그리고 치명적 급소인 왼쪽 가슴을 명중시킨 훌륭한 솜씨라는 뜻에서 '훌륭함, 아름다움, 멋'이라는 뜻이 생겨났을 것으로 추정된다. 이스라엘의 왕 다윗이 어렸을 적에 구약성경에 나오는 불레셋의 거인 장수 골리앗을 돌팔매로 쓰러트린 영웅담 같은 것으로 그 의미를 연상할 수 있을 것이나.

그렇다면 「관자」의 '오호미재, 성사질. 嗚呼美哉, 成事疾'은 '아! 훌륭하도다. 앞으로 하실 일 멋지게 이루소서!' 정도가 될 것이다.

17-17.

子曰: "巧言令色, 鮮矣仁."
_{자왈　교언령색　선의인}

17-17. 공자 가로되: "말을 좋게 꾸며서 하고, 표정을 좋게 꾸미는 사람은 인한 품성이 적다."

17-18

子曰: "惡紫之奪朱也, 惡鄭聲之亂雅樂也, 惡利口之覆
_{자왈　오자지탈주야　오정성지난아악야　오이구지복}

邦家者."
_{방가자}

17-18. 공자 가로되: "간색인 자주색이 원색인 붉은색의 자리를 빼앗는 것이 밉다. 정나라 음악이 아악을 어지럽게 하는 것이 밉다. 그리고 말솜씨 좋은 사람들이 결국 나라를 무너뜨리는 것이 밉다."

> **새 김**
>
> · 鄭聲(정성): 정나라 음악. 음탕하였다고 한다.
> · 雅樂(아악): 정악正樂.
> · 利口(이구): 말을 잘한다.
> · 覆邦家(복방가): 나라를 무너뜨림.

17-19.

子曰: "予欲無言." 子貢曰: "子如不言, 則小子何述焉."
자왈   여욕무언   자공왈   자여불언   즉소자하술언

子曰: "天何言哉? 四時行焉, 百物生焉, 天何言哉?"
자왈   천하언재   사시행언   백물생언   천하언재

17-19. 공자 왈: "나는 이제 말이라는 것을 하고 싶지 않구나." 자공 가로되: "선생님께서 말씀을 하지 않으시면 저희가 무엇을 할 수 있겠습니까?" 자왈: "하늘이 무슨 말을 하더냐? 사계절이 바뀌고, 만물이 자라나는 것이 하늘이 무슨 말을 해서더냐?"

17-20.

孺悲欲見孔子, 孔子辭以疾. 將命者出戶, 取瑟而歌, 使之
유비욕현공자   공자사이질   장명자출호   취슬이가   사지

聞之.
문 지

17-20. 유비라는 사람이 공자를 뵙고자 했으나, 공자는 병을 핑계로 거절하였다. 심부름하는 사람이 문밖으로 나가자, 슬을 가져다 연주하며 노래를 불러서 밖에 있는 유비가 듣도록 하였다.

새 김

· 孺悲(유비): 노나라 사람이라고 하나 그의 행장은 기록이 없다. 다만 「예기」잡기편에 노나라 대부 휼유恤由가 죽자 애공이 유비를 공자에게 보내 사상례士喪禮를 배워오도록 했다는 기록이 있을 뿐이다.

· 將命者(장명자): 심부름하는 사람. 14-46 참조.

· 使之聞之(사지문지): '사使~으로 하여금 ~하게 하다. 앞 '지之'는 유비를 가리키는 지시대명사. 뒤 '지之'는 슬소리와 노랫소리를 가리킨다.

17-21.

宰我問: "三年之喪, 期已久矣. 君子三年不爲禮, 禮必壞;
재아문   삼년지상 기이구의 군자삼년불위례 례필괴

三年不爲樂, 樂必崩. 舊穀旣沒, 新穀旣升, 鑽燧改火, 期
삼년불위악 악필붕 구곡기몰 신곡기승 찬수개화 기

可已矣." 子曰: "食夫稻, 衣夫錦, 於女安乎?" 曰: "安." "女
가이의   자왈   식부도 의부금 어여안호   왈 안   여

安則爲之. 夫君子之居喪, 食旨不甘, 聞樂不樂, 居處不
안즉위지 부군자지거상 식지불감 문악불락 거처불

安, 故不爲也. 今女安, 則爲之." 宰我出, 子曰: "予之不仁
안 고불위야 금여안 즉위지   재아출 자왈 여지부인

也! 子生三年, 然後免於父母之懷. 夫三年之喪, 天下之通
야 자생삼년 연후면어부모지회 부삼년지상 천하지통

喪也. 予也有三年之愛於其父母乎?"
상야   여야유삼년지애어기부모호

17-21. 재아 여쭈었다: "삼년상은 일 년만으로도 아주 길다고 할 수 있지 않을까요? 군자가 삼 년 동안 예를 행하지 않으면 예가 반드시 깨지고, 삼 년 동안 음악을 익히지 않으면 음악도 반드시 무너질 것입니다. 일 년이면 묵은 곡식도 다 없어지고 새 곡식이 여물며, 계절마다 나무 종류를 바꿔 불을 일으키는 것도 일 년이면 다시 똑같은 나무 종류를 쓰게 됩니다. 그러므로 일 년이면 끝내도 될 것 같습니다." 이에 공자 가로되: "부모님이 돌아가신 지 일 년 후에 한마디로 쌀밥을 먹고, 비단옷을 입어도 너는 편하겠느냐?" 재아가 대답했다: "네 편할 것 같습니다."

공자 가로되: "대체로 군자가 거상 중에는 맛있는 것을 먹어도 맛있는 줄 모르고, 음악을 들어도 즐겁지 않으며, 좋은 처소에 있어도 편안치 않기 때문에 그렇게 하지 않는 것인데, 방금 네가 편안하다고 하니 그렇게 해라." 재아가 나가자 공자 가로되: "여(재아의 이름)는 인하지를 못하구나! 자식은 태어나서 삼 년이 지난 후에야 부모의 품을 떠날 수 있다. 대체로 삼년상이란 온 세상의 공통된 상례인 것을. 아마 여(재아의 이름)도 부모님에게 삼 년의 사랑은 받았겠지?"

새 김

- 期已久矣(기이구의): 만 1년만으로도 오랜 기간이다.
- 期可已矣(기가이의): 만 1년이면 끝내도 좋다.
- 新穀旣升(신곡기승): 새 곡식이 여물다.
- 鑽燧改火(찬수개화): 찬수는 나무에 구멍을 뚫어 마찰시키므로 불씨를 얻다. 개화는 계절마다 찬수하는 나무를 바꿔 쓰는데 일 년이 되면 다시 똑같은 나무를 써서 불을 얻는다.
- 旨(지): 맛있는 음식.
- 其父母乎(기부모호): '기其~호乎'는 '아마도 ~은 ~이 아니겠느냐?' 감탄 및 추측을 나타냄.

17-22.

子曰: "飽食終日, 無所用心, 難矣哉! 不有博奕者乎? 爲
자 왈   포식종일   무소용심   난의재   불유박혁자호   위

之, 猶賢乎已."
지   유현호이

17-22. 공자 가라사대: "배불리 먹고, 온종일 마음 쓰는 바 없으면 사

람 되기 어렵도다! 장기나 바둑이라는 것도 있지 않으냐? 그것이라도 하는 것이 아무것도 않는 것보다는 오히려 나을 것이다."

> **새김**
> - 難(난): 건전한 사람(군자) 되기 어렵다.
> - 爲之(위지): 장기나 바둑을 두다.
> - 猶賢乎已(유현호이): 아무것도 않는 것보다는 오히려 낫다.

17-23.
子路曰: "君子尙勇乎?" 子曰: "君子義以爲上. 君子有勇
자로왈   군자상용호   자왈   군자의이위상   군자유용

而無義爲亂; 小人有勇而無義爲盜."
이무의위란   소인유용이무의위도

17-23. 자로가 여쭈었다: "군자도 용맹을 숭상해야 합니까?" 공자가 라사대: "군자는 의를 으뜸으로 삼아야 한다. 군자가 용맹스러우면서 의롭지 못하면 난리를 일으키고, 소인이 용맹스러우면서 의롭지 못하면 도둑놈이 될 것이다."

> **새김**
> - 尙(상): 숭상하다.
> - 義以爲上(의이위상): 의를 으뜸으로 삼다.

17-24.

子貢曰: "君子亦有惡乎?" 子曰: "有惡. 惡稱人之惡者, 惡
자공왈   군자역유오호   자왈   유오 오칭인지악자 오

居下流而訕上者, 惡勇而無禮者, 惡果敢而窒者." 曰: "賜
거하류이산상자   오용이무례자   오과감이질자   왈   사

也亦有惡乎?" "惡徼以爲知者, 惡不孫以爲勇者, 惡訐以
야역유오호   오요이위지자   오불손이위용자   오알이

爲直者."
위직자

17-24. 자공이 여쭈었다: "군자도 미워하는 것이 있습니까?" 공자가 라사대: "미워하는 것이 있지, 남의 나쁜 점을 말하는 자를 미워하고, 아래 지위에 있으면서 윗사람을 비방하는 자를 미워하고, 용감하지만 무례한 자를 미워하고, 과감하지만 융통성 없이 꽉 막힌 자를 미워한다." 그리고 말하기를: "사(자공)야! 너도 미워하는 것이 있느냐?" 자공 왈: "남의 것을 표절하여 자기의 지식으로 생각하는 놈을 미워하고, 불손함을 용기로 여기는 놈을 미워하고, 남의 비밀을 폭로하는 것을 바르다고 여기는 놈을 미워합니다."

새김

· 稱人之惡(칭인지악): 다른 사람의 단점을 떠들어 대다.

· 居下流訕上者(거하류산상자): 아랫자리에 있으면서 윗사람을 비방하다.

· 徼以爲知(요이위지): 남의 것을 표절하여 자기의 지식으로 생각하다.

· 訐(알): 남의 비밀을 들추어냄

17-25.

子曰: "唯女子與小人, 爲難養也. 近之則不孫, 遠之則怨."
자왈 유녀자여소인 위난양야 근지즉불손 원지즉원

17-25. 공자 가로되: "여자와 소인은 따르게 하기가 어렵다. 가까이하면 불손하고 멀리하면 원망한다."

새 김

· 養(양): 따르게 하다.

17-26.

子曰: "年四十而見惡焉, 其終也已."
자왈 년사십이견오언 기종야이

17-26. 공자 가라사대: "나이 사십에도 사람들에게 미움을 받으면, 아마도 인생의 끝장이라고 해야겠지!"

새 김

· 見惡(견오): 미움을 받다.
· 其終也已(기종야이): 여기서 '기其'는 추측과 감탄의 어기사로 보아야 한다.

微子 第十八篇
(미자 제십팔편)

微子 第十八篇
(미자 제십팔편)

제3장에서 7장까지는 허구일 것이며, 나머지 장에 등장하는 인물은 대개 많은 사람의 추앙을 받는 인물들이지만, 오직 공자의 성인화 작업을 위하여 도구로서 등장시켰을 뿐이다. 적어도 공자는 여기에 등장하는 인물들과 동급이거나, 더 나아가 그들을 뛰어넘는 성인임을 은연중에 내세우고자 할 따름이다.

18-1.

微子去之, 箕子爲之奴, 比干諫而死. 孔子曰: "殷有三仁
미자거지 기자위지노 비간간이사 공자왈   은유삼인

焉."
언

18-1. 미자는 떠났고, 기자는 종이 되었고, 비간은 간하다가 죽었다.
공자 왈: "은나라에는 인한 사람이 셋 있었다."

새 김

· 微子(미자): 은나라 마지막 임금인 주왕의 서형, 이름은 계啓, 주왕에게 여러 번 간했으나 듣지 아니하자 은나라를 떠났다.

· 箕子(기자): 은나라 주왕의 숙부로서 이름은 서여胥餘, 주왕에게 여러 번 간하다가 잡혀 종노릇을 하였다고 한다.

· 比干(비간): 주왕의 숙부로서 여러 번 간하다가 죽었다.

18-2.

柳下惠爲士師, 三黜. 人曰: "子未可以去乎?" 曰: "直道而
유하혜위사사 삼출 인왈 자미가이거호   왈   직도이

事人, 焉往而不三黜? 枉道而事人, 何必去父母之邦?"
사인 언왕이불삼출   왕도이사인   하필거부모지방

18-2. 유하혜는 형벌을 관장하는 사사가 되었다가 세 번 모두 쫓겨났다. 어떤 사람이 말하기를: "선생께서는 아직도 이 나라를 안 떠나셨습니까?" 유하혜 왈: "곧은 방법으로 임금을 섬기다 보면, 어디에 간들 세 번 쯤은 쫓겨나지 않을까요? 그리고 구부러진 방법으로 임금을 섬기려면, 구태여 부모의 나라를 떠날 필요가 있겠습니까?"

18-3.

齊景公待孔子曰: "若季氏, 則吾不能. 以季孟之間待之."
_{제 경 공 대 공 자 왈   약 계 씨 즉 오 불 능   이 계 맹 지 간 대 지}

曰: "吾老矣, 不能用也." 孔子行.
_{왈   오 로 의   불 능 용 야   공 자 행}

18-3. 제나라 경공이 공자의 대우에 대하여 말하기를: "계씨와 같은 수준으로는 내가 할 수 없지만, 계씨와 맹씨 중간 수준으로는 대우하겠다." 얼마 후에 다시 말하기를: "내가 늙었구나, 당신을 기용할 수 없으니." 공자가 떠났다.

새 김

· 若季氏(약계씨): 계씨와 같게, 계씨와 같은 수준으로.
· 以季孟之間(이계맹지간): 계씨와 맹씨 중간 수준으로.

18-4.

齊人歸女樂, 季桓子受之, 三日不朝. 孔子行.
_{제 인 귀 녀 악   계 환 자 수 지   삼 일 부 조   공 자 행}

18-4. 제나라 사람들이 여자 악인을 보내왔다. 계환자가 이를 받고 사흘이나 조회도 하지 않았다. 공자는 노나라를 떠났다.

새 김

· 歸(귀): 선물을 보내다. 궤饋와 통함.
· 季桓子(계환자): 노나라의 대부이며 실력자, 이름은 사斯.
· 不朝(부조): 조회를 열지 않는다. 정사를 돌보지 않는다.

> 꼽아 봄
- 이 구절을 역사적 사실로 믿는 사람은 거의 없을 것이다.

18-5.

楚狂接輿歌而過孔子曰: "鳳兮鳳兮! 何德之衰? 往者不
초 광 접 여 가 이 과 공 자 왈   봉 혜 봉 혜   하 덕 지 쇠   왕 자 불

可諫, 來者猶可追. 已而! 已而! 今之從政者殆而!" 孔子下,
가 간 래 자 유 가 추 이 이 이 이 금 지 종 정 자 태 이   공 자 하

欲與之言, 趨而辟之, 不得與之言.
욕 여 지 언 추 이 피 지 부 득 여 지 언

18-5. 초나라 광인이 수레에 다가와 노래를 부르며 공자 곁을 지나갔다: "봉황이여! 봉황이여! 어진 사람이 어찌 그리 추레한가? 지나간 일은 탓해도 소용없지만, 앞으로 올 일은 똑바로 쫓아갈 수 있는 것. 아서라! 아서라! 지금 정치에 종사하는 것은 위태롭도다!" 공자는 수레에서 내려 그와 함께 이야기하고자 했으나, 그가 빠른 걸음으로 피해버려 그와 함께 이야기하지 못했다.

> 새김
- 接輿(접여): 수레에 다가오다.
- 鳳兮(봉혜): 봉황이여! 공자를 비유한 것으로 보인다.
- 下(하): 수레에서 내리다.
- 趨(추): 빠른 걸음.
- 辟(피): 피하다. 피避와 통함.

18-6.

長沮·桀溺耦而耕, 孔子過之, 使子路問津焉. 長沮曰:"夫執輿者爲誰?"子路曰:"爲孔丘."曰:"是魯孔丘與?"曰:"是也."曰:"是知津矣."問於桀溺, 桀溺曰:"子爲誰?"曰:"爲仲由."曰:"是魯孔丘之徒與?"對曰:"然."曰:"滔滔者天下皆是也, 而誰以易之? 且而與其從辟人之士也, 豈若從辟世之士哉?" 耰而不輟. 子路行以告, 夫子憮然曰:"鳥獸不可與同群, 吾非斯人之徒與而誰與? 天下有道, 丘不與易也."

18-6. 장저와 걸닉이 나란히 함께 밭을 갈고 있었는데, 공자가 그들 앞을 지나가게 되었다. 수레를 멈추고 자로에게 나루가 어디인지를 묻게 하였다. 장저 왈: "저기 수레 고삐를 잡고 있는 사람이 누구요?" 자로 왈: "공구라는 분이십니다." 장저 왈: "저 사람이 노나라의 공구요?" 자로 왈: "그렇습니다." 장저 왈: "그렇다면 나루가 어딘지 알 것이요." 그래서 자로는 걸닉에게 다시 물었다. 걸닉 왈: "선생은 뉘시오?" 자로 왈: "중유라는 사람입니다." 걸닉 왈: "그러면 노나라 공구의 제자들입니까?" 자로 대왈: "그렇습니다." 걸닉 왈: "천하의 모든 것이 다 도도하게 흘러가는데, 누가 이걸 바꿀 수 있냐고 생각하시오? 또한 선생도 사람을 피해 다니는 선비를 따르느니, 세상을 피해 사는 선비를 따르는 것이 더 낫

지 않겠소?" 그리고는 밭 갈기를 그치지 않았다. 자로가 돌아가서 그대로 여쭈었다. 부자는 한동안 멍하니 있다가 말하기를: "조수와 함께 살 수는 없는데! 내가 이 같은 사람의 무리와 더불어 하지 않는다면 누구와 더불어 하겠느냐? 만일 천하에 도가 있다면, 내가 너희들과 더불어 세상을 바꾸려 하지는 않았을 것이다."

새 김

- 長沮·桀溺(장저·걸익): 본명대신 사용되는 호칭이라고 생각된다.
- 耦(우): 두 사람이 함께 짝을 이루어 밭을 가는 방식이라고 생각한다.
- 執輿(집여): 수레의 고삐를 잡음.
- 知津(지진): 모르는 것이 없는 사람이므로 당연히 나루터도 알 것이다. 비꼬는 말일것이다.
- 誰以易之(수이역지): 누가 이런 상황을 바꿀 수 있다고 생각하시오?
- 且而(차이): 여기서 '이而'는 '너'라는 뜻.
- 與其(여기)A 豈若(기약)B : 이 구절은 '여기A녕B'와 같이 'A보다는 B가 낫다'는 뜻이다. 이것을 'A가 아니라 B 하는 것이 어떻겠소?'라고 해석하는 것은 자연스럽지 않다. 이 구절을 원문대로 엄격히 해석하자면 'A와 비교하여 B가 어찌 같다고 할 수 있겠소?'가 될 것이다.
- 耰(우): 농기구인 곰방메 또는 씨를 뿌리고 덮는 일.
- 輟(철): 그치다.
- 憮然(무연): 멍하니.
- 丘不與易也(구불여역야): 여기서 '여與'는 '더불어'의 뜻이다.

18-7.

子路從而後, 遇丈人, 以杖荷蓧. 子路問曰:"子見夫子
자로종이후 우장인   이장하조   자로문왈   자현부자

乎?"丈人曰:"四體不勤, 五穀不分, 孰爲夫子?"植其杖
호   장인왈   사체불근   오곡불분   숙위부자   치기장

而芸. 子路拱而立. 止子路宿, 殺鷄爲黍而食之, 見其二
이운 자로공이립   지자로숙   살계위서이사지   현기이

子焉. 明日, 子路行以告. 子曰:"隱者也."使子路反見之.
자언   명일 자로행이고 자왈   은자야   사자로반현지

至, 則行矣. 子路曰:"不仕無義. 長幼之節, 不可廢也, 君
지   즉행의   자로왈   불사무의   장유지절   불가폐야   군

臣之義, 如之何其廢之? 欲潔其身, 而亂大倫. 君子之仕
신지의   여지하기폐지   욕결기신   이란대륜   군자지사

也, 行其義也. 道之不行, 已知之矣."
야   행기의야   도지불행   이지지의

18-7. 자로가 공자 일행을 따라가다가 뒤쳐졌는데, 삼태기를 지팡이에 걸어 어깨에 메고 오는 한 노인을 만났다. 자로가 그 노인에게 물었다: "노인께서는 우리 선생님을 보셨습니까?" 장인 왈: "사지를 부지런히 움직이지도 않고, 오곡도 제대로 분간하지 못할 것 같은 사람이던데 누구를 선생이라 하시오?" 그리고 지팡이를 땅에 꽂아 놓고 김을 맬 뿐이였다. 자로는 공경하는 마음으로 두 손을 맞잡고 서 있었다. 그러자 그 노인은 자로를 머물게 하고 자기 집에서 묵게 하며, 닭을 잡고 기장 밥을 지어 먹게 하고 자기의 두 아들로 하여금 자로를 뵙게 하였다. 다음 날 자로는 떠나와서 공자를 뵙고 그 상황을 아뢰었다. 공자 왈: "은자로다." 자로를 되돌아가서 다시 뵙도록 하였다. 자로가 도착해보니 그 노인은 어딘가로 떠나고 없었다. 자로는 그 노인의 두 아들에게 이렇게 말했다: "은둔하고 벼슬하지 않는 것은 의로운 일이 아닙니다. 장유간의 범

절도 폐할 수 없는 것인데, 하물며 군신간의 의를 어떻게 폐할 수 있겠습니까? 자기 몸 하나 깨끗이 지키려다 나라의 큰 대륜을 어지럽힐 수 있습니다. 군자의 등사登仕는 바로 그 의를 행하는 것입니다. 도가 잘 행해지지 않음을 이미 잘 알기는 하지만(그렇다고 은둔만 할 수는 없지요.)"

새 김

· 從而後(종이후): 따르다가 뒤처지다.
· 丈人(장인): 어르신, 노인.
· 荷蓧(하조): 삼태기를 짊어지다.
· 植(치): 세우다, 꽂다.
· 芸(운): 김매다.
· 拱(공): 두 손을 마주 잡다.
· 止(지): 머물게 하다.
· 爲黍(위서): 기장으로 밥을 짓다.
· 反(반): 반返과 통함.
· 行(행): 어디로 떠나다.

18-8.

逸民: 伯夷·叔齊·虞仲·夷逸. 朱張: 柳下惠·少連. 子曰:
일민 백이 숙제 우중 이일 주장 류하혜 소련 자왈

"不降其志, 不辱其身, 伯夷·叔齊與!" 謂柳下惠·少連,
 불강기지 불욕기신 백이 숙제여 위류하혜 소련

"降志辱身矣. 言中倫, 行中慮, 其斯而已矣!" 謂虞仲·夷逸,
 강지욕신의 언중륜 행중려 기사이이의   위우중 이일

"隱居放言, 身中淸, 廢中權. 我則異於是, 無可無不可."
 은거방언 신중청 폐중권 아즉이어시 무가무불가

18-8. 달아나 숨어서 지낸 뛰어난 인물로는 백이·숙제·우중·이일 그리고 뜻을 굽힌 듯 속이며 산 사람으로는 유하혜와 소련이 있다. 공자 왈: "아마도 뜻을 굽히지 않고 몸을 욕되게 하지 않은 사람은 백이와 숙제가 아니겠느냐?" 또 유하혜와 소련을 일컬어: "뜻을 굽히고 몸을 욕되게 하였으나 말이 윤리에 들어맞고, 행동이 사려 깊었던 사람은 아마도 이 사람들뿐일 것이니라!" 그리고 우중과 이 일을 일컬어: "숨어 살면서 말도 하지 않고, 몸가짐을 깨끗하게 하고 그만두는 것도 권도에 들어맞았다. 그러나 나는 이들과는 달리 꼭 이래야 한다는 것도 없고, 이러면 안 된다는 것도 없다."

새김

· 逸民(일민): 달아나 숨어 지내는 뛰어난 사람.

· 虞仲(우중): 중옹仲雍, 주나라 태왕 고공단보의 둘째아들, 주나라 문왕文王의 둘째 큰아버지다. 셋째 아들 계력에게 왕위를 물려주도록 형 태백과 함께 남쪽 형만荊蠻으로 피해버렸다.

· 夷逸(이일): 신상에 관한 자세한 정보가 없다.

· 朱張(주장): 인명이 아니고 '주장佅張'의 뜻으로 새겼다. 속뜻을 감추고 산 사람이란 뜻.

· 少連(소련):「예기」잡기 하편에 이름이 보인다. 거상을 훌륭히 치렀다고 한다.

· 其斯而已矣(기사이의의): '기其'는 아마도 '사斯'는 유하혜와 이 일을 가리킴 '이已'는 뿐이리라!

· 放言(방언): 세속적인 말을 하지 않다. '방放'은 방기放棄의 뜻.

· 無可無不可(무가무불가): 영원불변하게 옳은 것도 없고, 영원불변하게 옳지 않은 것도 없다

18-9.

大師摯適齊, 亞飯干適楚, 三飯繚適蔡, 四飯缺適秦, 鼓
태사지적제 아반간적초   삼반요적채   사반결적진 고

方叔入於河, 播鼗武入於漢, 少師陽·擊磬襄入於海.
방숙입어하 파도무입어한   소사양   격경양입어해

18-9. (주나라 안의 정쟁으로 왕실 전속 악단이 해체되어 악관들이 사방으로 흩어졌다. 「좌전」 소공22, 26년) 태사지는 제나라로 갔고, 아반간은 초나라, 삼반요는 채나라, 사반결은 진나라, 북을 치는 방숙은 하내로, 소고를 흔드는 무는 한중으로, 소사양과 경쇠를 치던 양은 바다 건너 섬으로 갔다.

새김

· 大師摯(태사지): 태사大師는 악관의 장, 지는 이름. 8-15에 보면 공자가 태사지에게 음악을 배운 듯하다.

· 亞飯·三飯·四飯(아반·삼반·사반): 연회에서 순서에 따른 연주 음악의 악관 명인 듯.

· 干·繚·缺(간·요·결): 악사 이름.

· 播鼗(파도): 작은 소북을 흔들어 연주하는 것.

· 少師(소사): 악관장의 보조.

· 海(해): 섬.

18-10.

周公謂魯公曰: "君子不施其親, 不使大臣怨乎不以, 故舊
주공위노공왈   군자불시기친   불사대신원호불이 고구

無大故 則不棄也, 無求備於一人."
무대고 즉불기야   무구비어일인

18-10. 주공이 노나라의 제후로 부임해 가는 아들 백금에게 일러 말했다: "군주는 가까운 자기 친척을 버리지 않으며, 대신들이 자기를 써주지 않는다고 원망하지 않도록 하며, 원로 신하들은 큰 잘못이 없으면 버리지 말고, 한 사람에게 모두 갖추기를 요구하지 마라."

새 김

· 魯公(노공): 주공의 아들 백금伯禽.
· 不施其親(불시기친): 여기서 '施'는 버리다.
· 怨乎不以(원호불이): 여기서 '以'는 바지사장을 만들지 않는다는 뜻이다.
· 故舊(고구): 원로대신.
· 大故(대고): 큰 사고.

18-11.

周有八士: 伯達·伯适·仲突·仲忽·叔夜·叔夏·季隨·季騧.
주유팔사 백달 백괄 중돌 중홀 숙야 숙하 계수 계왜

18-11. 주나라에 여덟 선비가 있었다: 백달과 백괄, 중돌과 중홀, 숙야와 숙하, 계주와 계와다.

子張 第十九篇
(자장 제십구편)

子張 第十九 篇
(자장 제십구편)

　실제로 「논어」라는 서물에 담길 내용은 이편을 끝으로 모두 마무리된다고 보아야 할 것이다. 제자들의 어록과 대화록만으로 「논어」라는 공자 성인화 작업의 노작인 대하 서사시의 끝이 보인다. 자장이 3개 장으로 서막을 열고, 자하 11개장, 자유 3개장, 증삼 4개장 그리고 다섯 제자 가운데 대 선배인 자공이 6개 장으로 대단원의 막을 내린다. 자하가 가장 많은 장을 차지한 것은 아무래도 학문적으로 가장 성공했다고 보았기 때문일 것이다.

19-1.

子張曰: "士見危致命, 見得思義, 祭思敬, 喪思哀, 其可已
자장왈   사견위치명   견득사의   제사경   상사애   기가이

矣."
의

19-1. 자장 가로되: "선비는 의로움이 위험에 처한 것을 보면 신명을 바쳐 막아야 한다. 이득이 눈에 보이면 그것이 의로운 것인가를 생각해야 한다. 제사를 지낼 때는 귀신에게 공경스러워야 하는 것만을 생각하고, 상을 당하면 슬픔만을 생각한다. 그 정도면 아마 선비라고는 할 수 있을 것이다."

새 김

· 見危(견위): '나라가 위험에 처한 것을 보면.' 보다는 '의로움이 위험에 처한 것을 보면'의 뜻이 강하다.

19-2.

子張曰: "執德不弘, 信道不篤, 焉能爲有? 焉能爲亡?"
자장왈   집덕불홍   신도부독   언능위유   언능위무

19-2. 자장 가로되: "덕을 잡고는 있으나 널리 행하지 못하고, 행동규범에 대한 준수 의지가 독실하지 않다면, 이런 사람은 도와 덕을 지녔다고 해야 할까? 지니지 않았다고 해야 할까?"

19-3.

子夏之門人問交於子張. 子張曰:"子夏云何?" 對曰:"子
夏曰:'可者與之, 其不可者拒之.'" 子張曰:"異乎吾所聞.
君子尊賢而容衆, 嘉善而矜不能. 我之大賢與, 於人何所
不容? 我之不賢與, 人將拒我, 如之何其拒人也?"

19-3. 자하문인이 사귐에 대하여 자장에게 물었다. 자장 가로되: "자하께서는 무어라 하시더냐?" 자하문인이 대답해 가로되: "자하께서 이르시기를: '괜찮은 사람과는 함께하고, 그렇지 않은 사람은 거절하라.' 하셨습니다." 자장 가로되: "내가 스승님께 들은 바와는 다르구나. 군자는 현인을 존경하되 그렇지 못한 많은 사람도 포용하고, 훌륭한 사람을 칭찬하되 능력 없는 사람도 아낀다고 하였다. 만약 내가 크게 현명하다면, 다른 사람들이 나를 용납하지 못할 바가 어디 있겠으며, 만약 내가 현명하지 못하다면 사람들이 먼저 나를 거절할 것이니, 내가 어떻게 그와 같이 사람을 거절할 수 있겠느냐?"

새 김

· 我之大賢與(아지대현여): 조건절이다. 여기서 '여與'는 ~ 이라면, ~을 하여 한다면.

· 於人何所不容(어인하소불용): 다른 사람에게 내가 받아들여지지 못할 바가 무엇이냐?

· 如之何其拒人也(여지하기거인야): 어떻게 그와 같이 사람을 거절할 수 있겠느냐?

19-4.

子夏曰: "雖小道, 必有可觀者焉, 致遠恐泥, 是以君子不
자하왈   수소도   필유가관자언   치원공니   시이군자불

爲也."
위야

19-4. 자하 가로되: "비록 작은 도라 하더라도 반드시 볼만한 점이 있기는 하다. 그러나 위대한 이상적 공동체를 이루는 데 방해가 될까 두렵다. 그래서 군자는 작은 도를 힘써 꾀하지 않는다."

새 김

· 小道(소도): 하안은 이단異端, 형병은 이단지설과 백가어百家語, 황간은 제자백가지서 그리고 주희는 농포의복지속農圃醫卜之屬이라고 했다. 나는 '가족주의' 라고 본다.

· 致遠(치원): 멀지만, 이상적인 공동체를 이루다.

· 恐泥(공니): 방해가 될까 두렵다.

19-5.

子夏曰: "日知其所亡, 月無忘其所能, 可謂好學也已矣."
자하왈   일지기소무   월무망기소능   가위호학야이의

19-5. 자하 가로되: "자기가 모르던 것을 날마다 알아 가고, 자기가 능하던 것을 달이 지나도 잊지 않으면 가히 호학한다고 일컬을 만 하다."

19-6.
子夏曰: "博學而篤志, 切問而近思, 仁在其中矣."
자하왈   박학이독지   절문이근사   인재기중의

19-6. 자하 가로되: "널리 배우고 자기의 뜻을 두텁게, 절실하게 묻고 가까운 것에서 사유하라. 그리하면 인이 그 가운데 있다."

19-7.
子夏曰: "百工居肆以成其事, 君子學以致其道."
자하왈   백공거사이성기사   군자학이치기도

19-7. 자하 가로되: "장인은 공방에 거居하면서 일을 완성하고, 군자는 배움으로써 도에 다다른다."

19-8.
子夏曰: "小人之過也必文."
자하왈   소인지과야필문

19-8. 자하 가로되: "소인들의 허물은 허물이 있으면 반드시 꾸며서 덮으려고 하는 것이다."

19-9.
子夏曰: "君子有三變: 望之儼然, 卽之也溫, 聽其言也厲."
자하왈   군자유삼변   망지엄연   즉지야온   청기언야려

19-9. 자하 가로되: "군자는 세 가지 변함이 있다. 멀리서 보면 엄숙해 보이고, 가까이 다가가면 온화하게 느껴지며, 하는 말을 들으면 엄정하다."

19-10

子夏曰: "君子, 信而後勞其民, 未信則以爲厲己也; 信而後諫, 未信則以爲謗己也."
자하왈 군자 신이후로기민 미신즉이위려기야 신이후간 미신즉이위방기야

19-10. 자하 가로되: "군주는 백성의 신뢰를 얻은 후 백성을 부려야 한다. 백성의 신뢰를 얻지 못하고 부리면 군주가 자기들을 괴롭힌다고 생각할 뿐이다. 군주의 신뢰를 얻은 후에 간해야 한다. 신뢰를 얻지 못하고 간하면 군주는 자기를 비방한다고 생각한다."

새 김
· 以爲(이위): ~이라고 생각한다.

19-11

子夏曰: "大德不踰閑, 小德出入可也."
자하왈 대덕불유한 소덕출입가야

19-11. 자하 가로되: "큰 덕의 울타리는 넘으면 안 되지만, 작은 덕은 부득이한 경우 그 울타리를 넘어도 크게 문제 되지 않는다."

> **새 김**

· 大德(대덕): 방어능력이 취약한 약자의 생명·신체에 대한 치명적 위해를 구하는 것과 같은 덕행.

· 不踰閑(불유한): 나의 무관심과 방관으로 약자의 생명과 신체에 치명적 위해를 받는 지경까지 이르러서는 아니 된다.

· 小德(소덕): 연말 불우이웃돕기 성금 기부 행위 등과 같은 덕행.

· 出入可(출입가): 부득이한 경우 베풀지 않을 수도 있다.

19-12

子游曰: "子夏之門人小子, 當洒掃應對進退, 則可矣, 抑
자유왈   자하지문인소자   당쇄소응대진퇴 즉가의 억

末也. 本之則無, 如之何?" 子夏聞之曰: "噫! 言游過矣!
말야 본지즉무 여지하   자하문지왈   희 언유과의

君子之道, 孰先傳焉? 孰後倦焉? 譬諸草木, 區以別矣.
군자지도 숙선전언   숙후권언   비제초목 구이별의

君子之道, 焉可誣也? 有始有卒者, 其惟聖人乎!"
군자지도 언가무야   유시유졸자   기유성인호

19-12. 자유 가로되: "자하의 어린 문인들은 물 뿌리고 마당 쓸기, 손님 응대하기, 들고 나는 예절은 그런대로 괜찮은데, 그런 것들은 지엽적인 것이고 근본적인 예절은 갖춘 것이 아무것도 없으니 어찌할까?" 자하가 그 말을 듣고 가로되: "어허! 언유의 말이 지나쳤구나! 군자의 도에서 어느 것을 먼저 전수할까? 어느 것을 뒤로 미루고 쉴까? 하는 것은 초목에 비유하면 개별적으로 초목에 따라 구분되는 것과 같다. 그런데 어찌하여 군자 지도를 왜곡하는가? 모든 것을 한꺼번에 시작해서 모든 것을 한꺼번에 마치는 것은 아마도 오직 성인뿐이 아닐까?"

새 김

· 孰先傳焉 孰後倦焉(숙선전언 숙후권언): 군자 지도를 전수하는 때 어느 것을 먼저 전수할까? 또는 어느 것을 뒤로 미룰까? · 譬諸草木 區以別矣(비제초목 구이별의): 초목에 비유하면 개별적으로 초목에 따라 구분된다. 군자 지도의 전수 방법도 사람에 따라 전수하는 데 전후의 순서가 있다는 뜻이다.

· 有始有卒(유시유졸): 지금까지 수 천 년 동안 모든 이의 해석이 제대로 맥을 짚지 못하고 있다. 모든 것을 한꺼번에 시작해서 모든 것을 한꺼번에 끝마친다.

19-13.

子夏曰: "仕而優則學, 學而優則仕."
자하왈 사이우즉학 학이우즉사

19-13. 자하 가로되: "벼슬하며 여가가 생기면 틈틈이 배워라. 배움이 넉넉하거든 벼슬을 하라."

19-14.

子游曰: "喪致乎哀而止."
자유왈   상치호애이지

19-14. 자유 가로되: "상을 당해서는 극진한 슬픔이면 충분하다."

19-15.

子游曰:"吾友張也爲難能也, 然而未仁."
자유왈   오우장야위난능야   연이미인

19-15. 자유 가로되: "나의 벗 자장은 어려운 일들을 잘 처리하는 능력이 있다. 그러나 그는 아직 인에는 부족하다."

19-16.

曾子曰:"堂堂乎張也! 難與並爲仁矣."
증자왈   당당호장야   난여병위인의

19-16. 증자 가로되: "당당하지 자장이야말로. 그러나 그 당당함이 인의 실천과 나란히 함께하기는 어려워 보인다."

19-17.

曾子曰:"吾聞諸夫子: 人未有自致者也, 必也親喪乎!"
증자왈   오문제부자   인미유자치자야   필야친상호

19-17. 증자 가로되: "내가 부자께 들었는데: '사람이 스스로 최선을 다하지는 못하지만, 부모상을 당해서는 반드시 최선을 다해야 한다.'"

19-18.

曾子曰: "吾聞諸夫子: 孟莊子之孝也, 其他可能也; 其不
증자왈   오문저부자   맹장자지효야   기타가능야   기불

改父之臣與父之政, 是難能也."
개부지신여부지정   시난능야

19-18. 증자 가로되: "내가 선생님께 들었는데: 맹장자의 효행 가운데, 다른 것들은 능히 실천할 수 있겠지만, 아버지의 신하와 아버지가 행하신 정치방식을 바꾸지 않고 계승한 점은 참으로 하기 어려운 일이다."

새 김

· 孟莊子(맹장자): 노나라 대부로서 성은 중손仲孫이요 이름은 속速이다.

19-19.

孟氏使陽膚爲士師, 問於曾子, 曾子曰: "上失其道, 民散
맹씨사양부위사사   문어증자   증자왈   상실기도   민산

久矣. 如得其情, 則哀矜而勿喜!"
구의   여득기정   즉애긍이물희

19-19. 노나라 삼환의 한 사람인 맹손씨가 증자의 제자인 양부를 사사(법무장관)에 임명하자, 양부가 증자에게 이를 고했다. 그 자리에서 증자 가로되: "지도자들이 도리를 잃어버려 백성들이 흩어진 지 오래되었다. 확실한 범죄정보를 얻더라도 가엽고 불쌍하게 여겨야지 실적 올린다고 기뻐하지 마라."

> 새 김

· 孟氏(맹씨): 맹무백孟武伯이거나 그의 아들 맹경자孟敬子일 것이다.
· 陽膚(양부): 증자의 제자일 것으로 추측된다.

19-20.

子貢曰: "紂之不善, 不如是之甚也. 是以君子惡居下流,
자공왈   주지불선   불여시지심야   시이군자오거하류
天下之惡皆歸焉."
천하지악개귀언

19-20. 자공 가라사대: "은나라의 마지막 왕인 주왕의 불선은 우리가 아는 것처럼 심하지는 않았을 것이다. 그러므로 군자는 하류에 거하는 것을 싫어한다. 하류에 있으면 천하의 악이 모두 하류로 흘러들어오기 때문이다."

> 새 김

· 紂(주): 은나라 마지막 왕으로서 목야牧野 전투에서 주나라 군대에 패하여 분사하자 주나라 무왕이 내린 악의적인 시호다. 紂란 우마의 뒤에 대는 나무인 껑거리의 끈을 말한다. 아들인 무경武庚이 올린 시호는 제신帝辛이다.

19-21.

子貢曰: "君子之過也, 如日月之食焉. 過也, 人皆見之; 更
자공왈   군자지과야   여일월지식언   과야 인개견지 경
也, 人皆仰之."
야   인개앙지

19-21. 자공 가로되: "군자의 잘못은 일월식과 같다. 허물이 있으면 모든 사람이 다 보게 되지만, 고치면 모두 우러러본다."

19-22.
衛公孫朝問於子貢曰: "仲尼焉學?" 子貢曰: "文武之道,
위공손조문어자공왈　　　중니언학　　자공왈　　문무지도

未墜於地, 在人. 賢者識其大者, 不賢者識其小者. 莫不
미추어지　재인　현자식기대자　불현자식기소자　막불

有文武之道焉. 夫子焉不學? 而亦何常師之有?"
유문무지도언　부자언불학　　이역하상사지유

19-22. 위나라 대부 공손조가 자공에게 물어 가로되: "중니는 어디에서 누구에게 배웠는가?" 자공 가로되: "문무왕의 도가 아직 땅에 떨어지지 않고, 사람들에게 있습니다. 어진 이는 큰 것을 알고 있고, 어질지 못한 이는 작은 것을 알고 있어 문무의 도를 가지고 있지 않은 이가 없으니 부자께서 어디에선들 배우지 못하시겠습니까? 그러니까 어찌 정해진 선생이 있겠습니까?"

19-23

叔孫武叔語大夫於朝曰: "子貢賢於仲尼." 子服景伯以告
숙 손 무 숙 어 대 부 어 조 왈　　자 공 현 어 중 니　　자 복 경 백 이 고

子貢. 子貢曰: "譬之宮牆, 賜之牆也及肩, 窺見室家之好.
자 공　 자 공 왈　　비 지 궁 장　 사 지 장 야 급 견　 규 견 실 가 지 호

夫子之牆數仞, 不得其門而入, 不見宗廟之美, 百官之富.
부 자 지 장 수 인　 부 득 기 문 이 입　 불 견 종 묘 지 미　 백 관 지 부

得其門者或寡矣, 夫子之云, 不亦宜乎!"
득 기 문 자 혹 과 의　 부 자 지 운　 불 역 의 호

19-23. 숙손무숙이 조정에서 대부들에게 말하여 가로되: "자공이 중니보다 더 낫다." 자복경백이 그 말을 자공에게 전하니, 자공 가로되: "궁궐의 담장에 비유해서 말하자면, 나 사賜의 담장은 어깨 정도의 높이여서 집안의 좋은 것을 들여다볼 수 있지만, 우리 스승님의 담장은 몇 길이나 되어서 문을 통해서 들어가지 않는 이상, 그 안에 있는 종묘의 아름다움이나 벼슬아치들이 얼마나 많은지는 볼 수가 없습니다. 그 문으로 들어가 본 사람이 아마도 드물 것이니, 그분 숙손무숙께서 그렇게 말씀하시는 것도 의당 있을 수 있는 일이 아니겠습니까?"

새김

· 叔孫武叔(숙손무숙): 노나라 대부 숙손씨로 이름은 주구州仇로 무武는 시호고 숙叔은 자다. 삼환 가운데 숙손 씨 가의 제8대 종주다.

19-24.

叔孫武叔毁仲尼, 子貢曰: "無以爲也! 仲尼不可毁也. 他
숙손무숙훼중니   자공왈   무이위야   중니불가훼야   타

人之賢者, 丘陵也, 猶可踰也; 仲尼, 日月也, 無得而踰焉.
인지현자   구릉야   유가유야   중니   일월야   무득이유언

人雖欲自絶, 其何傷於日月乎? 多見其不知量也."
인수욕자절   기하상어일월호   다견기부지량야

19-24. 숙손무숙이 중니를 폄훼했다. 이를 전해 들은 자공 가로되: "무엇으로도 그렇게 폄훼할 수 없는데! 중니를 폄훼하는 것은 불가능한 일이다. 다른 사람의 현명함은 언덕과 같아 밟고 넘어갈 수 있지만, 중니는 해나 달과 같아서 도저히 넘어갈 수가 없다. 사람이 해나 달을 망가트리려 한다 해도 해와 달에 무슨 손상이 가겠는가? 그것은 오직 자기의 분수를 모른다는 것을 모두에게 드러내는 것일 뿐이겠지!"

새 김

· 無以爲(무이위): 무엇으로도 그렇게 할 수가 없다.

· 多見(다견): 많은 사람에게 드러내다.

· 不知量(부지량): 자기의 깜냥을 모른다.

19-25

陳子禽謂子貢曰: "子爲恭也, 仲尼豈賢於子乎?" 子貢曰: "君子一言以爲知, 一言以爲不知, 言不可不愼也. 夫子之不可及也, 猶天之不可階而升也. 夫子之得邦家者, 所謂立之斯立, 道之斯行, 綏之斯來, 動之斯和. 其生也榮, 其死也哀, 如之何其可及也?"

19-25. 진자금이 자공을 일러 가로되: "선생님은 너무 겸손하십니다. 중니가 어찌 선생님보다 더 낫다고 할 수 있겠습니까?" 이에 자공이 가로되: "군자란 한마디 말로 지혜롭게 여겨지기도 하고, 한마디 말로 지혜롭지 못하다고 여겨지기도 한다. 그러므로 말은 신중하게 하지 않으면 아니 된다. 내가 우리 스승님을 따라갈 수 없는 것은 마치 사다리를 타고 하늘에 오를 수 없는 것과 마찬가지다. 우리 스승님께서 나라와 가를 얻어 제후나 대부가 되었더라면, 이른바 도를 세우고자 하여 도를 세웠을 것이요, 덕을 행하도록 인도하여 덕을 행하도록 하였을 것이요, 편안하게 하여 이웃의 백성들이 귀순토록 하였을 것이요, 교화로 감응 시켜 모두를 화목하게 만들었을 것이다. 그러니 살아서는 영광이요, 돌아가셔서는 백성들의 애도를 받으시니 어찌 그런 분을 나 같은 사람이 따라, 갈 수 있겠느냐?"

堯曰 第二十篇
(요왈 제이십편)

堯曰 第二十篇
(요왈 제이십편)

「요왈」편은 어찌 보면 엉뚱해 보이지만, 「논어」가 의도하는 공자성인화 작업의 효과를 극대화하는 고도의 편집기술이다. 제1장은 고대 성왕들인 요·순·우·탕·문·무 그리고 주공으로 이어지는 성인의 계보를 공자가 잇고 있음을 은연 중에 강조하고 있는 것이다. 제2장은 자장과 공자의 문답형식으로 위정자가 갖추어야 할 덕성을 「논어」 각 편에 있는 중요한 이야기들을 발췌·요약해 구성하였다. 제3장은 결국 공자의 말로서 대단원의 막을 내리고 있다. 그것은 「논어」 전체를 관통하는 정수라고 해야 할 것이다.

20-1-1

堯曰: "咨! 爾舜! 天之歷數在爾躬. 允執其中, 四海困窮;
요왈   자 이순 천지역수재이궁   윤집기중   사해곤궁

天祿永終." 舜亦以命禹.
천록영종   순역이명우

20-1-1. 요임금께서 순임금에게 양위하며 가라사대: "아! 너 순아! 하늘이 정한 임금 되는 순서가 네 몸에 있구나. 임금이 되어 나라를 다스릴 때는 진실하게 가장 공정·공평하게 그리고 가장 적절·적당하게 모든 것을 처리해라. 세상의 모든 집 문지방까지 이르도록 윤집기중으로 다스리면, 하늘이 너에게 내리는 천록(임금 자리)이 영원하리라." 순임금 또한 우임금에게 양위할 때 그대로 우에게 명하였다.

새 김

· 咨(자): 감탄사로 '아!'
· 歷數(역수): 하늘이 정하는 제왕의 순서.
· 允執其中(윤집기중): 진실되게 그 가운데를 잡다. '중中'은 6-27참조.
· 困窮(곤궁): '몹시 가난함'이 아니라 '집의 문지방까지.'라고 새겼다.
· 天祿(천록): 하늘에서 정해 주는 제왕 자리.
· 永終(영종): 끝까지 영원하다.
· 禹(우): 하나라의 시조.

曰: "予小子履, 敢用玄牡, 敢昭告于皇皇后帝: 有罪不敢
왈   여소자이 감용현모   감소고우황황후제   유죄불감

赦. 帝臣不蔽, 簡在帝心. 朕躬有罪, 無以萬方; 萬方有
사   제신불폐   간재제심   짐궁유죄   무이만방   만방유

罪, 罪在朕躬."
죄 죄재짐궁

20-1-2. 탕임금이 가로되: "저 어린 이履(탕왕의이름)는 검정 숫 소를 제물로 바치고, 감히 위대하신 하느님께 고하나이다. 죄 있는 자(걸왕)를 감히 용서도 할 수 없으며, 하느님의 신하인 걸을 제가 가릴 수도 없으니, 모든 것은 하느님의 선택에 달려 있습니다. 제게 죄가 있다면 그것은 모두 제 책임이며 백성들에게는 전혀 책임이 없습니다. 그러나 백성들에게 죄가 있다면 그것은 모두가 제 책임입니다."

새 김

· 曰(왈): 이 말은 은나라 탕왕이 하나라 걸왕을 치고, 하늘에 제사 지내며 한 말이다. 이 대목은 「서경」 상서 탕고湯誥편의 내용과 닮았다.

· 予小子(여소자): 고대 중국의 왕이 자신을 가리키는 말.

· 皇皇后帝(황황후제): '황황皇皇'은 위대한, '후제后帝'는 하느님.

· 帝臣不蔽(제신불폐): 하느님의 신하인 걸의 죄를 가리지 못한다.

· 簡在帝心(간재제심): 선택하는 것은 하느님의 마음이다.

· 無以萬方(무이만방): 만방의 백성에게 책임이 없다.

20-1-3
周有大賚, 善人是富.
주 유 대 뢰   선 인 시 부

20-1-3. 주나라 무왕이 크게 베푸니 착한 백성들이 넉넉해졌다.

새 김

· 周有大賚 善人是富(주유대뢰 선인시부): 본 구절은 「서경」 주서, 무성武成편 '대뢰우사해, 이만성열복 大賚于四海, 而萬姓悅服.'과 관계가 있는 것으로 보인다.

20-1-4
"雖有周親, 不如仁人. 百姓有過, 在予一人."
수 유 주 친   불 여 인 인   백 성 유 과   재 여 일 인

20-1-4. "비록 주왕실의 친척이 있어도 어진 사람만 못하고, 백성에게 허물이 있다면 그 책임은 오직 나 한 사람에게 있습니다."

새 김

· 周親(주친): 周를 至(지)로 새기기도 하지만, 주나라 무왕의 말이므로 '주왕실에 있는 친척'으로 새기는 것이 자연스러워 보인다.

謹權量, 審法度, 修廢官, 四方之政行焉. 興滅國, 繼絶
근권량 심법도 수폐관 사방지정행언 흥멸국 계절
世, 擧逸民, 天下之民歸心焉. 所重民: 食·喪·祭. 寬則得
세 거일민 천하지민귀심언 소중민 식상제 관즉득
衆, 信則民任焉, 敏則有功, 公則說.
중 신즉민임언 민즉유공 공즉열

20-1-5. 권량을 삼가고, 법도를 살피고, 없어진 관직을 정비하고 보충하니 사방의 정무가 제대로 행해졌다. 멸망한 나라를 회복 시켜 끊어진 세계世系를 잇도록 해주고, 숨은 인재를 등용하니, 천하의 백성들이 마음을 돌려 복종하였다. 무왕이 각별히 신경 쓴 것은 백성들이 가장 중히 여기는 먹는 것, 상례 그리고 제례였다. 너그러우면 대중의 마음을 얻고, 신뢰감을 얻으면 백성이 맡길 것이고, 영민하면 공적을 쌓고, 공정하고 공평하면 백성들이 기뻐할 것이다.

새 김

· 謹權量, 審法度(근권량, 심법도): 권량은 도량형으로 새겼고, 법도는 예악 제도로 해석했다.

· 所重民(소중민): 식食·상喪·제祭: 「서경」주서 무성편 '중민오교重民五敎 유식상제 惟食喪祭.'와 관련된 것으로 보고 새겼다.

20-2.

子張問於孔子曰: "何如斯可以從政矣?" 子曰: "尊五美,
屛四惡, 斯可以從政矣." 子張曰: "何謂五美?" 子曰: "君
子惠而不費, 勞而不怨, 欲而不貪, 泰而不驕, 威而不猛."
子張曰: "何謂惠而不費?" 子曰: "因民之所利而利之, 斯
不亦惠而不費乎? 擇可勞而勞之, 又誰怨? 欲仁而得仁,
又焉貪? 君子無衆寡, 無小大, 無敢慢, 斯不亦泰而不驕
乎? 君子正其衣冠, 尊其瞻視, 儼然人望而畏之, 斯不亦
威而不猛乎?" 子張曰: "何謂四惡?" 子曰: "不敎而殺, 謂
之虐. 不戒視成, 謂之暴. 慢令致期, 謂之賊. 猶之與
人也, 出納之吝, 謂之有司."

20-2. 자장이 공자에게 물어 가로되: "어찌하여야 정치에 종사할 수 있습니까?" 공자 가라사대: "다섯 가지 미덕을 소중하게 여기고, 네 가지 악을 물리치면 정치에 종사할 수 있을 것이다." 자장 가로되: "무엇을 다섯 가지 미덕이라고 합니까?" 공자 가라사대: "군자는 베풀지만 허비하지 않아야 하며, 백성에게 노역을 시키더라도 원망치 않도록 하고, 하고자 하되 탐욕은 부리지 않고, 너그럽지만 교만하지 않고, 위엄 있지만 사납지 않은 것이다." 자장 가로되: "무엇이 은혜를 베풀되 허비하지 않

는 것입니까?" 공자 가라사대: "백성에게 이익이 되는 것을 찾아 이롭게 해주면 이것이 은혜를 베풀되 허비하지 않는 것이 아니겠느냐? 그리고 반드시 해야 할 일만을 골라서 시키니 그들이 또한 누구를 원망하겠느냐? 인하고자 하여 인을 얻었으면 되지 또한 무엇을 탐하겠느냐? 군자가 많고 적음을 가리지 않고, 크고 작음을 가리지 않고, 나대지도 않고 느슨하지도 않으면, 이 또한 너그럽지만 교만하지 않다고 하지 않겠느냐? 군자는 의관을 정제하고 언제나 존귀함을 지향하면, 그 근엄한 모습을 사람들이 바라보며 외경심을 가지니, 이 또한 위엄이 있으면서 사납지 않다고 하지 않겠느냐?" 자장 또 가로되: "무엇을 네 가지 악이라고 합니까?" 공자 가라사대: "가르치지도 않고 잘못했다고 죽이는 것은 잔학하다고 일컫고, 미리 알리지도 않고 완성된 것을 보이라고 강제하는 것은 포악하다고 일컫고, 명령은 늦게 내리면서 기일을 독촉하는 것은 사람을 해치는 것이라 일컫는다. 그리고 어차피 줄 것인데 주는 것에 인색하면 유사 같은 짓이라고 일컫는다."

새김

· 從政(종정): 정치에 종사하다.

· 尊五美(존오미): 다섯가지 미덕을 소중하게 여기다.

· 屛四惡(병사악): 네가지 악덕을 물리치다.

· 惠而不費(혜이불비): 백성에게 실제로 혜택을 주어 노력과 예산이 낭비되지 않도록 한다.

· 勞而不怨(노이불원): 백성들이 노역에 동원되더라도 원망을 하지 않도록 한다.

· 欲而不貪(욕이불탐): 인하고자 하는 것외에 탐욕을 부리지 않도록 한다.

· 泰而不驕(태이불교): 너그럽되 교만하지 않도록 한다.

· 威而不猛(위이불맹): 위엄있되 사납게 굴지마라.

· 因民之所利而利之: 백성들에게 이익이 되는 것을 찾아 이롭게 해준다.

- 無敢慢(무감만): 나대지도 않고 느슨하지도 않다.
- 瞻視(첨시): 바라보다, 지향하다.
- 猶之(유지): 마찬가지다.

20-3.

孔子曰: "不知命, 無以爲君子也; 不知禮, 無以立也; 不知
공자왈　부지명　무이위군자야　부지례　무이립야　부지

言, 無以知人也."
언　무이지인야

20-3. 공자 가라사대: "법과 윤리·도덕을 알지 못하면 군자가 될 수 없다. 예를 알지 못하면 공동사회에 설 수가 없다. 남이 하는 말을 이해하지 못하면, 그 사람의 뜻을 알 수가 없다."

새 김

- 不知命(부지명): 주희이래 '명命'을 '천명天命'이라고 새기고 있으나 누군들 하늘의 '명命'을 알겠는가? 결국은 공동체 구성원이 바라고 요구하는 것으로 법과 윤리·도덕을 말하는 것으로 보아야 할 것이다.
- 不知言(부지언): 16-13에 나오는 '불학시, 무이언 不學詩, 無以言'이라는 구절이 유명 시구절을 유효적절하게 인용해서 말할 수 없다는 뜻이므로, 이 장에 있는 '부지언不知言'은 남들이 시구절을 인용해서 말했을 때 그것을 이해하지 못한다는 뜻이다.

사상 초유의 획기적 해석
논어 역주

초판 인쇄_ 2020년 7월 25일
초판 발행_ 2020년 8월 15일

펴낸이_ 지유영
글쓴이_ 김언용
펴낸곳_ 도서출판 지유
전화_ 02)722-0726
팩스_ 02)735-6742
신고번호_ 제2020-000051호
E-mail_ yes-ji@daum.net
편집/디자인_ 예지디자인
인쇄_ 서울상사

ⓒ김언용, 2020

ISBN 979-11-970569-2-5 03140
값 25,000원

이 도서의 국립중앙도서관 출판예정도서목록(CIP)은 서지정보유통지원시스템 홈페이지(http://seoji.nl.go.kr)와 국가자료종합목록 구축시스템(http://kolis-net.nl.go.kr)에서 이용하실 수 있습니다.
(CIP제어번호 : CIP2020024778)

* 파본은 본사및 구입하신 서점에서 교환해 드립니다.